U0553569

"登峰战略" 系列研究成果

SCIENCE AND TECHNOLOGY INNOVATION IN JAPAN

Progress in the Fourth Industrial Revolution

日本科技创新

第四次产业革命中的进展

邓美薇　著

目　录

绪 论

综观世界各国经济发展史，每一次产业革命都会带来全球科技发展的热潮，核心国家均有拉动经济增长的重大引擎，以实现经济飞跃式发展。目前，全球经济增速整体减慢。2020 年，新冠肺炎疫情在全球蔓延，叠加全球贸易紧张局势，全球产业链重塑，给世界经济带来难以估量的重大负面冲击。后疫情时代，世界经济亟须获取新的增长动力，引燃新的增长点。与此同时，2018 年以来，美国政府对中美科技交流采取一系列限制性措施，意图对中国采取“脱钩”策略，中美科技关系发生了重大的历史性变化，验证了在当前全球经济格局和竞争格局发生显著变化的背景下，围绕抢占全球经济主导权和科技制高点的战略竞争，特别是科技领域的竞争，已经成为大国博弈的核心议题。

在德国提出“工业 4.0”后，第四次产业革命便拉开序幕，这被视为全球经济变革的重要历史机遇期。美国、德国、中国、日本等纷纷进行相关战略布局，以期竞逐第四次产业革命下的科技创新成果，成为引领全球经济变革的中心。在主要参与国家中，日本具有代表性。首先，日本竞逐第四次产业革命科技创新成果的战略思维具有独特性。不同于美国聚焦信息产业、重振制造业，德国、中国重视发展先进制造业，日本转换战略思维，提出利用第四次产业革命带来的历史机遇期，通过大力推进物联网、人工智能、机器人等高科技发展，打造狩猎社会、农耕社会、工业社会、情报社会之后的新型社会形态，即“社会 5.0”，同步解决社会问题与促进经济高质量发展。其次，在第四次产业革命背景下，日本的科技创新面临较大的考验。从科技创新指标来看，无论是论文发表数量还是专利申请、授权数量，抑或是世界创新竞争力排名，日本均出现下滑的趋势，但是日本在第四次产业革命的重点技术领域人工智能、机器人以及前沿科技与纳米材料等方面依然保持世界领先地位，科技创新实力不容小觑。最后，随着劳动力数量减少、人口少子老龄化加剧，日本工业发展受到较大影响，短板愈加凸显，经济发展面临巨大挑战。日本推进科技创新的重要目标是同步解决社会问题与促进经济高质量发展，这就似乎为其他国家提供了一个实验样本。20 世纪七八十年代，日美经济摩擦从贸易领域向科技领域、金融领域蔓延，日本半导体产业遭受了来自美国的强烈打压，之后走向衰落。值得注意的是，即便如此，日企在半导体设备、材料领域仍占据较大的国际市场份额。另外，日本在超高精度机床及零部件、顶尖精密仪器等领域保持技术领先。因此，研究日本的科技创新情况可以使中国在科技创新发展过程中“知己知彼”。另外，了解其他主要国家的科技创新动向可以获取可借鉴的经验与教训。

本书以日本的科技创新为研究对象，聚焦第四次产业革命这一背景，通过追踪日本的科技创新投入、产出及其对经济发展的影响，探讨可供借鉴的经验与教训，提出更好地促进中国科技发展与实现更高水平的对外开放的合理建议。

一　研究背景

传统的增长理论认为，技术进步是社会发展和经济增长的重要动力。伴随着经济全球化的不断深入，作为技术进步主要途径的科技创新日益成为国家竞争力的基石。目前，尽管学术界尚未就科技创新对经济增长的贡献程度达成共识，但是，对于科技创新是引领全球经济增长的主要引擎这一点基本上并无疑问。综观各国经济发展史，每一次产业革命都会带来科技创新的迅猛发展以及核心国家经济的飞跃增长。第一次产业革命中，英国作为发起国，取得大量科技创新成果并将其扩散至欧洲主要资本主义国家，在这一背景下，全球经济早期发展中心在英国、法国、德国及荷兰等国家。第二次产业革命中，美国凭借技术优势趋近于世界经济增长的中心，日本、韩国、新加坡等后进国家大力引进欧美国家前沿技术成果，实现经济迅速发展。第三次产业革命中，各国高度重视信息技术、生物工程及空间技术，积极竞逐工业革命成果。美国、英国、德国、日本等巩固经济强国地位，中国、印度把握科技革命时机，重视科学研究、技术引进及技术创新，快速成长为新兴经济大国。在德国提出“工业4.0”后，第四次产业革命正式拉开序幕，美国的“再工业化”、德国的“工业4.0”、日本的“第四次产业革命”均意欲重塑自身的产业价值链，抢占竞争制高地，完成这一构想的基本要素就是科技创新。

日本是主要资本主义国家中的“后起之秀”，从经济发展史来看，科技进步始终是日本经济发展的重要支撑，因此，科技创新始终影响日本的经济发展前景。19世纪60年代，日本进行明治维新时，距离英国在1760年进行产业革命已经晚了100年左右，此时，欧美主要资本主义国家纷纷完成产业革命，开始向垄断资本主义过渡，而日本才刚迈入资本主义阵营的门槛。尽管日本资本主义的起步时间较晚，但是发展速度较快。19世纪80年代，日本迅速完成第一次、第二次产业革命，用短短20余年时间取得了英国等国家用了100多年取得的产业革命成果，成功跻身资本主义强国行列。对于第三次产业革命，日本努力升级产业结构以稳固“日本制造”的地位，大力进行智能电网开发研究、新能源及新材料开发研究，强调高新信息技术与新能源管理的结合。目前，日本采取多种政策措施努力竞逐第四次产业革命成果。众所周知，日本国土面积狭小，能源、资源、劳动力贫乏，但是以惊人的速度成长为世界性经济强国，这背后的主要原因就是对科技创新的重视。

日本已经由单纯的技术引进国成长为科技强国，科技创新成为日本经济增长的主要动力。相对来说，中国科技创新战略稳步推进，但是创新体系尚不完善。另外，近年来，中国的科技创新成果非常丰富，科技创新进程加快，处于科技成果由数量增长向质量提升的重要关口。与此同时，虽然日本的科技创新指标表现得并不亮眼，但是日本科技强大的实力、制造业强大的竞争力使其在遭受泡沫经济危机、全球金融危机、东日本大地震及核泄漏等之后仍然保持世界经济强国的地位。其间，虽然诸如日本科技实力下滑、制造业跌落神坛的声音不绝于耳，但是日本仍然稳居科技强国、制造业强国之列。强大的科技实力使日本始终牢牢占据国际产业链高端，特别是第四次产业革命以来，日本非常重视推进科技创新，试图借助第四次产业革命这一发展机遇期，实现构建“社会5.0”的目标，因此，本书认为，从第四次产业革命视角出发研究日本的科技创新十分必要。

二　研究意义

首先，本书相对全面地梳理了与科技创新相关的理论，并深化了对相关理论的应用。以往的相关研究大多基于传统西方经济学理论探讨科技创新问题，本书不仅系统梳理了西方经济学相关理论，如熊彼特创新理论、新熊彼特学派创新理论以及内生经济增长理论，而且详细梳理了马克思主义理论中关于科技创新的思想，在上述理论框架下梳理出影响科技创新的主要因素以及科技创新对经济的影响机制，之后，在梳理出的理论框架下探讨第四次产业革命背景下影响日本科技创新的主要因素，以及科技创新对驱动经济发展的实际效果。

其次，本书的研究在一定程度上与国内现有研究形成有益互补。国内有关科技创新研究的文献非常丰富，但是对于日本科技创新的研究尚不充足，不仅相关研究成果较少，大多从单一层面研究，如研究日本科技创新体制、制度及分析日本的科技创新战略等，而且大多基于定性研究，缺少实证分析。另外，国内缺乏对第四次产业革命背景下日本科技创新的跟踪研究，目前，第四次产业革命是一个相对较新的研究问题，日本认为第四次产业革命已经拉开序幕，进行了系统布局。在具体分析过程中，本书不仅采取定性分析方法，还运用实证分析方法，特别是在分析日本科技创新的影响因素时，以企业为研究对象，采用微观数据进行实证分析。另外，本书还将日本与其他主要国家（美国、德国、中国等）进行对比分析，阐述了国际变局背景下中日科技创新的情况。整体来看，本书关于日本科技创新的研究层次较为丰富。

最后，本书的研究可以为中国经济转型及创新驱动发展提供一定的经验借鉴及政策建议。科技创新成为驱动中国经济增长的重要动力。党的十八大明确提出，“科技创新是提高社会生产力和综合国力的战略支撑，必须摆在国家发展全局的核心位置”。党的十九大多次强调要坚持创新驱动发展战略不动摇，深入落实创新驱动发展战略。实施创新驱动发展战略，就要推动以科技创新为核心的全面创新，坚持需求导向和产业化方向，坚持企业在创新中的主体地位，发挥市场在资源配置中的决定性作用和社会主义制度的优势，提升科技进步对经济增长的贡献度，以形成新的增长动力源泉，推动经济持续健康发展。[①]

日本之所以在短期内成长为经济强国，重要的原因是依靠技术引进及科技创新迅速缩小与他国的差距，这缩短了工业化进程，可以说，日本科技创新的发展为中国持续完善科技创新体系、缩小与发达国家的科技差距提供了完整的范例。在日美贸易摩擦与第三次产业革命交织的背景下的日本科技创新为中国应对中美科技摩擦、竞逐第四次产业革命成果提供了一定的借鉴。除此之外，在第四次产业革命背景下，日本积极推动科技创新进程，科技创新发展出现新动向、新特点，基于此，可以总结得出，日本在与主要国家抢占前沿科技高地的过程中在“知己知彼，百战不殆”方面的经验与教训。

三 国内外研究现状及文献综述

（一）国内研究现状及文献综述

国内学者主要从内涵、过程、衡量指标、影响因素、效果等多个维度研究科技创新，尽管研究成果丰富，但是相较发达国家来说，国内对科技创新的研究的起步时间较晚，对于日本科技创新的研究更是相对较少，研究视角相对狭隘并且跟踪研究缺乏，内容主要集中于对日本科技创新政策、战略、机制及中小企业技术创新成果的分析。另外，国内研究主要对日本经济发展

① 《习近平主持召开中央财经领导小组第七次会议强调 加快实施创新驱动发展战略 加快推动经济发展方式转变 李克强刘云山张高丽出席》，新华网，http://www.xinhuanet.com/politics/2014-08/18/c_1112126938.htm。

轨迹进行梳理进而分析科技创新对经济发展的影响，大多涉及理论分析、定性分析，缺乏实证检验。从第四次产业革命视角定性、定量分析日本科技创新的文献更少，这就留有较大的研究空间。国内研究涉及科技创新相关研究（科技创新的内涵与衡量、科技创新的影响因素、科技创新对经济发展的影响）以及关于日本科技创新的研究（科技创新的相关研究，科技创新对产业、经济发展的影响）。

1. 科技创新相关研究

（1）科技创新的内涵与衡量

关于科技创新的内涵，科技创新实际上是科学技术创新的简称，是对科学知识范畴的研究创新及技术领域的创新的综合概括。通常认为，科学知识范畴的研究创新是原始性、基础性创新，科技创新成果更多的是技术层面的创新。基于科技创新，企业家抓住市场的潜在盈利机会，以获取商业利益为目标，创新组织生产条件和要素，建立起效能更强、效率更高和费用更低的生产经营系统，从而推出新的产品、新的生产（工艺）方法，开辟新的市场，获得新的原材料或半成品供给来源及建立企业的新组织，这涉及科技、商业和金融等领域的一系列活动。① 但是科技创新比技术创新的范畴更大，包含的内容更为丰富，即大致包括科学创新与技术创新，也有的研究认为，科技创新包括知识创新、技术创新与管理创新三个方面。本书中的科技创新沿用被广泛认可的内涵，即包括科学创新与技术创新。所谓科学创新，是指运用严密的科学方法，通过进行基础研究、应用研究等科学研究，有原则、有目的、有计划、系统地获取基础科学和技术科学方面的知识的过程，其根本在于积累新的知识、创立新的学说、创造新的方法以追求新的发现与探索新的规律，这是一个认识客观世界并探索客观真理的过程，也是技术创新的基础与知识源泉。所谓技术创新，是指与新技术（包括新产品、新工艺）的研究、实验、生产以及商业化应用等相关的经济技术活动，其中不仅涉及产品、工艺环节的创新，而且涉及管理方式与手段的革新，是对科学创新的延

① 傅家骥主编《技术创新学》，清华大学出版社，1998，第 13 页。

伸与实际应用。故而，科技创新作为一个综合概念，是科学创新与技术创新的有机统一，涵盖科技、经济、社会等诸多相关领域。

关于科技创新的衡量，为了方便进行量化分析，国内学者通常利用投入或产出方面的指标考量科技创新情况。结合科技创新内涵，用科技成果这一产出指标代表科技创新更为贴切，同时，科技投入是体现科技创新实力的重要因素，是创新主体进行科技创新的必要物质基础与有力保障，不仅是促进科技进步的前提条件，也是有关经济发展的重要指标。基于投入方面考量科技创新选取的指标通常是研发资金或研究人员投入，基于产出方面考量科技创新选取的指标通常是论文发表数量、专利数量、专利的引用率、新产品的数量或新产品的销售收入等。[①] 不同的研究通常涉及可获取的不同数据样本，把适当的投入或产出指标作为衡量科技创新情况的替代变量。

（2）科技创新的影响因素

关于科技创新的影响因素，国内学者认为科技创新主要受政府政策、政府资助、外商直接投资、政治关联、市场化程度、企业内部因素等的影响。

就政府政策、政府资助对科技创新的影响而言，周海涛、林映华认为科技创新政策是政府支持企业推进科技创新活动的最重要的杠杆工具，健全市场导向型创新政策体系已成为中国落实创新驱动发展战略的内在需求和重要任务，政府应该根据市场需求、能力供给以及环境制度框架，完善“需求面”政策，细化“供给面”政策，优化“环境面”政策。[②] 肖文、林高榜认为政府的直接或间接支持均不利于技术创新效率提高。[③] 吴芸基于 40 个国家 1982 ~ 2010 年的面板数据构建实证模型，发现政府科技投入可以显著促进科技创新，但是政府用于促进科技创新的资金的使用效率较低。[④] 叶祥松、刘

① 鲁桐、党印：《公司治理与技术创新：分行业比较》，《经济研究》2014 年第 6 期。

② 周海涛、林映华：《政府支持企业科技创新市场主导型政策构建研究——基于“市场需求—能力供给—环境制度”结构框架》，《科学学与科学技术管理》2016 年第 5 期。

③ 肖文、林高榜：《政府支持、研发管理与技术创新效率——基于中国工业行业的实证分析》，《管理世界》2014 年第 4 期。

④ 吴芸：《政府科技投入对科技创新的影响研究——基于 40 个国家 1982—2010 年面板数据的实证检验》，《科学学与科学技术管理》2014 年第 1 期。

敬认为政府对科技创新活动的支持显著抑制了科技创新效率，其中，抑制作用主要来自政府对科研机构的支持而非对企业科技创新活动的支持。[①] 黄宇虹通过实证分析发现，补贴与税收优惠显著激励小微企业增加创新投入。[②] 赵丽娟等认为政府 R&D 投入能够促进农业科技创新效率提升，但是这具有显著的门槛效应。[③]

就外商直接投资对科技创新的影响而言，盛垒认为，行业外商直接投资中用于研发的资金的增加对中国企业自主创新能力的提高具有显著的促进作用，而且这种促进作用呈现差异性特点。[④] 王华等认为外商直接投资对中国企业技术创新的推动作用不明显，外资占比较高的企业的自主创新能力匮乏，相较而言，国际贸易及国际技术许可对中国企业自主创新能力的影响显著。[⑤] 贾明琪等的研究认为，外商直接投资促进中国西部地区科技创新能力提升，外商直接投资的技术外溢效应使企业创新产品产值呈现逐年增长的趋势并辐射周边区域，带动经济增长，经济增长促进更多外资流入。[⑥] 陈玉罡等从外资并购视角探讨了企业科技创新的变化情况，研究发现，外资并购能够显著促使目标公司研发人员数量增加，但是对研发强度与专利申请数量的影响并不明显，即外资并购并未有效促进目标公司进行科技创新。[⑦] 李政等研究发现，外商直接投资确实对创新效率具有显著的正向作用，但是对东部地区创新效率的提升的影响并没有对中西部地区的影响明显，即外商直接投

① 叶祥松、刘敬：《政府支持、技术市场发展与科技创新效率》，《经济学动态》2018 年第 7 期。

② 黄宇虹：《补贴、税收优惠与小微企业创新投入——基于寻租理论的比较分析》，《研究与发展管理》2018 年第 4 期。

③ 赵丽娟、张玉喜、潘方卉：《政府 R&D 投入、环境规制与农业科技创新效率》，《科研管理》2019 年第 2 期。

④ 盛垒：《外资研发是否促进了我国自主创新？——一个基于中国行业面板数据的研究》，《科学学研究》2010 年第 10 期。

⑤ 王华、赖明勇、柒江艺：《国际技术转移、异质性与中国企业技术创新研究》，《管理世界》2010 年第 12 期。

⑥ 贾明琪、刘双双、辛江龙：《外商直接投资与科技创新、经济增长——基于西部 10 省面板数据的实证分析》，《科学决策》2015 年第 4 期。

⑦ 陈玉罡、蔡海彬、刘子健、程瑜：《外资并购促进了科技创新吗?》，《会计研究》2015 年第 9 期。

资提升了中西部地区创新效率的追赶效应，有利于缩小东部与中西部地区创新效率的客观差距。[①]

就政治关联对科技创新的影响而言，国内研究主要集中分析政治关联对企业技术创新效率的影响。王珍义等认为，政治关联与中小高新企业的技术创新具有显著正相关关系，政治关联可以对中小高新企业的技术创新绩效产生积极作用，这种作用部分通过企业获取外部融资便利实现。[②] 张平等以2011 年底前上市的创业板公司 2011 年的截面数据为样本进行研究认为，中国创业企业政治关联对企业创新能力具有显著的负向影响，高管平均受教育水平对企业政治关联与创新能力起负向调节作用。[③] 袁建国等认为企业政治关联损害企业技术创新效率，这是因为，政治关联通过降低市场竞争水平、助长过度投资等影响企业技术创新活动，拉低创新效率。[④]

就市场化程度对科技创新的影响而言，冯宗宪等认为市场化程度越高，企业技术创新的效率就越高，但是政府投入与企业创新活动的技术效率、规模效率负相关，也就是说，政府干预有可能造成企业技术创新的效率损失。[⑤] 戴魁早、刘友金选取中国高技术产业 1995～2010 年的细分行业面板数据进行研究发现，市场化程度的提高对中国高技术产业的创新绩效产生积极影响，而且，在中国加入世界贸易组织后，这种积极影响更大，与此同时，行业特征影响市场化进程，进而影响高技术产业创新绩效的提升效果。[⑥] 程小可等研究发现，市场化进程对不同性质的企业创新投资与区

---

① 李政、杨思莹、何彬：《FDI 抑制还是提升了中国区域创新效率？——基于省际空间面板模型的分析》，《经济管理》2017 年第 4 期。

② 王珍义、苏丽、陈璐：《中小高新技术企业政治关联与技术创新：以外部融资为中介效应》，《科学学与科学技术管理》2011 年第 5 期。

③ 张平、黄智文、高小平：《企业政治关联与创业企业创新能力的研究——高层管理团队特征的影响》，《科学学与科学技术管理》2014 年第 3 期。

④ 袁建国、后青松、程晨：《企业政治资源的诅咒效应——基于政治关联与企业技术创新的考察》，《管理世界》2015 年第 1 期。

⑤ 冯宗宪、王青、侯晓辉：《政府投入、市场化程度与中国工业企业的技术创新效率》，《数量经济技术经济研究》2011 年第 4 期。

⑥ 戴魁早、刘友金：《行业市场化进程与创新绩效——中国高技术产业的经验分析》，《数量经济技术经济研究》2013 年第 9 期。

域就业水平的关系具有显著的差异性影响。[①] 叶祥松、刘敬认为，政府与市场是配置科技创新资源的关键互补因素，技术市场的发展可以有效疏通知识创新与技术创新之间的阻碍，进一步发挥政府支持对科技创新的促进作用。[②]

就企业内部因素对科技创新的影响而言，从企业属性对科技创新的影响来看，李政、陆寅宏研究认为，目前，部分国有企业的创新水平较低，但这并非普遍和必然的现象，国有企业并非天然缺乏创新动力和创新效率。通过完善有关体制与机制，国有企业的创新动力可以有效增强，创新效率可以大幅提升。在中国制造业上市公司中，国有控股企业的创新绩效明显高于民营企业，由此可见，国有企业的创新能力并不比其他类型企业弱。[③] 邹国平等基于分位数回归模型，利用中央企业上市公司与子公司的微观数据，研究了国有企业规模与创新研发强度之间的关系，认为国有企业规模与创新研发强度之间没有必然联系，国有企业规模的扩大对创新研发投入具有一定的挤出作用，应注重将国有企业规模控制在合理范围内。[④] 刁秀华等利用中国省际面板数据探究了高技术产业企业规模、质量对技术创新效率的影响，发现两者之间具有正相关关系，企业规模的扩大、质量的提升对技术创新效率具有积极的作用，满足了三重门槛回归模型的要求，具有显著的门槛效应。[⑤] 从企业经营对科技创新的影响来看，大多数研究聚焦科技创新对企业经营绩效的影响，而对企业经营对科技创新的影响的研究则相对分散，王振山等通过对中国 A 股市场科技创新上市公司连续 5 年的样本数据进行实证考察发现，处于成长期的科技创新上市公司在诸多财务指标上的表现要优于成熟型科技

---

① 程小可、李浩举、姜永盛：《企业创新、市场化进程与区域就业水平——来自中国工业企业的经验证据》，《科技进步与决策》2017 年第 6 期。

② 叶祥松、刘敬：《政府支持、技术市场发展与科技创新效率》，《经济学动态》2018 年第 7 期。

③ 李政、陆寅宏：《国有企业真的缺乏创新能力吗——基于上市公司所有权性质与创新绩效的实证分析与比较》，《经济理论与经济管理》2014 年第 2 期。

④ 邹国平、刘洪德、王广益：《我国国有企业规模与研发强度相关性研究》，《管理评论》2015 年第 12 期。

⑤ 刁秀华、李姣姣、李宇：《高技术产业的企业规模质量、技术创新效率及区域差异的门槛效应》，《中国软科学》2018 年第 11 期。

创新上市公司，而且，他们还发现，其中存在企业经营收入增长率的提高反向影响企业研发投入的异常现象。[①] 邓兴华、林洲钰基于中国工业企业数据进行研究发现，当业绩不佳时，企业更有可能进行集团化经营，这种现象在中小型企业和设备制造业企业中表现得更为明显，相对于非集团企业，集团企业显示出更高的技术创新水平，集团化经营提升了企业业绩，并且这种影响的传导机制之一就是通过提升企业技术创新水平构建的。[②] 从公司治理对科技创新的影响来看，何霞、苏晓华以沪深两市高新技术上市企业为研究样本，通过实证检验分析了企业高管团队特征对研发投入的影响，认为高管团队的教育背景、专业程度以及职能背景对企业研发投入具有显著的正向作用，但是高管团队年龄与企业研发经费投入负相关。[③] 吴延兵比较分析了我国不同所有制企业的技术创新能力及效率差异，认为受产权性质差异等因素的影响，混合所有制企业的技术创新能力最强，国有企业最弱，私营企业具有专利创新优势但是技术创新水平有待提高。[④] 李园园等基于资源基础观实证检验了企业社会责任、技术创新水平对品牌价值的影响及其作用机制，通过研究发现，企业社会责任对品牌价值具有负向影响，技术创新水平对品牌价值具有正向影响，而且较高的技术创新水平可以减弱企业社会责任对品牌价值的负面效应。[⑤] 李涛、陈晴研究认为，压力抵抗型投资者持股比例的提升可以促进企业科技创新，压力敏感型投资者对企业科技创新水平没有显著影响，而且在不同性质的企业中，投资者对科技创新的治理效果存在一定的差异，在非国有控股企业及高新技术行业企业中，投资者对科技创新的治理

① 王振山、宋书彬、战宇：《成长期与成熟期科技创新企业分红与研发——地域、公司治理、股权结构的影响》，《山西财经大学学报》2010 年第 10 期。

② 邓兴华、林洲钰：《集团化经营、技术创新与企业业绩》，《山西财经大学学报》2014 年第 10 期。

③ 何霞、苏晓华：《高管团队背景特征、高管激励与企业 R&D 投入——来自 A 股上市高新技术企业的数据分析》，《科技管理研究》2012 年第 6 期。

④ 吴延兵：《不同所有制企业技术创新能力考察》，《产业经济研究》2014 年第 2 期。

⑤ 李园园、李桂华、张会龙：《企业社会责任、技术创新与品牌价值》，《中国科技论坛》2019 年第 3 期。

效果更加明显。[①]

（3）科技创新对经济发展的影响

关于科技创新对经济发展的影响，整体来看，国内学者强调科技创新对经济发展的重要驱动作用。

第一，科技创新驱动经济结构转型升级。李邃、江可申认为，高技术产业科技能力包括科技创新投入与研发能力、科技创新转化与波及能力、科技创新经济支撑能力，他们通过定量研究认为中国高技术产业科技能力与产业结构的优化升级具有较强的正相关关系。[②] 徐银良、王慧艳以中国30个省区市的统计数据为样本，运用考量非期望产出的超效率SBM模型，从过程视角考察省域科技创新驱动产业升级的绩效水平，分析空间差异变化特征，研究认为，中国科技创新驱动产业升级的绩效水平总体不高，各地区发展不平衡，东部优于中西部。科技创新驱动产业升级效率与地区创新能力、经济发展水平基本一致，各地区在不同阶段具有较大的提升空间。[③] 李翔、邓峰从地理空间视角出发，运用面板门槛技术、多种空间计量技术研究、探讨了科技创新、产业结构升级与经济增长的关系，认为科技创新有利于化解产业结构升级对经济增长的负面效应，两者相互匹配、协同发展，较好地发挥了促进经济增长的作用。[④]

第二，科技创新影响生产效率与绩效进而作用于经济发展。周煊等从技术创新数量及质量视角考察了其对企业竞争力及盈利水平的影响，认为技术创新数量多的企业拥有较多的销售收入及较高的盈利水平，质量高的技术创新对企业业绩具有明显的正向促进作用。[⑤] 唐未兵等认为通过技术创新或技

① 李涛、陈晴：《异质机构投资者、企业性质与科技创新》，《工业技术经济》2020年第3期。

② 李邃、江可申：《高技术产业科技能力与产业结构优化升级》，《科研管理》2011年第2期，第44～51页。

③ 徐银良、王慧艳：《中国省域科技创新驱动产业升级绩效评价研究》，《宏观经济研究》2018年第8期。

④ 李翔、邓峰：《科技创新、产业结构升级与经济增长》，《科研管理》2019年第3期。

⑤ 周煊、程立茹、王皓：《技术创新水平越高企业财务绩效越好吗？——基于16年中国制药上市公司专利申请数据的实证研究》，《金融研究》2012年第8期。

术引进提高全要素生产率仅是促进经济增长方式转变的必要条件，而非充分条件，即受技术引进依赖性、技术创新机会成本及逆向溢出效应等因素的影响，技术创新对经济增长方式转变的影响是具有不确定性的。[①] 苏治、徐淑丹研究认为，在近 20 年的经济高速增长过程中，技术创新是提升中国技术进步有效性的真实推动力，技术创新及改进是中国工业持续发展、经济增长的主要动力。[②] 杨武、杨淼基于熊彼特经济周期理论，根据科技创新投入与产出过程和经济发展内部层次结构，运用实证方法测度了中国科技创新驱动经济发展的实际状况，研究发现，中国科技创新最终产出是通过较少的创新投入和较低的成果转化效率获得的，其中掺杂了非科技因素，科技创新中间产出的整体质量较差，造成科技创新效率更低，科技创新投入、经济发展规模与科技创新效率之间呈现 U 形关系。[③] 唐松等以金融科技创新为切入点，利用中国 31 个省区市的面板数据，综合运用空间面板杜宾模型，考察金融科技创新是否通过直接效应和空间溢出效应提升全要素生产率，进而为实现中国经济高质量发展打下基础，研究结果表明，金融科技创新借助技术优势解决信息不对称的问题，由其衍生的创新性金融基础设施、金融新业态和金融新业务模式可以助力地区全要素生产率提升，而且，在空间知识溢出传导机制的作用下，金融科技创新能有效提高周边地区的全要素生产率。[④]

第三，科技创新对经济发展的可持续性、可分享性具有重要影响。庞瑞芝等借助拓展的网络化数据包络分析方法，从系统观的视角实证考察了 2009 ~2012 年中国省际科技创新对经济发展的支撑效率以及创新资源的优化配置问题，认为全国各省区市科技创新对经济发展的支撑作用的水平普遍偏低。

---

① 唐未兵、傅元海、王展祥：《技术创新、技术引进与经济增长方式转变》，《经济研究》2014 年第 7 期。

② 苏治、徐淑丹：《中国技术进步与经济增长收敛性测度——基于创新与效率的视角》，《中国社会科学》2015 年第 7 期。

③ 杨武、杨淼：《基于科技创新驱动的我国经济发展与结构优化测度研究》，《软科学》2016 年第 4 期。

④ 唐松、赖晓冰、黄锐：《金融科技创新如何影响全要素生产率：促进还是抑制？——理论分析框架与区域实践》，《中国软科学》2019 年第 7 期。

成果未能有效转化是制约科技创新有效支撑经济发展的主因，科技创新成果未实现优化配置是普遍存在的问题。[①] 赵传松等基于 1995 ~2014 年与中国科技创新及可持续发展相关的数据，利用耦合协调度模型等探讨了中国科技创新与可持续发展的耦合协调以及时空分异特征，研究发现，科技创新与可持续发展之间具有明显的正相关关系，耦合协调度呈稳步上升趋势，但是空间集聚程度不显著，在总体格局上呈现“东高西低”的态势，东部与西部之间的发展差距逐步缩小。[②] 段新等运用熵值法、变异系数和耦合协调度模型对中国 2002 ~2016 年区域科技创新、经济和环境情况进行分析，研究发现，科技创新、经济和环境总体上不断发展并呈现阶段性特征，科技创新、经济或环境的二元系统与科技创新、经济和环境的三元系统中各要素的协调均呈上升趋势，科技创新、经济和环境的三元系统的耦合协调增长在 2009 年之前主要由环境和经济的协调发展引领，而在 2009 年之后主要由科技和经济的协调发展引领。[③] 上官绪明、葛斌华采用中国 278 个地级及以上城市数据，借助构造的空间托宾模型以及工具变量法系统地考察了科技创新和环境规制对经济发展质量的影响，研究发现，科技创新和环境规制对经济发展质量具有显著的、直接的提升效应，两者在促进经济高质量发展时还具有协同效应。另外，科技创新和环境规制对大中城市经济发展质量的影响水平显著低于小城市。党的十八大以来，环境规制对经济发展质量的提升效应越来越显著。[④]

但是，也有学者认为，在一定情况下，科技创新对经济发展的正向拉动作用有限。陈英将技术创新划分为生产过程创新及产品创新两个方面，生产

① 庞瑞芝、范玉、李扬：《中国科技创新支撑经济发展了吗?》，《数量经济技术经济研究》2014 年第 10 期。

② 赵传松、任建兰、陈延斌、刘凯：《中国科技创新与可持续发展耦合协调及时空分异研究》，《地理科学》2018 年第 2 期。

③ 段新、戴胜利、廖凯诚：《区域科技创新、经济发展与生态环境的协调发展研究——基于省级面板数据的实证分析》，《科技管理研究》2020 年第 1 期。

④ 上官绪明、葛斌华：《科技创新、环境规制与经济高质量发展——来自中国 278 个地级及以上城市的经验证据》，《中国人口·资源与环境》2020 年第 6 期。

过程创新提高生产效率，进而有利于经济增长；产品创新改变产品的质量与差异性，但不一定能够加速经济增长。[①] 李丛文认为，在短期内，知识与创新促进经济增长的作用有限，中国经济的长期增长还是要靠资本及劳动等传统要素拉动，要使创新成为经济增长的新引擎，必须首先进行创新要素的长期积累。[②] 豆建春等从技术创新与人口增长的视角出发，探讨了中国自宋代以来虽有技术进步却无显著经济增长的现象，把技术创新分为效率型技术创新与产品创新，认为中国自宋代开始的农业技术进步和明清时的早期工业发展都以提高生产率为主要特征，虽然取得了效率增进型技术进步，但是缺乏有效的产品创新，这样会使收入增加，引起消费增加，人口增长率提高，从而削弱了技术进步带来的增长效应。也就是说，由于技术创新形式存在差异，其不一定能够拉动经济增长。[③]

2. 关于日本科技创新的研究

在对日本科技创新的研究方面，国内学者主要对科技创新政策、战略措施、效果、模式及日本科技创新驱动产业、经济发展的作用等方面进行探析。整体来看，研究大多进行理论分析及定性分析而缺少实证检验。

（1）科技创新的相关研究

关于日本的科技创新政策、战略措施、效果，王学栋从立法、组织机构、财政、金融、税收、技术援助等方面介绍了日本对中小企业进行技术创新的政策支持。[④] 樊增强比较、分析了日本及欧盟针对中小企业的技术创新政策，日本通过实施经济援助政策、建立公立实验研究机构、采取资金支持措施等对中小企业进行技术创新予以扶持，日本和欧盟均通过立法、直接财政支持、创立专项投资基金等鼓励中小企业进行技术创新，并取得了良好的

① 陈英：《技术创新与经济增长》，《南开经济研究》2004 年第 5 期。

② 李丛文：《金融创新、技术创新与经济增长——新常态分析视角》，《现代财经》2015 年第 2 期。

③ 豆建春、冯涛、杨建飞：《技术创新、人口增长和中国历史上的经济增长》，《世界经济》2015 年第 7 期。

④ 王学栋：《中小企业与技术创新：日本政府的成功经验及其借鉴》，《现代日本经济》2001 年第 2 期。

成效。[①] 薛春志考察、分析了日本产业技术创新联盟的运行特点及效果，研究认为，日本以1961年颁布的《工矿业技术研究组合法》为核心，配以实施财政补贴、税收优惠等政策措施，形成了特色鲜明的产业技术创新联盟体系，其在贯彻国家技术发展战略、弥补市场机制缺陷、提高科研投资效率等方面做出了贡献。[②] 智瑞芝等将日本科技创新战略按照时间脉络分为二战后到20世纪70年代末的“技术引进消化吸收再创新”战略、20世纪80年代到90年代中期的“科学技术立国”战略、20世纪90年代中期到现在的“科学技术创造立国”战略，认为日本政府十分重视对科技创新能力的培育，其中，加强科技创新的主要措施包括：根据形势发展需要制定相关法律，保证科技创新顺利推进；强化基础研究，根据国家发展需要调整基础研究的重点领域，引进科研经费竞争机制以鼓励研究者进行独创性研究，重视对人才的培育；以开放的姿态促进产学合作与海外合作，建设国际合作开放创新基地；优化创新环境，加强对政府职能的相关管理。[③] 平力群研究认为，技术经济范式的调整与转换导致日本传统的以“分割的多元官僚制”为基础的“官僚主导”的“自下而上”的科技创新政策形成机制的绩效逆转。为适应新变化，保持制度优势，降低改革成本，日本政府推动科技政策中央咨询决策机构实现了从“科学技术会议”到“综合科学技术会议”再到“综合科学技术创新会议”的演变，增强了其作为指挥部的职能，构建了“内阁主导”的“自上而下”的政策形成机制，实现了与原有政策形成机制的对接与融合，弥补了决策分散、缺乏协调性等方面的不足。“综合科学技术创新会议”的诞生标志着日本科学技术政策与创新政策一体化推进体制的实现。[④] 刘兰剑等从日本经济发展不同阶段的科技政策着手，探讨了日本科技创新能

① 樊增强：《日本、欧盟中小企业技术创新支持政策的比较分析及其对我国的启示与借鉴》，《现代日本经济》2005年第1期。

② 薛春志：《日本产业技术创新联盟的运行特点及效果分析》，《现代日本经济》2010年第4期。

③ 智瑞芝、袁瑞娟、肖秀丽：《日本技术创新的发展动态及政策分析》，《现代日本经济》2016年第5期。

④ 平力群：《日本科技创新政策形成机制的制度安排》，《日本学刊》2016年第5期。

力的构建与演变机制，认为，1949 年的大学改革对日本科技创新能力的提升起到了重要的推动作用，但是，在 20 世纪 90 年代之后，这种推动作用趋弱，企业接替大学成为推动日本科技创新能力提升的主要力量。持续的科技创新经费投入是日本科技实力保持长期领先的根本动力，产学官合作制度是重要平台，科学文化精神是科技高度发展的文化基因。[①]

关于日本科技创新模式，陈海华、谢富纪认为，二战后，日本科技创新模式演变脉络依次为基于引进的简单模仿创新、消化吸收模仿创新、自主创新、知识创新。[②] 李博认为，日本传统的公司治理制度支持企业的模仿型技术创新向渐进型技术创新转变，以为日本实现经济赶超做出贡献。但是，伴随着全球化竞争加剧，日本对突破性技术创新的需求增加，传统的公司治理制度成为阻碍。[③] 杨勇华、马键从演化经济学视角出发，比较了美国与日本的科技创新倾向，研究认为，与美国倾向于进行突破创新不同，日本更倾向于进行渐进式创新，日本进行技术创新更相信政府的作用，更强调市场的导向性，突出针对性特征，有鉴于此，我国应综合两国的科技创新优势构建具有中国特色的二元创新体系。[④] 李俊江、彭越研究了日本中小企业的科技创新模式的演变情况，认为，整体来看，日本中小企业的科技创新模式经历了从模仿创新到合作创新的演变过程。在模仿创新阶段，日本中小企业注重对国际先进技术的引进，并且相较于基础理论与尖端技术的研究开发，更加重视应用技术引进及技术改良。在合作创新阶段，日本中小企业以市场为导向，重视合作开发，形成层次分明的创新合作分工系统，逐渐重视基础研究。[⑤] 田鸣等基于定性的创新创业复杂适应系统模型与定量的创新创业复合

---

① 刘兰剑、应海涛、张田：《战后日本科技创新能力演变及其构建机制研究》，《科学学与科学技术管理》2018 年第 3 期。

② 陈海华、谢富纪：《日本技术创新模式的演进及其发展战略》，《科技进步与对策》2008 年第 1 期。

③ 李博：《日本公司治理与技术创新模式的关系》，《日本学刊》2012 年第 2 期。

④ 杨勇华、马键：《演化经济学视角下美国与日本技术创新不同倾向》，《现代经济探讨》2013 年第 10 期。

⑤ 李俊江、彭越：《日本中小企业技术创新模式的演变分析》，《现代日本经济》2015 年第 1 期。

系统协调度模型，利用2005～2013年的面板数据，探讨了典型国家的创新创业发展模式，研究认为，日本出现创新发展良好而创业却深陷泥潭的“创新驱动”发展模式。前者主要基于成熟的国家创新系统、一流的高等教育、有效的产学官合作机制、完善的基础设施以及“技术立国”的创新文化，这使日本的创新能力始终稳居全球领先地位。对于后者，由于创新资源、优秀人才和资本大多被大型企业和大财阀垄断，面向创业企业的“知识溢出”被严重抑制，进而挤压了创业企业的发展空间。[①] 张华新认为，日本正由更多依赖国家创新朝着依赖区域创新和构建创新体系转变。日本通过完善包括知识集聚示范区在内的区域创新模式、政策工具以及合理分配和明确多重治理结构下的区域创新管理机构的权限和责任，实现了不同创新主体之间的互动与合作，缩小了本国技术创新水平与全球技术创新水平及区域技术创新水平的差距，促进了创新能力的提升。[②]

（2）科技创新对产业、经济发展的影响

关于日本科技创新驱动产业、经济发展的作用，杨名、姜照华通过对1960～2004年日本经济进行阶段性的系统分析认为，科技创新在日本经济发展过程中起到越来越重要的作用，随着日本的国际地位变化，日本经济面临转型难题，只有重视制度创新才能适应不断变化的国际经济环境，实现经济持续增长。[③] 张丽认为，二战后，日本经济之所以能够高速发展，主要原因是日本中小企业起到了重要的推动作用，中小企业的迅速发展归功于技术创新。[④] 李毅在探讨制造业在日本经济中的作用时，提出日本经济要实现强劲复苏离不开制造业的深度发展，这是因为制造业不仅是创新活动发生的主要场所及主要担当者，关系未来的产业发展情况，而且制造业以创新母体的角

---

① 田鸣、张阳、唐震：《典型国家创新创业发展模式研究及启示》，《科学学与科学技术管理》2016年第4期。

② 张华新：《日本多重治理结构下的区域创新政策研究》，《日本学刊》2018年第2期。

③ 杨名、姜照华：《日本式经济增长轨迹成因分析与展望》，《经济与管理研究》2006年第3期。

④ 张丽：《日本中小企业自主技术创新研究》，《佳木斯教育学院学报》2013年第5期。

色成为创新核心环节及再创日本竞争优势的强力支点。[①] 张肃、黄蕊认为，在日本经济处于赶超发达国家这一阶段时，日本积极开展与产业结构相适应的知识密集型创新，经济增长成就举世瞩目。但是在日本经济进入“赶超后时代”，日本技术创新的边际效应下降，技术红利减少，技术创新对经济增长的贡献度开始下降。[②] 平力群通过对日本国家创新系统的分析，认为在日本经济处于赶超发达国家这一阶段时，国家创新系统是成功的，促进了经济发展绩效的提高，但是随着日本进入先进国家行列，世界经济由工业经济向知识经济演变，由于国家创新系统具有封闭性，日本难以适应高水平科学、技术知识时代的变化，创新效率逐渐下降，甚至导致日本经济长期低迷。[③] 梁军、赵青通过分析全要素生产率的变化情况探究日本自20世纪90年代初以来经济萎靡不振的原因，研究认为，企业自主创新能力不足及国际市场份额萎缩导致生产效率下降，产业结构调整滞后导致要素配置效率下降，生产效率及要素配置效率下降是日本全要素生产率下降的主要原因，进而导致日本经济陷入长期低迷的旋涡。[④] 杨东亮、李春凤通过对东京大湾区创新格局与日本创新政策进行研究，认为东京大湾区内的创新活动存在显著的区域差异，呈现以东京都为中心的高度集聚型空间格局特征，日本健全的创新支持法律体系是东京大湾区创新发展的重要前提，日本扶持创新的法律与政策是东京大湾区实现创新发展的重要保障。[⑤]

（二）国外研究现状及文献综述

整体来看，国外学者重视对科技创新的相关研究，形成了较为完备的理论体系，系统地阐述了科技创新理论变迁情况、相关内涵、影响因素、成果与效果等。具体来看，日本学界涌现出较多的研究成果，研究体系较为成

---

① 李毅：《制造业在日本经济复苏中的角色探讨》，《日本学刊》2015年第3期。

② 张肃、黄蕊：《技术创新视角下日本经济的赶超与停滞》，《现代日本经济》2016年第5期。

③ 平力群：《创新激励、创新效率与经济绩效——对弗里曼的日本国家创新系统的分析补充》，《现代日本经济》2016年第1期。

④ 梁军、赵青：《全要素生产率变动与日本经济长期萧条》，《日本问题研究》2016年第2期。

⑤ 杨东亮、李春凤：《东京大湾区的创新格局与日本创新政策研究》，《现代日本经济》2019年第6期。

熟。下文主要从科技创新的理论研究、科技创新的影响因素及科技创新对经济发展的影响以及日本的科技创新研究三个方面简单介绍国外的相关研究情况。

1. 科技创新的理论研究

古典经济学家亚当·斯密和马克思在科技创新经济学的理论发展过程中具有重要地位。亚当·斯密在《国富论》中提出国家富裕在于分工，分工促进经济增长的重要原因之一就是有助于促使进行某些机械的发明，以提高劳动生产率，减少劳动投入。这里，某些机械的发明与科技创新紧密相关。亚当·斯密已然认识到科技创新可以带来技术进步，技术进步是除了资本、劳动力之外又一个促进经济增长的重要因素。《国富论》是亚当·斯密早期的一部系统地论述技术进步与经济增长关系的著作，他在更早时期发表的“论警察”的演讲中也阐述了同样的思想。① 马克思对发明、创新有许多精辟的论述，这些论述时至今日依然是对技术进步及其分支进行相关研究的出发点。② 马克思对科技创新持两种态度，第一，马克思肯定科技创新创造的生产力，认为，“资产阶级在它的不到一百年的阶级统治中所创造的生产力，比过去一切世代创造的全部生产力还要多，还要大。自然力的征服，机器的采用……仿佛用法术从地下呼唤出来的大量人口，——过去哪一个世纪料想到在社会劳动里蕴藏有这样的生产力呢？”③ 第二，马克思认为，“机器的资本主义应用，一方面创造了无限度地延长工作日的新的强大动机，并且使劳动方式本身和社会劳动体的性质发生这样的变革，以致打破对这种趋势的抵抗，另一方面，部分地由于使资本过去无法染指的那些工人阶层受资本的支配，部分地由于使那些被机器排挤的工人游离出来，制造了过剩的劳动人口”④。

无论是亚当·斯密还是马克思都发现并在一定程度上重视科技创新的作用，但是之后经济学家并未重视相关研究。直至 1912 年，熊彼特的《经济

① 柳卸林：《技术创新经济学》，中国经济出版社，1993，第 10 ~ 11 页。

② 柳卸林：《技术创新经济学》，中国经济出版社，1993，第 11 页。

③ 《马克思恩格斯选集》（第一卷），人民出版社，1995，第 277 页。

④ 《资本论》（第一卷），人民出版社，2004，第 469 页。

发展理论——对于利润、资本、信贷、利息和经济周期的考察》[①] 一书问世，其正式提出了创新理论。1939 年、1942 年，熊彼特的著作《经济周期》《资本主义、社会主义和民主主义》[②] 出版，其中，熊彼特进一步阐述了创新理论，形成了系统完整的创新思想，其大体包括企业创新论、技术创新长波论及技术集群论等。熊彼特勇敢地批判了当时的主流经济学观念，即认为经济系统是静态的、均衡的，他突破性地提出了创新对经济增长的巨大作用，构造了一个以创新为核心的理论体系。尽管熊彼特构建的创新理论体系存在诸多局限，但是时至今日，许多关于创新的研究仍然是基于熊彼特当年构建的框架进行的。在熊彼特提出创新理论的同一时期，一部分经济学家开始重视科技创新，他们为科技创新理论的发展做出了贡献。希克斯便是其中的一位代表。希克斯在 1932 年出版的《工资理论》一书中提出，创新的方向与生产要素的相对价格有关，生产要素的相对价格变化本身就是一种激励，这使某种特定发明出现，在过去几个世纪中，创新主要指节省劳动的创新。[③]

20 世纪 50 年代之后，许多国家的经济迎来高速增长的“黄金期”，传统西方经济学理论难以解释这种经济增长现象，西方经济学家逐渐对技术进步与经济增长的关系产生兴趣并进行深入研究，这使科技创新理论得以长足发展。我们可以大体将熊彼特创新理论之后的科技创新理论学派分为新古典学派、新熊彼特学派、制度创新学派以及国家创新系统学派。新古典学派的主要代表是索洛（R. Solow）及阿伯拉莫维茨（M. Abramovitz）等。1957 年，索洛在《技术进步与总生产函数》一文中提出了著名的索洛模型，认为只有技术进步才是实现经济增长的重要来源，并利用美国 1909～1949 年的产业数据推算得出美国制造业总产出的 88% 归功于技术进步。[④] 阿伯拉莫维茨的

---

① 〔美〕约瑟夫·熊彼特：《经济发展理论——对于利润、资本、信贷、利息和经济周期的考察》，何畏等译，商务印书馆，1990。

② 〔美〕熊彼特：《资本主义、社会主义和民主主义》，绛枫译，商务印书馆，1979。

③ 柳卸林：《技术创新经济学》，中国经济出版社，1993，第 21 页。

④ Solow R. M.,“Technical Progress and the Aggregate Production Function,” *Review of Economics & Statistics*, 39 (1957): 312－320.

“追赶假说”认为技术差距及社会能力差距是各国经济发展水平不同的主要原因，一国经济发展的初始水平与经济增长速度是“相反”的，也就是说，越贫穷的国家的经济增长速度越快，因为贫穷国家可以迅速吸收最前沿的技术，而省去技术研发等复杂过程。不过，贫穷国家赶超发达国家具有局限性，这是因为教育水平低下、制度不完善等导致贫穷国家吸收、利用先进技术并将其转化为生产力的能力有限，即社会能力低下影响技术转化为生产力。[①] 新熊彼特学派的主要代表是施穆克勒（J. Schmookler）、爱德温·曼斯菲尔德（Edwin Mansfield）、莫尔顿·卡曼（Morton Kamien）、南希·施瓦茨（Nancy L. Schartr）等。1962 年，施穆克勒与布朗尼发表的《发明活动的决定因素》一文利用专利统计分析方法测度技术进步，1966 年，施穆克勒的著作《发明与经济增长》[②] 同样采用这一分析方法，开启了创新经济学进行定量研究的时代。[③] 爱德温·曼斯菲尔德对新技术的推广问题进行了深入研究，解释了技术创新与技术模仿之间的关系以及两者变动的速度[④]，探讨了与产业创新相关的问题，如产业创新的社会及私人收益率[⑤]、产业创新与学术研究之间的关系等[⑥]。莫尔顿·卡曼、南希·施瓦茨等致力于解释技术创新与垄断程度、竞争程度以及企业规模之间的关系，认为垄断程度、竞争程度以及企业规模是影响技术创新及创新前景的重要因素。制度创新学派的主要代表是道格拉斯·诺思（D. North）及兰斯·戴维斯（Lance E. Davis）等。戴维斯、诺思在 1971 年出版的《制度变迁与美国经济增长》一书中构建了制度变迁模型，解释了 19 世纪及 20 世纪有关美国经济增长的问题，系统地

① Abramovitz M.，“Catching up，Forging ahead，and Falling behind，” *Journal of Economic History*，46（1986）：385－406.

② Schmookler J.，*Invention and Economic Growth*（Cambridge：Harvard University Press，1966）.

③ 徐迎、张薇：《技术创新理论的演化研究》，《图书情报工作》2014 年第 7 期。

④ Mansfield E.，“Technical Change and the Rate of Imitation，” *Econometrica*，29（1961）：741－766.

⑤ Mansfield E.，Rapoport J.，Romeo A. et al，“Social and Private Rates of Return from Industrial Innovations，” *Quarterly Journal of Economics*，91（1977）：221－240.

⑥ Mansfield E.，“Academic Research Underlying Industrial Innovations：Sources，Characteristics，and Financing，” *Review of Economics & Statistics*，77（1995）：55－65.

提出了制度创新理论，并从制度层面发展了熊彼特的创新理论。戴维斯与诺思的制度创新理论主要包括以下内容：分析制度创新与技术创新的相似性，探讨制度创新的动力来源、影响因素及过程，展望制度创新趋势等。国家创新系统学派的主要代表是克里斯托夫·弗里曼（Christopher Freeman）、理查德·纳尔逊（Richard R. Nelson）、本特阿克·伦德瓦尔（Bengt-Aake Lundvall）、迈克尔·波特（Michael E. Porter）等。国家创新系统学派的思想渊源为德国经济学家弗里德里希·李斯特（Friedrich List）的《政治经济学的国民体系》[①]。第一位使用“国家创新系统”的学者是丹麦经济学家本特阿克·伦德瓦尔[②]，但是，通常认为，这一术语是由英国经济学家克里斯托夫·弗里曼于1987年正式提出的。弗里曼在研究二战后日本在技术落后的情况下迅速成长为工业化大国的过程中发现，虽然起初日本的技术水平远远落后于欧美主要国家，但是其以技术创新为主导，辅以制度创新与组织创新，仅用几十年时间便缩小了与欧美主要国家的技术差距，成长为工业化大国。技术落后国家追赶、超越技术先进国家的过程，不仅是依靠技术创新取得成功的结果，而且实现了技术、组织、制度等多个层面的创新，综合来看，这是一种国家创新系统演变的结果。[③] 纳尔逊把研究重点放在技术变革与制度结构层面，认为现代国家的创新系统包括制度因素、技术行为因素、研究机构因素等，具有相当复杂的创新体系。弗里曼、纳尔逊等学者在很大程度上从技术的民族主义角度研究国家创新系统，并基于国家制度、社会、文化、历史等因素分析其对国家创新绩效的影响。以伦德瓦尔为代表的一些学者从微观视角出发，基于用户与厂商的相互作用研究国家创新系统的组成部分。波特将国家创新系统的微观机制与宏观运行实绩联系起来，在经济全

① Freeman C. , “The ‘National System of Innovation’ in Historical Perspective,” *Cambridge Journal of Economics*, 19 (1995): 5 – 24.

② Freeman C. , “The ‘National System of Innovation’ in Historical Perspective,” *Cambridge Journal of Economics*, 19 (1995): 5 – 24.

③ Freeman C. , “Japan: A New National System of Innovation?” *Technical Change and Economic Theory*, 1988: 330 – 348.

球化的背景下研究国家创新系统，提出国家竞争力钻石理论，这被视为国家创新系统学派的另一个学说。

2. 科技创新的影响因素及科技创新对经济发展的影响

在科技创新的影响因素方面，国外学者从政府扶持、市场经济环境、企业经营、企业治理等视角进行探讨。从外部视角来看，一国的政策、制度、市场环境是影响科技创新的重要因素。帕特尔等认为，政府补贴政策有助于弥补一国推进科技创新过程中面临的市场方面的不足。[①] 休伊特等认为政府针对企业采取的政策举措有助于促进企业创新发展。[②] 马祖卡认为，传统的政府干预科学技术创新的系统失灵理论存在很大的问题。市场本身具有盲目性，政府的作用不只局限于弥补市场功能方面。系统失灵理论认为，由于创新存在基础设施失灵、制度失灵、互动失灵和能力失灵等状况，需要政府开展系统的、全面的治理工作，因此，国家可以扮演企业家的角色，在全新的领域中，投资私营企业，开展创新活动，在促进经济发展方面尤其是促进创新方面发挥更为积极的作用。[③] 艾金等认为市场竞争过于激烈可能扼杀企业的创新潜能。[④] 曼斯菲尔德提出“倒 U 形假说”，认为市场竞争与技术创新并非线性相关，随着市场竞争程度的提升，企业技术创新活动会呈现先增加后减少的变化。伦都等通过构建创新战略实施模型，并以斯洛伐克 262 家中小企业为样本，认为企业文化是影响企业创新战略实施的重要因素，企业应注重营造具有创新意识的文化氛围。[⑤] 从内部视角来看，企业自身因素影响科技创新进程。企业治理对科技创新也有较大的

① Patel P. , Pavitt K. , “National Innovation Systems: Why They Are Important, and How They Might Be Measured and Compared,” *Economics of Innovation and New Technology*, 3 (1994): 77 – 95.

② Hewitt Dundas N. , Roper S. , “Output Additionality of Public Support for Innovation: Evidence for Irish Manufacturing Plants,” *European Planning Studies*, 50 (2009): 107 – 122.

③ Mazzucato M. , *The Entrepreneurial State: Debunking Public vs Private Sector Myths* (London: Anthem Press, 2013).

④ Aghion P. , Howitt P. , “A Model of Growth through Creative Sestruction,” *Econometrica*, 60 (1992): 323 – 351.

⑤ Lendel V. , Varmus M. , “Creation and Implementation of the Innovation Strategy in the Enterprise,” *Economics and Management*, 16 (2011): 819 – 825.

影响，如股权结构[①]、激励机制[②]、治理环境[③]等均会影响科技创新水平。

在科技创新对经济发展的影响方面，国外学者认为科技创新可以通过提升生产效率、促进产业结构调整等促进经济发展。大多数学者认为，科技创新是提升企业绩效的重要手段，是影响企业特别是中小企业生存、发展的关键因素。[④] 穆尼赛梅等以马来西亚制造业为例，运用数据包络分析与平衡计分卡相结合的方法，基于 Tobit 回归模型分析了企业绩效与技术创新效率的影响因素，认为在制造业企业进入以知识为基础的经营环境后，应促进企业内部技术创新与人才机制创新，以提高生产效率与经营活力。[⑤] 阿勃等认为科技创新的主要决定因素为创新投资水平和企业规模，技术创新直接影响制造业生产效率。[⑥] 辛格等认为由于全球化发展，制造业企业面临的内外部竞争加剧，迫使其不断寻求改善产品及服务的途径，在此过程中，企业面临技术升级及创新方面的问题，同时，企业适应新技术及维持市场地位也需要创新，科技创新在提高制造业企业绩效方面具有重要的决定性作用。[⑦] 特瑞奥斯基通过对澳大利亚 600 个制造业中小企业样本进行实证分析，认为企业创新战略可以通过加快企业全面且及时交付产品的速度、提高产品质量、减少

---

① Francis J. , Smith A. , "Agency Costs and Innovation Some Empirical Evidence," *Journal of Accounting & Economics*, 19 (1995): 383 - 409.

② Holmstrom B. , "Agency Costs and Innovation," *Journal of Economic Behavior & Organization*, 12 (1989): 305 - 327.

③ Haresh Sapra, Ajay Subramanian, Subramanian K. V. , "Corporate Governance and Innovation: Theory and Evidence," *Journal of Financial & Quantitative Analysis*, 49 (2015): 82 - 106.

④ Raymond L. , St-Pierre J. , "R&D as a Determinant of Innovation in Manufacturing SMEs: An Attempt at Empirical Clarification," *Technovation*, 30 (2010): 48 - 56.

⑤ Munisamy S. , Fon C. Z. , Wong E. S. et al. , "Innovation and Technical Efficiency...Innovation and Technical Efficiency in Malaysian Family Manufacturing Industries," *Journal of Economic & Financial Studies*, 3 (2015): 3 - 50.

⑥ Aboal D. , Garda P. , *Technological and Nontechnological Innovation and Productivity in Services vis a vis Manufacturing in Uruguay* (Idb Publications, 2012).

⑦ Davinder Singh, Jaimal Singh Khamba, Tarun Nanda, "Role of Technological Innovation in Improving Manufacturing Performance: A Review," *International Scholarly and Scientific Research & Innovation*, 9 (2015): 398 - 402.

浪费、提高产品的技术创新能力等诸多途径提高企业绩效。[①] 但是，也有学者认为，科技创新提高制造业生产效率的作用未必非常明显。那卡多瓦等的研究表明，企业实现创新需要克服诸多难题，其中主要是减少相关经济因素的影响及消除市场壁垒，经济因素的影响包括研发成本较高、研发风险较大、难以获得外部融资、缺乏技术设备与合格的工人，以及相关立法的灵活性不足进而难以提供保障等；市场壁垒主要包括市场排斥新产品、市场缺乏活力及创新氛围以及市场信息流通不畅等。[②] 巴托罗尼等认为仅仅强调技术创新对制造业企业的有利影响是具有误导性的，这是因为企业进行技术创新是非常复杂的，其可能需要对组织制度及市场定位进行重新考量。[③]

另外，通常认为，科技创新通过促进产业结构调整影响整体的经济发展。科技创新可以通过影响需求结构及资源供给、提高技术水平、影响对外贸易等促进产业结构优化升级。蒙托比奥认为，创新促使企业间存在行为差异，正是这种差异使一些企业具有竞争力及优势，从而使企业优胜劣汰，促使产业结构调整升级。[④] 麦特卡夫等认为，创新是促进企业发展的重要因素，竞争是产业结构调整的主要动力，创新影响产业结构调整。[⑤] 除此之外，由于科技创新直接使企业间的技术进步率存在差异，相对价格受部门间技术进步率与资本深化的影响而发生变化，从而从供给端促进产业结构调整。[⑥] 当

---

① Terziovski M. , "Innovation Practice and Its Performance Implications in Small and Medium Enterprises (SMEs) in the Manufacturing Sector: A Resource-based View," *Strategic Management Journal*, 31 (2010): 892 - 902.

② Necadova M. , Scholleova H. , "Motives and Barriers of Innovation Behavior of Companies," *Economics and Management*, 16 (2011): 832 - 839.

③ Bartoloni E. , Baussola M. , "Does Technological Innovation Undertaken Alone Have a Real Pivotal Role? Product and Marketing Innovation in Manufacturing Firms," *Economics of Innovation & New Technology*, 25 (2016): 91 - 113.

④ Montobbio F. , "An Evolutionary Model of Industrial Growth and Structural Change," *Structural Change & Economic Dynamics*, 13 (2002): 387 - 414.

⑤ Metcalfe J. S. , Ramlogan R. , "Competition and the Regulation of Economic Development," *Quarterly Review of Economics & Finance*, 45 (2005): 215 - 235.

⑥ Gai L. R. , Pissarides C. A. , "Structural Change in a Multisector Model of Growth," *American Economic Review*, 97 (2007): 429 - 443.

然，科技创新对产业结构的影响并不是单一的，有学者认为，科技创新与产业结构是相互影响的，科技创新可能在促进产业结构调整的同时产生一定的负面影响。例如，如果企业倾向于采纳模仿创新战略，那么企业的大部分研发支出可能是重复的，故而造成研发资金浪费；如果企业倾向于进行风险高的项目，那么技术创新速度可能由此加快，故而产业集中程度提高，但是产业集中程度过高可能导致生产面临巨大的损失。[①]

3. 日本的科技创新研究

日本的科技创新经验十分丰富，二战后，在技术落后的情况下，基于由科技创新主导的机制，日本充分协调创新过程中的企业内部与外部的组织、制度因素，只用了几十年的时间便在科技领域实现飞跃，经济增长势头强劲[②]，日本一跃成为科技创新大国。时至今日，高科技仍是日本经济发展的优势所在。日本学界十分重视对技术进步、科技创新等的研究。20 世纪 60 年代前后，伴随科技、经济的迅速发展，日本涌现出众多研究成果，如对科技变迁的衡量[③]，对技术进步中立性的考量[④]，对工资变动[⑤]、资本积累、经济增长[⑥]与技术进步的关系的分析，对技术进步、科技创新过程中存在的诸多问题的探究[⑦]等。日本国内对科技创新的研究成果较多，由于难以一一论述，因此下文有选择性地介绍一些与科技创新过程、影响因素、效果等相关的文献。

(1) 科技创新相关研究

关于日本科技创新相关研究，日本学者重点关注科技创新的影响因素、

① Dasgupta P., Stiglitz J., "Industrial Structure and the Nature of Innovative Activity," *Economic Journal*, 90 (1980): 266 - 293.

② Freeman C., "Japan: A New National System of Innovation?" *Technical Change and Economic Theory*, 1988.

③ 青木達彦「技術変化と評価問題」、『一橋論叢』第 3 号、1973 年、295 - 304 頁。

④ 荒憲治郎「技術進歩の中立性」、『一橋論叢』第 1 号、1966 年、104 - 119 頁。

⑤ 佐藤幸夫「賃金上昇と技術進歩についての一論」、『一橋論叢』第 1 号、1971 年、111 - 118 頁。

⑥ 南亮進「経済成長と技術進歩の型」、『一橋論叢』第 5 号、1962 年、646 - 654 頁。

⑦ 佐藤幸夫「技術進歩の問題について」、『一橋論叢』第 6 号、1972 年、681 - 698 頁。

过程、模式、效果等方面。中岛岩将波动理论运用于与技术进步相关的研究之中，分析了技术创新过程以及其波列解。[①] 奥山利幸根据新凯恩斯理论设定 CES 效用函数模型，考察在商品完全竞争的市场背景下以及 Dixit 和 Stiglitz 型垄断竞争的市场背景下，非竞争性技术进步[②]的宏观效应。其认为，如果没有菜单成本，那么非竞争性技术进步的宏观效应在两种市场情况下的差异不大，技术进步水平与潜在的 GDP 增长水平基本持平；如果有菜单成本，那么差异会变大。[③] 春山铁源从科技研发企业异质性视角出发，构建了将长期技术进步增长与 R&D 企业分布内生化的动态一般均衡模型，探讨加强人力资本培养对增加 R&D 投入的效果，研究发现，对于生产率较低的企业，加强人才培养能促进技术进步，增加 R&D 投入，促进企业发展。[④] 四谷晃一基于技术内生化视角，分析各阶段教育水平对经济的影响，即分析中小学及高等教育阶段教育水平对经济发展的影响。其认为，个人受教育水平决定个人技能程度，进而影响技术进步水平与经济发展，技术进步速度放缓、经济不振可能是由两个方面的原因造成的：一是对中小学教育不够重视；二是具有技术创新能力、接受过高等教育的人未从事研发活动。[⑤] 山本康裕通过研究企业拥有的长期资金与技术进步的关系，提出金融市场扩充对于技术进步及经济发展十分重要，这是因为无论是直接金融市场还是间接金融市场都通过向企业提供长期资金促进企业进行技术研发活动，进而实现科技创新并推动技术进步。大企业容易从直接金融市场获取长期资金，而中小企业则

① 中岛巖「技術革新の進化過程と波列解」、『専修経済学論集』第 47 巻、2013 年、39 - 59 頁。

② 这里是指奥山利幸根据 Romer 在 1990 年发表的文献认为，相对于人力资本的排除性及竞争性，技术进步具有非竞争性，也就是说，既存知识及利用人力资本创造的新知识之间是不具有竞争性的。

③ 奥山利幸「競争市場 vs. 独占的競争 ：非競合的技術進歩のマクロ的効果」、『経済志林』第 3 号、2013 年、229 - 259 頁。

④ 春山铁源「経済成長と異質企業によるR&D」、『国民経済雑誌』第 5 号、2014 年、1 - 16 頁。

⑤ 四谷晃一「内生的技術進歩下での段階的教育選択と経済成長」、『經濟學論叢』第 61 巻、2010 年、533 - 563 頁。

无法获取，因此，激发中小企业的技术研发活力需要完善间接金融市场机制。[①] 中村岳穗运用新古典学派的增长模型探讨了技术进步与劳动者工资之间的关系，认为技术进步对劳动者工资具有双向影响，即技术熟练的劳动者将从中受益，技术不熟练的劳动者将在一定程度上面临利益受损的情况。随着技术创新，两者之间的工资差距将扩大，技术进步促进企业进行技能偏向型发展。[②]

（2）科技创新对经济发展的影响

在研究科技创新对经济发展的影响时，日本学者普遍认为科技创新直接促使技术进步，这是企业保持活力的源泉、实现发展的必要因素。渡边千仞在《技术创新的计量分析》一书中提出，技术进步可以说是促使经济持续增长的必要因素，实现途径主要有三个：一是通过自主研发创新实现技术进步，进而创造新的经济增长点；二是通过技术传播普及先进的技术及吸取先进的管理经验，进而提高整体生产效率；三是通过“干中学”掌握先进的技术，进而弥补相关空白。[③] 深尾京司等认为，泡沫经济以来，日本生产效率低下的主要原因是市场的“新陈代谢”机能低下，也就是说，从制造业企业数据来看，众多生产效率高的企业退出市场，留下了生产效率低的企业，造成制造业出现“生产性低迷”，出现这种情况的更深层次的原因是技术进步的效率较低。[④] 但是，川本卓司对科技进步引起 20 世纪 90 年代以来日本经济发展停滞的结论表示怀疑，认为尚无 1990 年以来日本技术进步减速的确切证据。[⑤] 木村寿男从企业制定技术战略视角考察了科技创新对企业发展的

① 山本康裕「長期性資金と技術進歩の関係：財務データによるパネル分析」、『人文社会論叢．社会科学篇』第 23 巻、2010 年、127 – 144 頁。

② 中村岳穂「技術進歩と労働賃金」、『金城学院大学论集（社会科学编）』第 1 号、2016 年、39 – 59 頁。

③ 渡辺千仭『技術革新の計量分析—研究開発の生産性・収益性の分析と評価—』、日科技連出版社、2001 年。

④ 深尾京司、赫旭権、フカオキョウジ「日本の生産性と経済成長：産業レベル・企業レベルデータによる実証分析」、『Rieti Dp』第 4 号、2004 年、561 – 562 頁。

⑤ 川本卓司「日本経済の技術進歩率計測の試み：『修正ソロー残差』は失われた10 年について何を語るか?」、『金融研究』第 23 巻、2004 年、147 – 186 頁。

影响，研究认为，多数企业为追求较高的经营效应和良好的财务状况，更为重视对短期产品的制造、服务质量的改善，但是，从中长期来看，进行独创性、竞争性的技术发展是企业立于不败之地的保障。因此，企业应该重视对科技创新的评价及对科技战略的制定。过去，日本在明确未来核心技术、重点基础强化技术、差别化技术与发展型技术的基础上有针对性地制定科技战略。随着科技水平提升，企业应更重视自主创新，提高研发能力。[①] 中村纯一、福田慎一认为，泡沫经济崩溃后，日本某些问题企业重组、复活困难的重要原因之一是缺少创新机制。作为促进经济发展的细胞，企业不振便无法使经济摆脱停滞困局。[②] 栃本道夫认为，企业应重视提升人力资本质量，重视对雇佣结构的合理调整，这是企业进行生产结构调整及实现科技进步的重要条件。企业不应该只重视经营利润，而忽视对人力资本的培养，否则就将影响企业发展及技术创新。[③]

四　研究内容与研究方法

（一）研究框架与主要内容

本书主要包括五个部分。

第一部分即绪论，主要介绍本书的研究背景、意义，对国内外相关文献进行综述，以及阐述研究内容与方法等。

第二部分即第一章，对科技创新有关理论进行梳理。首先，对科技创新进行一般性分析，即介绍科技创新的含义、分类、路径与测算方式；其次，结合本书的研究重点，阐述企业科技创新的影响因素，主要因素分为外部因素和内部因素，外部因素包括社会经济环境因素、市场环境因素、政府层面的因素

---

① 木村壽男「企業の技術戦略策定に向けた技術の棚卸しと評価の1アプローチ—未来志向と特許分析を通じた定量性を重視して」、『研究技術計画』第26巻、2011年、52－61頁。

② 中村純一、福田慎一「問題企業の復活：『失われた20年』の再検証」、『General Information』、2013年、1－26頁。

③ 栃本道夫「経済再生産構造と技術進歩—資本としての人材の役割—」、『立教経済学研究』第5号、2016年、221－247頁。

等，内部因素包括企业属性、企业经营与企业治理等；再次，阐述科技创新的经济效应，科技创新的最重要的经济效应就是影响经济增长质量，这一部分梳理了科技创新对经济增长质量的影响机制，即科技创新影响经济增长的结构、有效性、持续性以及可分享性；最后，这一部分梳理了科技创新的相关理论基础，包括马克思主义理论中关于科技创新的思想以及西方经济学相关理论。

第三部分即第二章，主要介绍前三次产业革命背景下日本的科技创新情况。在对四次产业革命进行概括性的时间划分之后，这一部分分别阐述了各个阶段日本科技创新的背景、主要影响因素、特点、模式、成果、效果。由于日本前两次产业革命是同时进行的，因此，本部分将其合并进行分析，另外，为保持时间上的连贯性，本部分把在第三次产业革命之前的两次世界大战阶段并入前两次产业革命范畴中进行论述，这是因为当时日本的科技创新出现严重的结构失衡，一度陷入停滞状态，技术发展主要还是依赖前两次产业革命取得的成果。在阐述第三次产业革命背景下的日本科技创新进程时，本书结合日本经济发展历程（大体划分为产业革命准备期、进行前期与进行后期）进行分析，按照这样的时间脉络阐述日本科技创新的进展情况。

第四部分即第三、四、五章，是本书的核心部分。第三章主要阐述第四次产业革命背景下日本科技创新的基本情况。第一，阐述现阶段日本推动科技创新所处的国际背景，分析、对比日本与其他重要国家在国家创新能力、科技创新产出、科技研发竞争力、科技战略决策等方面的不同，表明日本在国家科技竞争愈加激烈的背景下推进科技创新的急迫性与重要性。第二，介绍第四次产业革命背景下日本推进科技创新的重点布局战略，主要以物联网、人工智能、机器人以及前沿科技与纳米材料等领域为例进行说明。第三，阐述现阶段日本推进科技创新的主要目标，即最终目标是希望借助第四次产业革命带来的机遇窗口，实现产业革命向社会革命全面过渡，构建“社会5.0”，同步实现经济增长与社会问题解决；经济目标是提升经济增长质量。第四，介绍现阶段日本科技创新的主要特点与模式。第四、五章主要从现阶段日本科技创新的影响因素与效果着手，进一步阐述日本的科技创新情况。第四章主要通过定性、定量分析方法，在企业层面探讨企业科技创新的主要影响因素，包括政策制度、宏观经济增长、市场竞争、市场需求、企业属性、企业经营以及企业治理。第五章在梳理现阶段日本取得的科技创新成果的基础上，通过测算日本各都道府县的经济增长质量，结合科技创新指标，构建实证模型探讨日本科技创新对经济增长质量的影响。

第五部分即结语，在系统梳理本书研究观点的基础上，结合现阶段中国科技创新存在的问题与不足，以及日本科技创新的经验、教训，提出促进中国科技创新的一些建议。

（二）研究方法

本书主要采用理论分析方法、定性分析与定量分析相结合的方法以及比较分析方法等进行研究。

第一，采用理论分析方法梳理科技创新及经济增长相关理论。在马克思主义理论中关于科技创新的思想及西方经济学相关理论的基础上，从产业革命视角阐述日本科技创新的进程以及其在现阶段的发展态势，梳理科技创新的主要内外部影响因素、科技创新对经济增长质量的影响以及相应的影响机制，并以理论机制为分析基础选择合适的实证变量。

第二，采用定性分析与定量分析相结合的方法。运用定性分析方法从历史、逻辑性角度梳理前三次产业革命背景下日本的科技创新演变过程。在分析第四次产业革命背景下日本的科技创新状况时，运用定性分析与定量分析相结合的方法，在阐述日本科技创新的一些基本情况的基础上，通过合理构建计量模型，有侧重性地分析现阶段日本科技创新的主要影响因素与效果。在计量研究层面，本书主要采用基本的计量经济学和动态计量经济学方法，广泛使用面板数据多元回归方法、面板固定效应方法、面板随机效应方法及广义矩估计方法等。

第三，采用比较分析方法。在研究第四次产业革命背景下日本的科技创新方面，为了比较日本与其他科技大国的相关差异，采用比较分析方法对中国、美国、德国等国家的情况进行考察，如对比、分析了日本与主要科技创新大国之间的相关指标（如科技投入、产出等）的差距，以期对现阶段日本的科技创新状况有更为全面的认识。

第一章　科技创新有关理论梳理

本章主要梳理科技创新有关理论，第一节对科技创新进行一般性分析，主要包括科技创新的含义、分类、路径与测算。第二节梳理企业科技创新的影响因素以及科技创新的经济效应。在梳理影响企业科技创新的主要因素时，从外部因素与内部因素两个维度进行阐述，外部因素包括社会经济环境因素、市场环境因素、政府层面的因素，内部因素包括企业属性、企业经营与企业治理，并系统阐述了主要影响因素作用于企业科技创新的机制。在梳理科技创新的经济效应时，本章认为，科技创新的经济效应为影响一国的经济增长质量，并阐述其作用机制，从科技创新影响经济增长的结构、有效性、持续性以及可分享性等方面进行论述。第三节梳理了科技创新相关理论基础，主要分为马克思主义理论中关于科技创新的思想以及西方经济学相关理论。

第一节　科技创新的一般性分析

一　科技创新的含义

阐述科技创新的含义需要在简单回顾创新理论的基础上，明确科学创新与技术创新的定义。

首先，创新的含义。创新是技术变革的动力，是经济发展的主要驱动因素。创新这一概念最早由经济学家熊彼特提出，其界定了创新的含义，认为创新是重新构造一种生产函数或对生产要素进行重新组合配置，即在现有的生产体系中引入“新组合”从而使生产方式发生变革以形成全新的生产能力，熊彼特所界定的创新定义其实包含科技创新、管理创新、制度创新、组织创新与市场创新等诸多范畴，继而其在分析经济的均衡、非均衡发展方面指出“非均衡发展”是“创造性破坏”，而“创造性破坏”的来源就是“创新”，熊彼特的创新理论旨在通过解释技术与经济的融合阐述经济发展规律。从历史维度来看，在熊彼特之前便已出现创新理论思想的萌芽，其代表为亚当·斯密与马克思。亚当·斯密初步揭示了技术创新是除资本、劳动力之外又一个在经济增长中具有重要作用的因素，马克思进一步指明科学技术创新对整个社会生产力发展的重要作用，尽管他们都没有明确提出“创新”的概念，但是在其观点中孕育了创新思想。在熊彼特之后，创新概念在经济学理论范畴不断拓展的过程中逐渐被完善，新经济发展理论学派和制度经济学加强了对创新理论的研究，提出“国家创新系统”，阐述了驱动经济增长的创新是各种因素相互作用的过程。在创新理论的发展过程中，人们由最初认为创新是一个简单单向的线性过程演变为认为创新是一个系统的、复杂的非线性过程。

其次，科技创新、科学创新与技术创新的含义。一是科技创新的含义。科技创新即科学技术创新的简称，通常包括科学创新与技术创新两个维度。科学创新与技术创新分属两个创新体系，科学创新是技术创新的重要基础，技术创新是科学创新的重要体现，两者具有复杂且紧密的关系。在科学技术发展过程中，人们一般把科学领域的新理论、新事实、新知识的提出称为“发现”，把技术领域的新工艺、新流程等的提出称为“发明”。尽管在最初阶段，创新更多指的是技术创新，人们更为强调实际的技术进步对社会发展的推动作用，但是这并不意味着人们对科学创新的轻视，每一次重大的技术发明的革新均是由基于科学创新的重大发现推动的。科学通过基础研究、应用研究促使技术得以改进和提高，技术的发展与变革使科学创新实现市场价值并促进科学进一步发展，科学创新与技术创新相互促进、相互影响。科技创新也就是科学创新、技术创新相互促进、影响进而实现市场价值的过程。二是科学创新的含义。科学主要是指以一定对象为研究范围，依据实验与逻辑推理，求得统一、确实的客观规律和真理。科学可分为广义与狭义两种，广义科学是就一切有组织、有系统的知识而言的，可进一步划分为自然科学、应用科学、社会科学、人文科学四大类；狭义科学则专就自然科学而言。科学创新是推动科学理论发展的根本动力，科学理论的不断革新是科学进步的重要基石。三是技术创新的含义。通常认为，广义的技术的定义是由法国著名社会学家埃吕尔提出的。埃吕尔用效率定义技术，在埃吕尔看来，技术的发展使人们的生活越来越技术化，技术已经渗透到经济、政治等各个方面，[①] 经济发展的动力实际上就是技术进步。[②] 关于技术创新的含义，相关文献中的表述并不一致。在经济学层面，一般定位于生产活动，这不是一个孤立的概念，包括新设想的提出、研究开发、工艺改进、生产制造、市场流通等诸多环节；在社会学层面，尽管技术创新是一种技术经济学现象，但是包括从新设想到新产品、新工艺再到市场流通的完整序列，在此序列的每个环节，创新主体都无法避免受到周围环境的影响，随着技术创新活动的开展，技术创新的运行机制与社会系统之间的互动作用愈加复杂，技术创新已经不再局限于经济学范畴，而是具有明显的社会属性，技术创新行动具有创造性、阶段性、不确定性、风险性、高投入和高收益性以及社会系统性等特征。[③]

本书中科技创新的含义为：科技创新是科学创新与技术创新的有机组合，科学创新为源头，技术创新为基础，两者在复杂的、相互促进的过程中有机结合，促进新理论、新知识、新事实提出，以及新工艺、新流程、新管理机制产生，进而促进企业变革生产方式，创新经营管理方式，提供新产品、新服务，提升企业绩效，并在整体上对经济发展以及社会进步产生重要的推动作用。

二　科技创新的分类

科技创新的分类方法有很多，可以根据学科、专业、创新对象、获取方

① Jacques Ellul, *The Technological System* (New York: Continuum, 1964): 129, 150.

② Jacques Ellul, *The Technological System* (New York: Continuum, 1980): 153；梅其君、陆劲松：《从自主的技术到自由的伦理——埃吕尔的技术伦理思想初探》，《科学技术与辩证法》2008年第1期。

③ 冯鹏志：《技术创新社会行动系统论》，中国言实出版社，2000，第49~53页。

式、实现方法、创新强度、创新动力等进行划分。按照学科，科技创新分为自然科学科技创新、社会科学科技创新与交叉学科科技创新，交叉学科科技创新是指在自然科学与社会科学的知识与技术成果的相互融合与渗透的基础上，对相关要素进行重新分解与组合产生的发明与创造；按照专业，科技创新分为基础科技创新、专业基础科技创新与专业科技创新，基础科技创新是在各学科专业中发挥基础性作用的科学理论知识的发现以及技术工艺的发明，专业基础科技创新是在基础科技创新前提下的进一步的理论知识发现以及发明创造，专业科技创新是专门服务于某一学科领域的相对成熟的科技创造。① 按照创新对象，科技创新分为理论创新、产品创新、工艺创新与服务创新，理论创新是指科学知识的发现补充以及理论体系的革新完善；产品创新是指在技术升级的背景下开发出满足市场需求的新产品；工艺创新是指革新现有的产品生产技术，以改善资源配置方式，提高产品生产效率；服务创新是指提供与产品或者工艺相关的在知识、技术上有所进益的新型服务，或进行服务内容与手段的改善。按照获取方式，科技创新可分为原始创新、模仿创新与集成创新，原始创新是根本性创新，是前所未有的对科学知识的发现、对原理的突破、对技术的发明创造与革新；模仿创新是通过引进、购买率先创新者的知识、技术成果，破译知识、技术秘密，在消化与吸收的基础上完成进一步的改进；集成创新是指在对各种创新内容与要素的选择、优化、集成的背景下形成优势互补的动态创新过程。按照实现方法，科技创新可分为自主创新、模仿创新与合作创新，自主创新是依赖自身的知识条件与社会资本进行拥有自有知识产权的知识体系、技术体系的革新，合作创新是指企业之间，企业与科研机构、高等院校之间建立合作关系进而共同研发的创新。另外，按照创新强度，创新可分为根本性技术创新、渐进性技术创新；按照创新动力，创新可分为市场拉动型创新、知识技术驱动型创新及综合性知识技术创新等。

---

① 罗明星、罗永峰：《科学技术创新的分类》，《科学学研究》2006 年第 S1 期。

三　科技创新的路径

科技创新的路径主要包括内源性科技创新、外源性科技创新及合作型科技创新。内源性科技创新主要指自主研发创新，其优势在于，自主研发创新有助于企业获得高端、前沿、领先的知识、技术，提升产品的生产质量与效率，有效实现市场需求与研发方向的对接，获得创新的领先技术进而增强市场竞争力。外源性科技创新主要指依靠外部力量实现技术更新，分为技术引进与模仿创新两种方式，即直接引进生产技术或者购买产品破解相关知识、技术。发展中国家在技术追赶阶段更多的是依赖技术引进与模仿创新实现生产技术升级，虽然从外部获取技术具有低成本、高效率的优势，但是，一方面，发展中国家引进的技术通常为成熟且应用范围狭窄的技术，其在引进高端、前沿的技术时面临壁垒；另一方面，技术引进成本较低，容易导致出现“创新惰性”即用研发费用购买国外技术，这不利于对自主创新能力的培养，进而影响长期竞争力。合作型科技创新主要指企业之间，企业与科研机构、高等院校之间，国内与国外企业之间构建共同研发体系，实现知识产权、技术成果共享。合作型科技创新越来越受到各界的重视，一方面，有助于解决企业技术能力不足的问题，将科技资源内在化，实现优势互补；另一方面，可以共同分担研发费用与研发风险，提升创新效率，而且科研人员与技术人员的交流有助于提高研究开发的适用性与市场性。但是，合作研发通常由两个及两个以上企业或者组织展开，涉及人员安排、信息交流、资源共享等，因此需要建立更缜密的管理机制，否则容易造成研发资源损失。

四　科技创新的测算

以往研究文献在测算科技创新水平时采取以下两种方法：第一，建立创新体系，通过计量模型进行测算；第二，选取科技创新投入或产出指标作为科技创新的替代变量，构建相关模型进行测算。第一种方法主要选取科技创新相关变量，如科技创新投入、科技创新产出、创新环境、创新制度、人力资本及技术贸易等，构建指标体系，借助主成分分析方法、因子分析方法或者熵权法确定各个指标的权重，进而合成综合性指标；或者借助 DEA-Malmquist 指数模型、两阶段串联 DEA 模型、三阶段 DEA 模型、全局前沿 Malmquist 指数模型、随机前沿分析方法、SBM 模型或者 BCC 模型等测算科技创新效率，进而将其作为科技创新的替代指标。第二种方法即直接把科技创新投入或产出指标作为科技创新的替代变量，科技创新投入指标通常用 R&D 投入水平、科研人员数量表示，科技创新产出指标通常用科技论文数量、专利发明数量、新产品或新工艺数量等表示。相对第二种方法来说，第一种方法选取的指标较多，考察的范畴较广，但是，一方面，由于较依赖选择的模型，模型不同，测算结果可能存在较大的差异；另一方面，尽管选择的指标较多，但是微观数据往往缺失，这导致测算结果可能并不准确或者无法得到微观层面的准确测算结果。因此，诸多研究文献选取科技创新投入或产出指标作为科技创新的替代变量。

科技创新的测算涵盖国家、区域以及企业三个层次。[①] 为保障本书的研究具有完整性、全面性，本书将从国家、区域以及企业三个层面介绍日本的科技创新情况，选取宏观、微观数据进行全面的分析与阐述。当然，由于受到数据、资料的可获得性、完整性的影响，本书仅能对不同层次的不同方面的科技创新问题进行研究，无法对不同层次的所有方面的科技创新问题进行研究。对国家科技创新、区域科技创新以及企业科技创新的具体度量方法如下。

首先，对国家科技创新的度量。从国家层面度量科技创新，指标相对易得，日本文部科学省发布的《科学技术指标》从科技创新投入及产出两个方面阐述日本的科技创新情况。本书沿用此思路，在科技创新投入方面，主要选取研发支出、政府的科技预算以及科研人员数量作为科技创新投入的替代变量；在科技创新产出方面，主要选取论文发表数量、专利申请与授权数量、PCT 国际专利申请数量、技术贸易量以及高科技产业贸易量作为科技创新产出的替代变量。这里需要说明的是，尽管高科技产业贸易量与技术贸易量并不是科技创新产出的直接变量，但是其间接反映了科技发展的情况，因

① 张来武：《科技创新驱动经济发展方式转变》，《中国软科学》2011 年第 12 期。

此，应补充阐述其发展情况以期更完整地分析日本的科技创新发展情况。

其次，对区域科技创新的度量。沿用上述阐述日本的科技创新思路，把科技创新投入或产出指标作为区域科技创新的替代变量，在科技创新投入指标方面，选用科研人员数量、研发支出作为科技创新投入的替代变量；在科技创新产出指标方面，选取发明专利数量作为科技创新产出的替代变量，尽管将发明专利数量视作科技创新产出的替代变量具有局限性，但是由于发明专利与科技创新的关系密切，发明专利数量不仅在一定程度上反映技术水平，而且反映科技创新成果的转化能力，日本都道府县层面的发明专利数量较易获得、标准客观、具有时间连续性，因此选取发明专利数量作为度量科技创新的指标相对便利、可靠，这与大部分研究文献的思路一致。

最后，对企业科技创新的度量。根据以往的研究惯例，从科技创新投入指标来看，通常用企业 R&D 投入水平及科研人员数量度量企业的科技创新程度。从科技创新产出指标来看，通常选取知识产权相关变量，如企业的专利授权数量、专利前向引用数量①，或者与新工艺、新产品相关数据，如新工艺的生产效率、新产品的销售额占总销售额的比重②。鲁桐、党印认为，科技创新产出虽然受诸多因素影响，但是较少受企业管理层控制，在研究企业层面问题时不宜将其作为替代变量，而科技创新投入则不同，可以较好地反映企业的科技创新决策，以表明经营者是否存在代理行为③，因此，科技创新投入可以作为度量科技创新的替代变量。另外，企业在进行专利申请时可能具有时滞性，无法较好地体现企业进行科技创新探索的情况，而且，由

① Lerner J. , Wulf J. , "Innovation and Incentives: Evidence from Corporate R&D," *Review of Economics & Statistics*, 89 (2007): 634 - 644.

② Hoskisson R. E. , Hitt M. A. , Johnson R. A. et al. , "Conflicting Voices: The Effects of Institutional Ownership Heterogeneity and Internal Governance on Corporate Innovation Strategies," *Academy of Management Journal*, 45 (2002): 697 - 716; Cassiman B. , Veugelers R. , "In Search of Complementarity in Innovation Strategy: Internal R&D and External Knowledge Acquisition," *Management Science*, 52 (2006): 68 - 82; Lin C. , Lin P. , Song F. M. et al. , "Managerial Incentives, CEO Characteristics and Corporate Innovation in China's Private Sector," *Journal of Comparative Economics*, 39 (2011): 176 - 190.

③ 鲁桐、党印：《公司治理与技术创新：分行业比较》，《经济研究》2014 年第 6 期。

于企业数据属于微观数据，本书以日本为研究对象，企业层面数据的可获得性相对有限，相比来看，对研发投入相关数据的搜集更为简便，数据完整性也较强，鉴于数据的可获得性与完整性，本书选用科技创新投入相关数据作为企业科技创新的替代变量，通常用研发支出的实际值以及相对值来衡量，研发支出的实际值即研发支出，研发支出的相对值即研发投入的强度，其可以用研发支出占资产的比重、研发支出占营业收入的比重确定。

第二节　科技创新的影响因素与效果

一　企业科技创新的影响因素

鉴于科技创新的主体为企业，本节从企业层面梳理科技创新的影响因素。国内外学者对科技创新的影响因素进行了深入的探讨，他们的观点相对一致，认为科技创新的影响因素分为外部因素以及内部因素。

（一）外部因素

影响企业科技创新的外部因素主要包括社会经济环境因素、市场环境因素以及政府层面的因素。

一是社会经济环境因素。本部分主要从社会经济物质资源、社会经济制度、社会文化背景等方面阐述社会经济环境因素对企业科技创新的影响。第一，社会经济物质资源是影响企业科技创新的最基础的社会经济环境变量，如果社会经济物质资源出现短缺，则势必限制科技创新主体对科技创新资源的获取，阻碍科技创新行动正常开展；第二，社会经济制度是重要的社会经济环境变量，其所具有的强制性与规则性特征为科技创新主体提供了一种可以共享的行为规范，使企业之间、企业与其他研发主体之间的互动与交流按照规则下的方式进行，并明晰各参与单位的利益与责任；第三，社会文化背景对企业科技创新的影响虽然不如社会经济物质资源、社会经济制度那样直接，但是文化规范如价值观、信念及行为准则等潜在途径可以影响企业的科技创新意识、选择与决策。

二是市场环境因素。市场环境因素主要指企业在进行决策时所面临的来自市场的不可控制的因素，如市场需求、市场竞争、市场结构、技术因素与市场经济发展等。市场对资源配置起到基础性的调节作用，市场需求是科技创新的根本性动力，市场竞争是科技创新的重要推动器。通常认为，市场需求越大，市场竞争越激烈，企业进行科技创新的要求越迫切，企业研发密度越大，企业科技创新效率也就越高。科技创新有助于市场结构改善，反过来，市场结构的升级有利于企业科技创新活动的实现。技术因素包括技术吸收与技术溢出两个方面。大量的研究文献表明，科技创新成果的不可控溢出使科技创新投入产生的收益向模仿者转移，科技创新主体利益损失，企业出现研发“惰性”，减少了企业创新的动力。[①] 技术溢出效应在所难免，对于技术吸收能力较强的企业来说，技术溢出减少了企业进行基础研发的资金成本与时间成本，有利于推动企业进行科技升级，进而促进企业进行科技创新。企业的科技创新活动从整体上驱动市场经济发展，反过来，市场经济发展也带给企业新的机遇与挑战，市场经济发展越成熟，对企业生产的要求就越高，企业需要不断进行技术创新，改善生产工艺，提高产品质量，节约生产成本以增加利润并在市场竞争中占据优势地位。

三是政府层面的因素。在创新过程中，知识或技术具有外部性特征，从企业科技创新演化过程及美国、英国、日本及德国技术的发展历程来看，政府均起到举足轻重的作用。一方面，政府制定的法律法规及经济政策影响企业的科技创新活动，通常来说，宽松的金融政策可以减少企业面临的融资约束，有利于促进企业投资。政府支持如补贴、减免税收等对科技创新活动也是有利的，但是如果政府支持在资金安排、资源配置方面过度倾向于既定产业或者既定的技术创新活动的话，就会扭曲市场对研发资源的有效配置，偏离最初的目标。另一方面，政治关联、政策不确定性影响企业的科技创新活动。第一，拥有政治资源的企业容易获得更多的创新资源与优惠政策，面临较低的融资成本，这有利于进行研发投资，但也可能给企业的科技创新活动

① 郑德渊、李湛：《R&D 的溢出效应研究》，《中国软科学》2002 年第 9 期。

带来负面影响，如企业为寻求政治资源付出的寻租成本挤压了研发投资的空间，政治关联的存在缓解了企业面临的市场压力，导致企业出现“创新惰性”。为稳固政企关系，企业可能会迎合政府政策导向而无法进行正常有效的投资决策行为，而且，拥有政治资源的企业往往也肩负着促进地方经济增长与稳定就业的“政治包袱”，从而挤占了科技创新资源等。第二，政策不确定性的增加可能导致企业对研发投资的预期产生误差，导致实际政策的传导以及预期效果打折。这是因为，尽管从理论上来说，宽松的金融政策有利于推进企业进行研发投资，但是频繁出台经济政策干预经济运行势必带来不确定性，这种不确定性主要表现为政策预期的不确定性、政策执行层面的不确定性以及政府改变政策立场带来的不确定性。实际上，自第四次产业革命以来，日本安倍政府愈加重视政策对经济的刺激作用，其出台经济政策的频率相对较高，相对应地，政策不确定性发生明显的变动。从企业管理者角度来看，这影响未来的经济政策、政府的干预程度、经济发展形势及对经济发展方向的预期；从企业股东及债权人角度来看，这影响其对企业发展的整体评估，进而影响企业的投资决策以及对研发的投资力度。

（二）内部因素

从企业来看，决定科技创新的内部因素主要有企业属性、企业经营、企业治理等。

对于企业属性与企业科技创新，早期的相关文献便讨论过大企业与小企业垄断与充分竞争的创新差异。熊彼特提出两种关于创新的假说：一是认为新成立的小公司是创新主体，这是因为小公司经营灵活，可以克服组织惰性，实现技术创新突破；二是认为垄断性大公司为创新主体，大公司有足够的科研实力及成果转化与应用实力。[①] 所处行业性质不同造成企业科技创新存在差异，这是因为不同行业中的企业面临不同的科技创新需求，如医药、电子等高科技产业的企业靠研发立足，对科技创新的内在需求与外在需求均较强，而日用品、运输行业企业靠产品与服务质量立足，对技术水平的要求

① 参见鲁桐、党印《公司治理与技术创新：分行业比较》，《经济研究》2014 年第 6 期。

相对较低，对科技创新的需求不强。企业内部资源（如人力资本、物质资源等）也是影响企业科技发展的重要因素，物质资本条件是科技创新的基础，人才是决定科技创新的关键要素。资源基础理论认为，企业可以依托稀缺、宝贵的资源获取市场竞争优势①，对人力资本的培育有助于构建系统的创新知识网络，进而带动其他资源进行交流，形成资源整合的规模优势，激发创新活力。

对于企业经营与企业科技创新，企业经营主要通过企业利润、资产结构等财务指标体现。企业销售情况与利润是构成企业物质资本的重要基础，企业获取的利润越多，企业用于研发的资本投入基础就越雄厚。当然，企业利润较少也可能倒逼企业通过加强研发、改革生产方式、降低经营成本获取超额利润。企业销售额在一定程度上反映市场对企业产品的需求，销售额越大，企业产品的市场份额越大，一方面促使企业加大创新力度，巩固在市场竞争中的地位；另一方面可能导致具有一定垄断地位的企业产生“创新惰性”，忽视创新对增强企业竞争力的根本作用。另外，对于企业的资产结构，由于研发活动本身面临较大的风险，当企业的资产负债结构恶化时，企业可能无法保障充足的研发投资，进而导致企业科技创新速度减缓。

对于企业治理与企业科技创新，诸多研究认为，企业治理对企业战略具有导向作用，进而对企业科技创新决策产生复合性影响。一般而言，企业治理涉及股东、董事会与激励机制三个层面。企业发展战略通常可以在股东层面找到根源；董事会规模、两职分离等也影响企业科技创新决策；激励机制主要包括高管薪酬激励机制、股权与控制权激励机制以及核心技术人员的期权激励机制等，良好的激励机制有助于调动员工进行科技创新的热情，促进企业进行研发投入。另外，企业管理层成员的年龄结构也可能对企业研发投资产生重要的影响，如企业管理层成员越年长，在研发投资方面的态度越保守，具有高风险性的研发项目的落实难度就越大。

---

① Barney J.,“Firm Resources and Sustained Competitive Advantage,” *Journal of Management*, 17 (1991): 99 - 120.

二　科技创新的经济效应

（一）对科技创新成果与其产生的经济效应的概述

科技创新的成果即科技创新的产出表现，关于对科技创新的产出测度指标在上文已经进行了系统性梳理。本书主要基于专利发明数量（包括 PCT 国际专利数量）、科技论文发表数量、技术贸易量以及高科技产业贸易量等指标数据阐述日本的科技创新成果。科技创新的经济效应实际上是一个非常广泛的研究范畴，这里主要对科技创新对经济增长质量的影响机制进行梳理。这是因为科技创新的最终经济效应是驱动经济增长。经济增长是一切发展的核心基础。经济增长包括数量增长、质量增长两个维度。通常来说，一国在经济增长的不同阶段会设置不同的目标：经济增长初级阶段的目标普遍是进行数量扩张；经济增长高级阶段的目标是追求数量与质量的统一，追求经济增长方式由数量型向质量型跨越，具体表现为，在经济增长过程中，更为重视经济增长速度、产业结构的合理化与高级化、产出效率、生态环境保护、资源能源的利用效率、福利分配的公平性以及经济增长成果的可共享性等，实际上可以概括为关注经济增长的结构、有效性、持续性以及可分享性。进一步分析，由于经济增长质量涉及的范畴较广，内容更为丰富，而且随着资源能源条件对经济增长的制约性趋强，各国纷纷重视推进科技创新革命以提升经济增长质量，即提升科技创新的经济效应可以概括为提升经济增长质量。

（二）科技创新对经济增长质量的影响机制

目前，关于科技创新对经济增长质量的影响已经得到普遍一致的肯定，但是对科技创新影响机制的研究相对较少。根据以往的研究经验，经济增长质量主要涵盖经济增长的结构、有效性、持续性与可分享性，本部分通过梳理科技创新对经济增长的结构、有效性、持续性与可分享性的影响机制，可以总结其对经济增长质量的驱动机制。

首先，科技创新影响经济增长的结构。经济增长的结构主要体现在产业结构的高级化以及合理化方面，科技创新促进产业结构高级化以及合理化水平提升。从供给层面看，科技创新助推生产方式变革，影响生产函数，提高了要素的边际生产力水平，进而对其他生产要素产生替代效应，这在一定程度上抵消了递减的边际收益，从而引导生产要素流向，提升各产业行业的部门要素投入效率，促进生产资源有效配置，推动产业结构优化升级。同时，科技创新提出新课题、新技术，有利于培育新产业。新产业的出现不仅完善了产业结构，而且其可能成为新的经济增长引擎，助推经济社会发展。除此之外，科技创新通过改进生产技术与生产流程，影响人力资本投入与促进就业结构转变，进而间接影响整体产业结构。从需求层面看，科技创新使产业生产过程出现新的需求结构以及中间投入结构，促使原有的产业生产模式适应新的技术结构，从而使整体产业结构为满足科技创新要求而发生变化。同时，产业结构的变化对科技创新研究提出新的要求，这就将促进科技创新进一步发展，两者之间呈现相互促进、相互影响的螺旋形加速的良性互动态势。除此之外，由于科技创新带动生产技术变革，生产力水平的提升促使产品质量提升，增强产品在国内、国际市场上的竞争力，优化了产品的生产结构，进而从市场需求角度促进产业结构以及外贸结构调整。

其次，科技创新影响经济增长的有效性。经济增长的有效性主要涉及经济增长效率与绝对值，通常把劳动生产率、资本生产率、全要素生产率以及国内生产总值等作为替代变量。科技创新影响生产效率，进而作用于经济增长的有效性方面。这主要体现在如下几个方面。第一，科技创新有利于突破资源能源约束，提升对生产要素配置的有效性，进而促使整体生产效率提升。一方面，科技进步有助于提升资源能源的利用效率，减少在生产过程中对资源能源的使用量；另一方面，随着科技进步，人类可能发现新的资源能源替代品，扩大生产所需的资源能源的来源范畴。第二，科技创新促进人力资本有效利用，进而提高劳动生产效率以及整体生产效率。人力资本有效利用是科技创新的重要影响因素，当然，科技进步会反过来促进对人力资本的培养与利用。一方面，随着通信网络技术迅速发展，职业培训更加普及与优质，这有利于提升企业员工的职业技能素养，同时，教育的普及与深化提升了社会上的人力资本的储备质量。另一方面，目前，诸多国家面临人口老龄化问题，随着人口绝对数量的减少以及老年人口所占比重持续提升，科技创新所依赖的人力资本存量趋于减少，这将倒逼政府加大科技创新力度，弥补人口老龄化加剧对经济增长的负面影响。另外，老年人并非绝对缺乏高产出能力，高龄劳动人员累积的知识、经验、技能存量有可能助推企业产值增加。[①] 科技创新可以为老年人提供更便捷的通信服务、更舒适的工作与生活环境，这有助于充分利用老年人力资本，促进产值增加与生产效率提升。而且，医疗设备行业、护理行业、食品及营养行业的相关科技创新有助于提高老年人的健康水平。一国居民的健康水平对经济增长质量具有重要的驱动作用[②]，老年人健康水平的提升不仅对社会具有正向影响，而且有助于延缓衰老过程，减少生命老化对生产能力的负面影响[③]。对于独生子女家庭来说，这更有助于减轻他们赡养老人的负担，间接提升工作效率。

最后，科技创新影响经济增长的持续性与可分享性。第一，科技创新影响经济增长的持续性。顾名思义，经济增长的持续性即保持经济的长期可持续增长能力，如果单纯依靠要素投入，以牺牲资源环境为代价，则实现不了经济持续增长，这就需要借助科技创新提升资源能源使用效率，促进经济与生态和谐发展。本书在界定经济增长的持续性时，为了避免与其他相关内容重复，主要从能源使用与环境层面进行阐述。科技创新与技术进步有助于变革生产方式，降低生产成本，节约生产要素投入，直接提高了对生产要素的使用效率，减少了生产要素的浪费与损耗，进而在生产过程中节约资源能源。另外，随着科学技术的进步以及人们的生态保护意识的增强，人们在促进经济增长的同时愈加重视保护环境，如通过技术革新

---

① Frosch K., Tivig T., *Age, Human Capital and the Geography of Innovation* (Labour Markets and Demographic Change vs Verlag für Sozialwissenschaften, 2009): 137 - 146.

② Hicks N. L., "Growth vs Basic Needs: Is There a Trade-off," *World Development*, 7 (2006): 985 - 994.

③ 王弟海、崔小勇、龚六堂：《健康在经济增长和经济发展中的作用——基于文献研究的视角》，《经济学动态》2015 年第 8 期。

减少废弃污染物排放，促进废弃物循环利用等。第二，科技创新影响经济增长的可分享性。经济增长的可分享性的范畴较为广泛，这里界定为民众切实享受到的经济增长成果，如民众分配到的劳动报酬、衣食住行环境的改变等，其涉及民众生活、学习、工作的方方面面。通常认为，科技创新带来的社会生产技术变革从本质上服务于民众的生活、学习、工作，进而整体提高民众的生产、生活、生存质量。

第三节　科技创新的相关理论基础

一　马克思主义理论中关于科技创新的思想

尽管熊彼特被公认为最早系统地提出创新理论，但是马克思比熊彼特更早提出具有现代意义的科技创新思想，虽然马克思的著作中并没有系统地阐述创新理论，但是包含大量与创新有关的内容，涉及创新理论的诸多方面，不仅内涵丰富，而且对熊彼特及之后诸多创新领域的经济学家的影响深远。熊彼特认真研究过马克思的相关学说，明确指出其创新理论得益于马克思著作中的创新思想："从这种看来无足轻重的源泉，产生了——正如我们将要看到的——经济过程的一个新概念，它会克服一系列的根本困难，并从而证明我们在正文中对这一问题的陈述是正确的。这个问题的新陈述同马克思的陈述更加接近。因为根据马克思，有一种内部的经济发展，而不只是经济生活要与变化着的情况相适应。但是我的结构只包括他的研究领域的一小部分。"① 西方著名的经济学家保罗·斯威齐认为，熊彼特的创新理论在于用生产技术和生产方法的变革来解释资本主义的基本特征和经济发展过程，熊彼特的理论与马克思的理论具有某些惊人的相似之处。约翰·伊特韦尔等学者也肯定了马克思与熊彼特的学术渊源："马克思恐怕领先于其他任何一位经济学家把技术创新看作为经济发展与竞争的推动力……然而到了 20 世纪上

① 〔美〕约瑟夫·熊彼特：《经济发展理论——对于利润、资本、信贷、利息和经济周期的考察》，何畏等译，商务印书馆，1990，第 68 页。

半叶，著名经济学家中差不多只有熊彼特自己一个人还在继承和发扬这一古典传统。”①

实际上，“创新理论”并不是马克思主义经济学的主要构成部分，马克思有关科技创新的阐述并未以系统性的具体章节体现出来，而是散落在著作中，特别是在《机器、自然力和科学的应用》《资本论》等中有较多关于科技创新的陈述。当然，马克思并未明确使用“科技创新”这一词语，但是，其著作中具有深刻的科技创新思想，内涵之丰富，寓意之深刻，对当前经济社会发展具有重要的指导作用。结合研究内容，本书主要从以下三个维度梳理马克思主义理论中关于科技创新的思想：一是马克思对科学、技术的内涵进行了界定，对二者的辩证关系进行了阐述；二是马克思对科技创新驱动生产力发展进行了说明；三是马克思阐述了科技创新的主要影响因素。

首先，马克思对科学、技术的内涵的界定以及对二者的辩证关系的阐述。关于“科学”，在早期的经典文本中，马克思主要从自然科学角度理解和使用“科学”的概念，但是，马克思对“科学”内涵的界定并不限于自然科学，其对“科学”内涵的界定具有理论上的广度以及深度。从马克思不同的经典著作中可以看出，其是从不同的角度阐述“科学”的内涵的。恩格斯认为：“在马克思看来，科学是一种在历史上起推动作用的、革命的力量。”② 马克思、恩格斯指出，“我们仅仅知道一门唯一的科学，即历史科学。历史可以从两方面来考察，可以把它划分为自然史和人类史”③，“自然史，即所谓自然科学，我们在这里不谈；我们所需要研究的是人类史”④，“是密切相联的；只要有人存在，自然史和人类史就彼此相互制约”⑤。由此可见，马克思提出的“科学”的内涵既包括自然科学（自然史），也包括社

① 〔英〕约翰·伊特韦尔等编《新帕尔格雷夫经济学大辞典（第2卷）》，陈岱孙等译，经济科学出版社，1996，第225页。

② 《马克思恩格斯选集》（第三卷），人民出版社，2012，第1003页。

③ 解放社编《马克思 恩格斯 列宁 斯大林思想方法论》，人民出版社，1966，第166页。

④ 黎澍主编《马克思 恩格斯 列宁 斯大林论历史科学》，人民出版社，1980，第1页。

⑤ 黎澍主编《马克思 恩格斯 列宁 斯大林论历史科学》，人民出版社，1980，第1页。

会人文科学（人类史）。此外，马克思创立了科学社会主义理论，阐述了人类社会发展的客观规律，这里的“科学”不再局限于自然科学、社会科学以及人文科学，体现出“科学性”，即“按照事物的真实面目及其产生情况来理解事物”[①]。关于技术的内涵，马克思将“技术（工业）”看作人的本质力量的公开展示，是社会实践的产物及力量。根据马克思的相关论述，技术至少包括两个层面的含义。第一，技艺与技巧，技术是资本主义社会大机器生产所运用的各种方法。第二，技术机制，技术是对人的本质的显现方式，这是因为技术世界与人的世界具有紧密不可分割的关系。离开人谈论技术，忽略了人的社会属性，技术成为没有活力的物质对象。另外，技术普遍存在于人的生产、生活之中，是人存在的重要影响因素之一。离开了技术，人的本质在自然以及社会中的呈现便缺少了凭借。科学与技术之间具有辩证的关系，二者互为基础，互相促进。科学促进技术产生，技术反映科学成果并再作用于科学。正如马克思所说，“规模不断扩大的劳动过程的协作形式日益发展，科学日益被自觉地应用于技术方面”[②]，“科学在直接生产上的应用本身就成为对科学具有决定性的和推动作用的着眼点”[③]。

其次，马克思对科技创新驱动生产力发展进行了说明。这主要体现在马克思认为科技创新不仅提升了劳动生产率，节约了生产开支，而且可以加强对可回收物质和能源的再利用，推动生产社会化，并整体驱动生产力发展。一方面，科技创新提升劳动生产率，节约生产要素。马克思生活的19世纪，正是以作业机械化与驱动蒸汽化利用深化、生产组织工厂化为标志的工业革命向纵深推进的时代。随着当时科技创新，新成果、新技术不断涌现，机器生产逐渐代替手工业生产，马克思尤为重视对资本主义社会大机器生产的研究，肯定了科技创新在实现机器替代人工以及不断提高机器性能的基础上提升社会劳动生产率、节约生产开支的作用。马克思在《机器、自然力和科学

① 《马克思恩格斯选集》（第一卷），人民出版社，1995，第76页。

② 《马克思恩格斯选集》（第二卷），人民出版社，1995，第268页。

③ 《马克思恩格斯全集》（第三十一卷），人民出版社，1998，第99页。

的应用》手稿中，通过比较不同生产效率的新旧织布机，认为随着科技发展、新机器的生产技术提升，劳动生产率将得到有效提升。“现代动力织机是一种比乍看起来更为复杂的机械。如果想到它能完成织工的一切智能，我们也就不应该感到惊奇”“促使成功的两大原理，充分体现在这种奇异的自动机上。制造业的一切部门中最重要的原理之一，是生产的连续性”“由于使用了机器，特别是在现有的机器得到改善并为新的机器所代替的地方，厂房节约了，因而生产费用降低了”“工具本身一旦由机械来推动，一旦由工人的工具（它的生产率取决于工人的技巧并需要他的劳动在劳动过程中充当中介）变为机械的工具，——机器就代替了工具”。[①] 在马克思看来，随着科技进步，新机器代替旧机器，更优的生产工具出现进而革新整个生产技术体系，不仅减少了劳动力投入，而且减少了生产资料的消耗，节约了生产费用。另一方面，马克思注意到了科技创新增强了对可回收物质、资源的再利用能力，提出科技创新促进生产社会化发展。马克思认为：“它还教人们把生产过程和消费过程中的废料投回到再生产过程的循环中去，从而无需预先支出资本，就能创造新的资本材料。”[②] “机器的改良，使那些在原有形式上本来不能利用的物质，获得一种在新的生产中可以利用的形式；科学的进步，特别是化学的进步，发现了那些废物的有用性质。”[③] 另外，商品首先是外界的对象，靠自己的属性来满足人的某种需要的物质。这种需要的性质如何，例如是由胃产生还是由幻想产生，是与问题无关的。

最后，马克思在阐述科技创新的主要影响因素时，认为社会分工、社会制度、生产实践以及教育发展对科技创新具有重要作用。一是社会分工、社会制度是科技创新的重要前提与保障。马克思在《哲学的贫困》中指出：“机械方面的每一次重大发展都使分工加剧，而每一次分工的加剧也同样引起机械方面的新发明。”[④] 社会分工细化的过程不断将新知识、新科技因素引

① 《马克思恩格斯全集》（第三十七卷），人民出版社，2019，第 71、65、71、74 页。

② 《马克思恩格斯选集》（第二卷），人民出版社，1995，第 243 页。

③ 《马克思恩格斯全集》（第四十六卷），人民出版社，2003，第 115 页。

④ 《马克思恩格斯选集》（第一卷），人民出版社，1995，第 166 页。

入专业化生产过程，促进产业结构、产品结构以及就业结构不断完善，同时，上一步分工不断引起下一步分工，“生产方式和生产资料总是处在不断的变更和革命之中，分工必然要引起更进一步的分工，机器的采用必然要引起机器的更广泛的采用，大规模的生产必然要引起更大规模的生产”①。“现在我们如果想象一下这种狂热的激发状态同时笼罩了整个世界市场，那我们就会明白，资本的增长、积累和积聚是如何导致不断地、日新月异地、以日益扩大的规模实行分工，采用新机器，改进旧机器。”② 科技创新活动总是在一定的制度环境下进行，马克思认为，政治制度在相当大程度上影响科技创新的方向，法律对科技创新具有引导、管理和规范的作用，经济制度影响科技创新成果的转化情况。二是生产实践是进行科技创新的重要路径。资本家为追求超额利润会竞相“采用更好的工作方法、新的发明、改良的机器、化学的制造秘方等等，一句话，采用新的、改良的、超过平均水平的生产资料和生产方法”③，在这个过程中，科学技术逐渐发展，随着采取新生产方式的资本家获取超额利润，竞争者也开始采用新的生产工艺。当超额利润消失时，新一轮的生产实践、新一轮的科技革新开启。三是教育发展促进培养科技人才进而推动科技创新。马克思强调：“对儿童和少年工人应当按不同的年龄循序渐进地授以智育、体育和技术教育课程。技术学校的部分开支应当靠出售这些学校的产品来补偿。”④ “教育将使年轻人能够很快熟悉整个生产系统，将使他们能够根据社会需要或者他们自己的爱好，轮流从一个生产部门转到另一个生产部门。”⑤ 基于教育发展培养的科技人才是科技创新的根本性、基础性能量。

除此之外，马克思还对科学创新、技术创新、管理创新对经济社会发展的影响进行了辩证性的分析，对科技创新推动生产力水平提升以及生产关系

---

① 何平：《伽达默尔科学技术反思研究》，人民出版社，2010，第 214 页。
② 《马克思恩格斯选集》（第一卷），人民出版社，1995，第 359 页。
③ 《马克思恩格斯选集》（第二卷），人民出版社，1995，第 551 页。
④ 《马克思恩格斯全集》（第十六卷），人民出版社，1964，第 218 页。
⑤ 《马克思恩格斯选集》（第一卷），人民出版社，1995，第 243 页。

变革进行了阐述，对资本主义制度下的科技创新活动沦为资本统治的帮凶、异化为剥削手段的消极效果进行批判。马克思主义理论中关于科技创新的思想之丰富，影响之深刻，揭示问题之透彻，对我们具有重要的启示意义。

二　西方经济学相关理论

（一）熊彼特创新理论

熊彼特最早系统地提出创新理论，熊彼特创新理论主要阐述了创新的内涵、创新与企业家的关系以及创新对经济增长与经济发展的影响。受限于当时的环境与条件，熊彼特创新理论在最初并未引起人们的重视，直到 20 世纪 50 年代，科技迅速发展，西方经济也蓬勃发展，已经不能单纯地用劳动、资本要素解释经济迅速增长的原因。随着技术革命兴起、深化，人们愈加重视科技对经济增长的重要影响，熊彼特创新理论也因此受到广泛关注。熊彼特创新理论主要包括三个部分：一是创新的内涵；二是创新与企业家的关系；三是创新对经济增长、经济发展的影响。

首先，熊彼特提出了创新的内涵。在《经济发展理论——对于利润、资本、信贷、利息和经济周期的考察》一书中，熊彼特开创性地提出了创新理论，认为“创新”就是“建立一种新的生产函数，把一种从来没有的关于生产要素和生产条件的新组合引入生产体系”，“而新组合意味着对旧组合通过竞争而加以消灭”①，它主要包括五种情况：第一，使用一种新产品，即消费者还不熟悉的产品或者具有一种新的特性的产品；第二，采用一种新的生产方式，即制造部门尚未通过经验验证的一种生产方式；第三，开辟一个新的市场；第四，掠取或控制一个新的原材料或半制成品供应来源，不论这种来源是否存在还是第一次被创造出来；第五，构建任何一种新的工业组织，如形成或打破一种垄断地位。实际上，熊彼特提出的创新内涵更侧重于技术层面。当然，其也涉及管理创新、组织创新，但是更强调技术与经济的结

① 〔美〕约瑟夫·熊彼特：《经济发展理论——对于利润、资本、信贷、利息和经济周期的考察》，何畏等译，商务印书馆，1990，第 74 页。

合，认为只有当技术被用于生产过程时才能成为“创新”。

其次，熊彼特阐述了创新与企业家的关系。熊彼特认为企业家有广义与狭义之分，其更侧重于使用狭义解释，即企业家只是指经营机制已经建立起来的企业中实际的生产手段“新组合”的人，即“新组合”的主体就是企业家，企业家是实现创新的“灵魂”，善于把握一切商机，通过进行“新组合”获取超额利润。熊彼特认为，不同于资本家与一般人，企业家是“一种特殊的类型”，其行为是“一种特殊的问题”，是大量重要现象出现的推动力。企业家通常具有“首创性”、“远见性”以及“权威性”；企业家不同于技术专家，技术专家是进行发明创造的人，企业家是将发明创造应用于经济活动，具有远见性且敢于尝试新的生产方式的人。熊彼特认为，尝试新的生产方式带来很多不确定性，这就需要企业家具备发现与抓住创新机遇的能力，而且，企业家需要对创新价值进行事前评估，这也要求企业家具备一定的专业知识。另外，熊彼特认为，在经济世界，“在想要做某种新事情的人的心中，习惯的力量升腾起来，反对处于萌芽状态的规划或设想。因此，需要有新的和另一种意志上的努力，以便在日常领域、范围和时间内的工作和牵挂中，去为设想和拟定出新组合而搏斗”，即当新的工作来临时，当新的生产方式出现时，习惯的力量往往反对刚刚萌芽的事物，这就要求企业家具有克服“新组合”实现困难的能力。总而言之，创新与企业家的关系实际上体现了企业家的经济职能，即企业家是推进创新的主体，通过组合各种生产要素进行创新，以获取超额利润，使企业财富不断增加。

最后，熊彼特分析了创新对经济增长以及经济发展的影响。熊彼特认为，经济增长的研究对象是生产要素或“数量上的变化”，如人口、财富等的变化。其将经济增长分为两个层次：一是生产要素数量及价值的增加；二是生产要素进行“新组合”之后，在“发展”过程中的增长。[①] 熊彼特认识到经济增长为经济发展提供了条件，经济发展过程包含经济增长。熊彼特提

① 徐则荣：《创新理论大师熊彼特经济思想研究》，首都经济贸易大学出版社，2006，第83页。

出，创新与经济增长、经济发展的关系体现在：创新会使经济增长，是影响经济周期的重要因素。这是因为企业家在通过创新行为实现利润增长之后，会对其他企业带来示范作用，引发创新浪潮，进而提升生产效率，促进经济增长，但是，当企业普遍模仿同一创新时，创新浪潮便消退，经济增长转为经济停滞，直到出现新一轮创新浪潮，由此带来了经济增长周期的波动。另外，创新是一种创造性破坏，创新不断突破、淘汰旧有结构，产生新结构，在创新过程中，具有蓬勃的创新活力与较强的创新能力的企业得以留存下来并不断发展，但是思想陈旧、无法满足市场需求并进行转变的企业会被淘汰，由此促进了生产要素的优化组合，在创新的不断破坏、经济结构持续优化的过程中，经济稳步发展。

（二）新熊彼特学派创新理论

在熊彼特提出创新理论之初，科技创新仍然被主流经济学所忽略，直到20世纪中后期，科技的迅速发展极大地推动了经济增长，使经济学家不得不重视科技创新的影响，重新审视熊彼特创新理论，同时，技术创新引起研究者的极大兴趣，并出现了专门研究技术变迁的经济学，如进化经济学、创新经济学等，同时，熊彼特学派的后继者（新熊彼特学派）将熊彼特创新理论进一步分为当代西方经济学的两个分支：以技术变革与技术推广为对象的技术创新经济学、以制度形成和制度变迁为对象的制度创新经济学。这也就形成了“新熊彼特主义”。新熊彼特主义在熊彼特创新理论的基础上，进一步深化与拓展了与科技创新相关的研究。

首先，新熊彼特主义的技术创新经济学研究。在新熊彼特学派的旗帜下，一批学者从不同的角度对熊彼特创新理论进行解说与演化，在技术创新经济学研究领域，主要代表人物有爱德温·曼斯菲尔德、克里斯托夫·弗里曼、格哈德·门施（Gerhard Mensch）、乔瓦尼·多西（Giovanni Dosi）、莫尔顿·卡曼、南希·施瓦茨、格里利克斯（Zvi Griliches）以及厄特巴克（J. M. Utterback）等。他们集中研究技术创新的动力、来源、推广情况及影响因素，科技进步与经济发展结合的方式、机制等。新熊彼特学派学者在相关研究中的共同特点是强调影响创新的技术与经济因素，而忽视创新赖以生存的历史环境与社会制度对创新的影响。需要注意的是，熊彼特与新熊彼特学派学者在研究创新时关注的层次不同：熊彼特侧重于考察经济的长期发展与结构变化情况，并在此基础上阐述与创新相关的内容；新熊彼特学派学者倾向于考察创新本身以及创新机制，在阐述技术创新的动力及来源时，发展了三种学说：一是技术推动说，研究科学发现、应用研究发展到技术开发，并将其运用于企业生产活动之中，最终产生新产品并进入市场（市场始终是研发成果的接受者）；二是市场需求拉动说，即市场需求增长以及市场的潜在需求是影响技术创新方向与速度的重要因素；三是市场需求与技术推动互动说，即认为技术创新同时受技术推动以及市场需求的影响，技术推动与市场需求在技术创新过程中以一种互动的方式同时起重要作用。[①] 新熊彼特学派学者还重点考察了影响技术创新的因素，如企业规模、政府、市场结构、技术机会、经济机会、研发机构、市场集中度以及企业的垂直一体化结构等。除此之外，新熊彼特学派学者在技术创新扩散理论、技术创新机制、创新与经济长波、创新生命周期等研究领域也进行了较为丰富的理论与实证探索。

其次，新熊彼特主义的制度创新经济学研究。新熊彼特学派学者关注制度层面的一个原因是试图解释技术创新与制度创新之间的关系；另一个原因是探究在分散以及具有不确定性的环境下创新活动如何有序产生技术成果[②]，探究社会制度、文化环境以及国家特有的一些因素对技术创新、制度创新的影响。20 世纪 80 年代以来，以弗里曼和纳尔逊为代表的制度创新经济学家提出了制度创新理论，为各国政府与企业高度重视。根据道格拉斯·诺思对制度的定义，即“一系列被制定出来的规则、守法程序和行为的伦理道德规范，它旨在约束追求主体福利或效用最大化的个人行为”[③]，制度

① Rosenberg N., *Inside the Black Box* (London: Cambridge University Press, 1982): 234.

② 贾理群、刘旭、汪应洛：《新熊彼特主义学派关于技术创新理论的研究进展》，《中国科技论坛》1995 年第 5 期。

③ 〔美〕道格拉斯·C. 诺思：《经济史中的结构与变迁》，陈郁、罗华平等译，上海三联书店、上海人民出版社，1994，第 225～226 页。

总而言之，内生经济增长理论认为经济的长期增长率为正值，经济的长期增长率取决于技术进步水平，而且，知识积累以及人力资本水平等也是影响经济的长期增长率的主要因素。由于知识和人力资本的外溢效应，投资与资本收益率可能影响知识存量以及人力资本存量的递增情况，这说明一国的知识存量、人力资本存量越大，投资与资本收益率越高，进而，经济的长期增长率也就越高。故而，这不仅说明经济可能长期持续增长，而且可以解释不同国家在不同知识存量以及人力资本存量背景下经济增长表现各异的原因。

第二章　第四次产业革命之前日本的科技创新概况

以18世纪英国产业革命为开端，工业化进程成为人类经济社会发展的必然过程，由于日本的科技创新历史演变与日本的产业革命、工业化进程密切相关，产业革命不仅为日本科技创新提供了重要的发展窗口期，而且科技的不断革新促进新一轮科技革命与产业变革的到来。为了区别于以往的研究，本书主要从日本发生的历次产业革命视角梳理日本科技创新演变轨迹。按照以往的研究，并保持时间连贯性，本书将19世纪80年代至1945年作为第一次产业革命、第二次产业革命背景下日本科技创新研究的时间范畴，其中包括两次世界大战期间，这是因为两次世界大战期间日本的科技创新基本上处于停滞状态，技术发展还大多依赖前两次产业革命取得的科技成果。本书将1946～2010年作为第三次产业革命背景下日本科技创新研究的时间范畴，2010年之后则是处于第四次产业革命背景下。本章首先回顾前三次产业革命背景下日本的科技创新进程，主要分为两大部分：第一部分介绍第一、二次产业革命背景下日本的科技创新进程，第二部分介绍第三次产业革命背景下日本的科技创新进程，分别从产业革命准备期、进行前期以及进行后期进行阐述。整体来看，技术引进使日本迅速完成第一次、第二次产业革命，迅速跻身资本主义强国行列，尽管第二次世界大战期间日本的科技创新一度停滞而且发展极不均衡，但是人才基础、物质基础以及之前取得的技术根基均在，在第三次产业革命准备期，日本经济迅速复苏，借助第三次产业革命契机迅速推进科技创新与融合，一举成为仅次于美国的世界第二经济强国，也因此从产业革命追随者转变为第三次产业革命前期的领先者，只是在第三次产业革命后期由于诸多因素，日本的信息产业大幅落后于美国，科技创新趋于减速。为更明晰地阐述前三次产业革命背景下日本的科技创新情况，本章主要从科技创新的背景、科技创新的主要影响因素、科技创新成果与其经济效应等方面进行阐述，其中，鉴于可获取的资料与数据的有限性，本章更多基于宏观角度进行分析。

第一节　第一、二次产业革命背景下日本的科技创新进程

19 世纪 80 年代日本产业革命兴起，日本仅用 20 年左右的时间便取得了欧美国家近百年的技术成果，跻身资本主义强国之列。与原生态的欧美产业革命不同，在日本发生产业革命时，世界第一次、第二次产业革命取得的科技成果是同时展现在其面前的，可以说日本的前两次产业革命具有复合型特征，是在难以分割的一个历史阶段同时进行的，尽管对两次产业革命具体时间阶段划分困难，但是通常认为其完成的时间在 20 世纪初，永原庆二认为 1900 年前后日本就完成了产业革命并确立了产业资本①，石井宽治认为日本前两次产业革命的完成标志是生产部门的技术水平达到同期世界先进水平，产业革命的完成在日俄战争后期的 1907 年前后②。实际上，这一时期日本的科技创新更加侧重于技术创新，技术创新的方式主要依托技术引进，日本以较少的时间、较低的物质与人力成本成功获取了其他国家 100 多年的产业革命成果。下文主要从科技创新的国外背景、国内影响因素以及创新成果、经济效应等角度阐述这一时期日本的科技创新进程。另外，由于很难从时间上具体划分日本第一次产业革命与第二次产业革命阶段，通常认为，日本前两次产业革命是同时进行的，因此以下分析不做具体划定。

① 永原庆二編『日本经济史』、有斐阁、1970 年、252 頁。

② 石井寛治『日本経済史（第 2 版）』、東京大学出版会、1991 年、120－181 頁。

一 科技创新的背景

首先，在19世纪后半期日本推进产业革命之时，不仅有英国技术革新爆发式发展并完成首次产业革命的整体历程样本做参考，而且有后继国家迅速获取产业革命成果的准备条件作为参考，方便日本吸取他国的相关经验，减少不必要的浪费。18世纪中叶以前，在西欧国家手工业生产过程中也有个别采用机器生产的现象，但是均未引发产业革命，世界产业革命首先在英国兴起，是因为它最早也最完整地具备了产业革命爆发的前提条件。第一，距1640年英国爆发资产阶级革命建立君主立宪制政治制度已有很长的时间，一系列有利于资本主义发展的法律与政策已然确立；第二，原始资本积累是产业革命、技术创新与普及的重要基础条件，16~18世纪，英国进行原始资本积累的过程最彻底也最典型，同时集中了大批可供雇用的自由劳动者，攫取了巨额的货币资本；第三，当时英国十分重视科学知识研究与传播。[①] 19世纪末20世纪初，在欧美先进资本主义国家中掀起了新一轮技术革新与发明高潮，第二次产业革命拉开序幕，在此过程中，美国超越英国，在20世纪二三十年代基本完成第二次产业革命，成为世界上最为强大的资本主义国家。第二次产业革命中美国制胜主要是因为：第一，美国与英国等国的联系密切，而且美国可以从外来移民以及其他途径迅速获取英国等国家的先进技术；第二，南北战争为美国资本主义发展扫清了障碍，西部发现的新矿藏也为其工业化发展打下了坚实的物质基础；第三，19世纪后半期，美国的资本形成比例超越同期主要资本主义国家，为世界最高，雄厚的资本积累促使美国技术革新速度不断加快并运用于推进产业化之中。

其次，世界范围内的第一、二次产业革命的技术成果展现在日本面前，使其可以引进最先进的技术，快速缩短与先进国家的技术差距。继英国之后，法国、美国、德国、比利时等国家相继开始进行产业革命，第一次产业革命成果在欧美主要国家之间迅速普及，大机器工业生产规模迅速扩大，动

① 宋则行、樊亢主编《世界经济史（上卷）》，经济科学出版社，1998，第102~110页。

力机械蒸汽机的体积庞大、费用昂贵使生产对能源与动力提出新的要求。电力与石油工业的发展应运而生。之后，各种电器的发明使用不仅提升了生活、生产的便利性，而且促进了电力的发展，引起动力革命、通信革命，极大地促进了世界经济的融合，使资本主义生产技术进入新的历史发展阶段。日本进行产业革命之时，第二次产业革命正在如火如荼地展开，世界最先进的技术均展现在日本面前，使其可以直接引进而节省研发时间与经费。

最后，在第一次、第二次产业革命中，伴随资本主义生产力的巨大提升，国际贸易、海陆运输业及通信业的迅猛发展等为日本快速引进先进国家的技术成果提供了重要的运输条件。一方面，日本向工业化强国进口先进的机械设施主要依靠海陆运输业，海陆运输业的迅猛发展为日本引进先进技术提供了便利条件；另一方面，通信业的发展为日本了解世界范围内前沿技术的发展情况提供了条件。可以说，海陆运输业与通信业的快速发展既是前两次产业革命的重要技术成果，也是使世界工业生产高速增长的重要原因。同期，日本得以有效引进欧美国家技术成果，迅速进入资本主义强国行列。

二　科技创新的主要影响因素

日本的前两次产业革命是典型的由国家主导推进的产业革命，在这一时期，日本不断推进科技革新，大力引进先进国家的先进技术，用短短 20 余年便获取了他国百余年的技术成果，由此跻身资本主义强国行列，日本在短期内取得丰硕的革命成果，不仅得益于当时国外的背景，也得益于有利的国内环境。由之前欧美国家经验及日本当时的现实情况可知，日本要顺利推进科技变革进而实现产业革命必须满足以下基本的国内条件：一是稳定的政治环境及有利于资本主义产业变革的政策条件；二是大量的可雇佣劳动力及丰裕的资本积累；三是重视科学发展的社会环境；四是保持与技术先进国家的紧密合作关系。这四点也是当时日本科技创新的主要影响因素。

（一）政策制度环境

相对稳定的政局与有利于促进科技发展的政策条件是推进这一时期日本

科技创新的重要基础。从时间上看，19世纪80年代，日本产业革命兴起，但是产业革命的爆发并非一朝一夕，其力量积蓄至少可以追溯至明治时期之前的幕藩工业时期。自17世纪初江户幕府建立，幕藩体制成为日本江户时期国内政治体制的基本框架，在江户时期的260余年间，日本社会基本上处于和平环境之中，尽管明治维新前的幕府时代末期是一个相对动荡的历史时期①，但是明治维新之后，日本的政治环境愈加稳定，政策制度也有利于孕育科技创新力量。

一般来说，明治维新开始的标志是1867年10月14日，将军庆喜被迫提出辞去将军职务的请求，15日，天皇睦仁同意庆喜辞去将军一事，这实际宣布了幕府体制的废除以及以天皇为中心的维新政权建立。明治天皇建立新政府并推行了一系列改革举措，明治维新被视为日本近代化的开端，是日本历史上一个重要的转折点。明治初期，由于日本国内形势依然动荡不安，政府推行了一系列政治经济改革措施以巩固政权基础及建设现代化国家。为摆脱经济落后的地位，推进现代化国家建设，新政府提出“殖产兴业”“文明开化”“富国强兵”三大政策，这些政策的实施整体上激发了经济的活力，促使日本资本主义工业化加速发展，并为产业革命的兴起奠定了政策基础。其中，“殖产兴业”阶段，日本营造了良好的技术变革环境，这被视为产业革命的重要准备阶段，作为“殖产兴业”政策的重要一环，日本海运扶持政策对日本的技术引进起到重要的辅助作用，这是因为海运能力不仅关乎日本国防，而且海运是日本输入含有先进技术的机械的重要运输手段，明治政府先后颁布《航海奖励法》《造船奖励法》等大力扶持海运业与造船业，在兴办企业热潮背景下，含有先进技术的机械的进口量迅速增加。

整体来看，在欧美先进国家中，英国资产阶级革命、美国南北战争、普法战争等均是扫清各国资本主义发展障碍的重要历史性转折，对于日本来说，明治维新之后，日本不仅实现了国家与民族统一，政权高度集中，而且

---

① 车维汉：《由财政压力引起的制度变迁——明治维新的另一种诠释》，《中国社会科学院研究生院学报》2008年第3期。

资本主义工业化加速推进。明治维新以及之后出台的一系列政策为日本爆发产业革命、推进科技革新奠定了稳定积极的政治与政策环境基础。

（二）人力、物质资本环境

大量可雇佣劳动力是保障日本推进科技创新的重要基础，综观其他资本主义国家的大规模技术变革，无论是先前的技术引进还是后续的技术传播与应用，均需要大量的劳动力参与。对于日本来说，这一时期技术的迅速发展与传播基于丰富的劳动力资源。首先，人口数量的绝对增长奠定了可雇佣劳动力增加的基础。明治政府成立后，通过一系列社会经济改革建立起近代的经济、医疗、教育体系与制度，不仅提高了国民素质，而且改善了国民的生活环境，扭转了江户中期以来的人口增长停滞局面。其次，地税改革使旧的封建生产关系解体，使农民有了与土地分离的条件，农民有了人身、移居与职业的自由。地税改革之后，在农村，有些农民由于阶级分化丧失土地，有些自耕农无法缴纳高额税收而不得不卖掉土地成为佃农，这部分人为维持生计不得不流入城市，不断补充城市的工人阶级队伍，提供了大量的廉价劳动力，使日本资本主义剥削得以进一步深化。正如列宁所言："农奴制经济的剥削手段是把劳动者束缚在土地上，分给他们土地；资本主义经济的剥削手段则是把劳动者从土地上解放出来。"①

综观欧美先进资本主义国家的产业革命进程可知，除了政策制度、劳动力资源以外，物质资本也是技术发展、产业革命爆发最基础的保障之一。尽管这一阶段日本的科技创新方式主要依赖技术引进，这为日本节约了众多基础研发所需要的物质资源消耗，但是引进外国先进技术本身也需要巨额资金，而且技术应用与传播也需要厚实的资金基础作为支撑。由于这一时期日本的科技创新主要是由国家指导推动的，因而政府在引进技术方面也需要一定的物质资本，这就需要进行积极的资本积累。幕府末期，日本面临殖民地化的危机，更受财政危机的困扰，幕府四次较大规模的改革，即享保改革、田沼意次幕政改革、宽政改革和天保改革背后的直接与间接原因均是财政危

① 《列宁全集》（第十七卷），人民出版社，2017，第60页。

机①。因此，明治维新时期，日本的资本积累是非常贫瘠的，而且由于日本产业革命属于“后进型”，不同于西方发达国家早期资本原始积累以急剧创造无产者而获得大量可雇佣劳动力的特征，日本更需要大量资金引进先进技术，故而下文主要介绍这一时期日本完成资金积累的主要措施。日本资金积累主要是通过资本创造、资本掠夺与国外借债实现的。

首先，资本创造的主要措施是地税改革、发行金禄公债等。地税改革之后，明治政府的财政基础得以确立，加速了日本的原始资本积累。同时，明治初期，政府以发行国债形式大幅筹集资金，不仅发行外汇公债，而且发行针对建设事业的创业公债、中山道铁道公债及海军公债等（见表2－1），其中金禄公债的发行总额最大，对资本积累的作用也更显著，其不仅有助于缓解政府财政紧张的困局，政府留存资金形成国家资本，而且持有巨额金禄公债的华士族也“活用”资产成为近代银行业、企业的主要投资者与经营者。

表 2－1　明治初期日本的国债发行状况

名称	发行、交付年月	发行方式	利率（%）	金额（万日元）	发行价格比例（%）	偿还期限（年）	偿还结束年月
九分利付英贷公债	1870 年 4 月	公募	9	488.0	98.0	13	1882 年 8 月
旧公债	1872 年 4 月	交付	—	1097.3	—	50	1921 年 12 月
新公债	1872 年 4 月	交付	4	1242.3	—	25	1896 年 10 月
七分利付英贷公债	1873 年 1 月	公募	7	1171.2	92.5	25	1897 年 7 月
金札兑换公债				666.9*			
	1873 年 3 月至 1875 年	大政官札与交换	6	223.8	—	15	1892 年 8 月
	1880～1883 年	新纸币与交换	6	443.1	—	15	1892 年 8 月

① 车维汉：《由财政压力引起的制度变迁——明治维新的另一种诠释》，《中国社会科学院研究生院学报》2008 年第 3 期。

续表

名称	发行、交付年月	发行方式	利率（%）	金额（万日元）	发行价格比例（%）	偿还期限（年）	偿还结束年月
秩禄公债	1874 年 3 月至 1876 年	交付	8	1656.6	—	10	1884 年 4 月
金禄公债	1876 年 8 月	交付		17390.3 *			
			10	924.4	—	30	1886 年 6 月
			7	10824.3	—	30	1891 年 9 月
			6	2500.4	—	30	1893 年 4 月
			5	3141.2	—	30	1906 年 4 月
创业公债	1878 年 8 月	公募	6	1250.0	80.0	25	1892 年 10 月
中山道铁道公债	1884 年 2 月至 1885 年 7 月	公募	7	2000.0	90.0	25	1892 年 8 月
金札兑换无记名公债	1884 年 5 月至 1886 年 1 月	纸币交换	6	776.3	—	35	1893 年 4 月
海军公债	1886 年 7 月至 1889 年 4 月	公募	5	1700.0	100.0	35	1910 年 4 月
整理公债	1886 ~ 1897 年			17500.0 *			
	1886 年 11 月至 1892 年 7 月	公募	5	302.0	98.0	55	1910 年 5 月
	1887 ~ 1897 年	证券交换	5	12570.6	—	55	1910 年 5 月
	1888 年 9 月至 1897 年	特别发行	5	1908.9	98.0	55	1910 年 5 月

注：* 为合计金额。

资料来源：本表内容全部来自富田俊基「明治維新期の財政と国債」、『知的資産創造』第 1 号、2005、92 頁。

其次，资本掠夺也是日本资本原始积累的重要手段。尽管日本开展产业革命之时仍然背负着不平等条约的重压，但是这并未阻碍其对周边贫弱国家和民族的掠夺。日本对亚洲贫弱国家、地区的资本掠夺主要是通过贸易形式与武力强夺手段进行的。从贸易结构来看，日本对欧美国家、亚洲国家的贸易具有垂直型结构，在日本的进口产品中，食品、纤维及矿产等主要来源于亚洲贫弱国家，而机械制品、化学工业品、纺织品主要来源于欧美国家；在日本的出口产品中，日本的机械制品、化学工业品主要出口到亚洲贫弱国家，而向欧美国家出口生丝、矿产及初级纺织制品等，可见，日本在对亚洲贫弱国家的垂直型贸易结构中处于上游位置，对其资本掠夺可见一斑。另外，日本在产业革命时期对亚洲贫弱国家的资本掠夺更采取了赤裸裸的武力强夺手段，如发动侵略战争进行殖民掠夺。此外，日本在国内对本国劳动人民进行了残酷的剥削。根据史料记载，当时日本纺织女工最高工资只相当于英国纺织女工最低工资的1/10，而且劳动时间之长、强度之大都是举世罕见的，当时日本工厂基本上均存在封建人身依附以及强制劳动的恶劣现象。①

最后，尽管日本通过资本创造与掠夺手段进行了资本的原始积累，但是仍然不能满足产业革命、加速科技创新与工业化的资金需要。为避免国民经济被外国资本控制，日本并没有选择吸收外国资本投资来弥补资金不足，而是选择国外借债解决难题。国外借款的形式主要包括发行国家海外公债、国家担保的私人公司海外债以及外国人在日本国内的放贷等。实际上，日本国债发行以外汇国债为起点。1870 年 4 月 23 日，日本在伦敦证券交易所发行以建设铁路为目的的九分利国家外债，发行总额为 100 万英镑，合计为 488 万日元。根据日本财务省统计，1872 年，日本外债总额为 488 万日元；1873 年增至 1610 万日元；1899 年日本外债余额高达 9763 万日元，1904 年、1905 年更是分别攀升至 31241 万日元与 97041 万日元，1906 年突破 1 亿日元，1910 年达到 1.4 亿日元。当然，日本对外借款资金并未全部用于产业革命，其中部分被用于军备扩张、对外战争。

整体来看，日本在开始产业革命之时还是典型的农业国家，借助产业革命推进科技创新发展需要大量的资金投入，日本主要通过资本创造、资本掠夺、国外借债等完成了产业革命必需的资本积累。尽管日本第一次、第二次产业革命是同时进行的，但是相对而言在早期产业革命的准备阶段，日本资本原始积累更依赖国家内部，而后期日本通过对外侵略与不平等贸易攫取的

① 张季风：《浅议日本资本原始积累及其特点》，《外国问题研究》1990 年第 3 期，第 23 页。

大量资金虽然未全部投入工业化建设之中，但是也为加速完成产业革命提供了一定的资金基础。

三　科技创新成果与其经济效应

日本的科技创新历程是一种典型的后发国家的渐近性科技创新过程。尽管在明治维新之前的德川时代，日本国内也曾出现类似近代欧洲的那种劳动节约型机械化的例子，但是由于自然禀赋匮乏、政治经济制约等原因，这些技术的扩散是缓慢而且不确定的。直到日本第一次、第二次产业革命时期，这才成为其资本主义发展前期进行科技创新的集中时期，当时的科技创新主要是以技术引进与技术转移的方式完成的。经过第一次、第二次产业革命的科技创新热潮，日本仅仅用 20 余年便有效缩短了与先进资本主义国家的科技差距，日本的农业、纺织业、机械制造业等各领域均取得技术层面的跨越式发展，在此基础上，日本迅速崛起并跻身资本主义强国行列。下面主要从这一时期日本科技创新的特点、模式、成果、经济效应等方面进行综合性阐述分析。

（一）科技创新特点与模式

在第一、二次产业革命下，日本的科技创新特点主要有以下几个。

首先，这一阶段日本的技术创新是一种国家主导推进型创新，不仅体现在国家在产业革命政策制度环境、资本积累过程中具有绝对的控制权，而且体现在国家在推进引进技术和采用工业生产技术方面发挥的主导作用。日本对近代西方先进生产技术的引进是从产业革命之前的幕藩工业、官办企业开始的，即最初便是由国家主导大量进口先进设备，承担经营风险，投资兴办首批纺织厂、缫丝厂等，以政府主导的这些工厂为模范鼓励民众自主办厂，并在产业革命前夕约 1880 年起，将除军工企业之外的国有企业廉价处理给民间，不仅减轻了工业投资成本对财政预算造成的负担，恢复了政府的财政秩序，而且给予了民间企业家极大的支持。

其次，在这一阶段，日本可以直接引进海外最先进知识与技术。在日本产业革命之时，世界范围的第一次、第二次产业革命的技术成果展现在日本面前，在技术引进方面，日本始终瞄准的是最先进的生产技术，如日本产业革命是以纺织业为中心兴起的，纺织技术经历了“珍妮”纺纱机、水力纺纱机、“缪尔”走锭精纺机到“斯洛司尔”翼锭精纺机阶段。产业革命初期，日本主要进口英国普遍使用的“缪尔”走锭精纺机，但是不久美国发明了更先进的环锭精纺机，于是，日本又急速进行技术更新，1887 年在日本纺织机械中占比 87% 的英式走锭精纺机，在 1890 年便被美式环锭精纺机逐渐替代，1898 年，后者在日本纺织机械中的占比高达 98%。也正是由于日本始终瞄准的是最先进的生产技术，其才能在较短时间内缩小与欧美国家的技术差距。在采用最新纺织技术方面，20 世纪初，日本与英国相比也不会逊色。[①]

日本顺利完成第一、二次产业革命主要是以科技创新为支撑，在这一时期更侧重于技术创新，技术创新的主要模式为技术引进。当时，日本对于现代发展中国家获得技术转让的主要方式——直接投资相当谨慎，担心丧失经营独立性，坚决不允许外资或者合资建厂，甚至连国外贷款筹措资金的方式都尽量回避，日本的技术引进主要通过技术产品进口、雇用外国人及派遣留学生等手段完成。

首先，在政府鼓励技术引进、民间兴办企业热情高涨以及海运业迅速发展的背景下，日本加大了对欧美国家先进技术产品的进口力度。19 世纪 80 年代之后，日本对英、美等国家高技术含量产品的进口量迅速增加，以机械类器具为例，1882 年，日本进口总额为 2944.7 万日元，其中，机械类产品为 98.9 万日元，占比为 3.4%。1884 年，日本进口总额为 2967.3 万日元，机械类产品进口额增至 295.9 万日元，占比高达 10%。之后，机械类产品进口额基本上持续增加，1888 年，进口额在 600 万日元以上，占进口总额的 10.1%。日本的主要进口来源国为英国、美国与德国。除了 1905 年日俄战争期间，日本从英国进口机械类产品的金额占机械类产品进口总额的比例基

① 杨栋梁：《日本近代产业革命的特点》，《南开学报》（哲学社会科学版）2008 年第 1 期，第 106 ~ 107 页。

本上在45%以上，英国是日本机械类产品进口的中心国家，如日本现存最古老的绳索制造机器“张打式制纲机”便是明治时期由民间制纲公司在1887年前后从英国进口的。但是，1911年以后，日本从德国进口的机械类产品所占比例急剧上升。日本主要进口的机械种类为纺织机械、原动机以及金属木工机械等，而进口的铁道机车、蒸汽机所占比例相对较低。由于在这段时间，日本的机械器具产业的发展具有军工优先型特征，即以国家的、军事的兵器制造、弹药生产与造船等为中心，民间相关工业生产如船舶、铁道机车、通信机械与电气机械领域也取得了较好的成绩。尽管如此，直到1909年，原动机类、作业类机械还是依赖进口，日本国内需要的48%的原动机类机械、70%的工业机械如纺织机械等仍需要从欧美国家进口。

其次，日本对先进国家科学技术的学习与引进还主要通过雇用外国人得以实现，雇用的外国技术专家主要来自英国、美国等欧美国家。19世纪70年代，日本政府就重视利用西方技术人才，如在日本第一批铁路——东京至横滨的铁路、神户至大阪和京都至敦贺的铁路以及水路这些工程中，日本工部省便雇用了百余名英国工程师和技术人员。与此同时，工部省也意识到过分依赖外国技术人员的弊端，建立了工程师培训中心，要求外国技术人员将相关知识传授给其日本同事，之后要求他们尽快回国。① 尽管初期主要是由政府出面雇用外国技术人才，但是自19世纪80年代起，政府将国营企业低价出售给挑选出来的合适的私营资本家，后者不仅获得了廉价的技术设备，而且得以雇用具有良好知识素质的西方技术人员，继承了政府与西方公司建立起的技术上的联系，政府雇用外国技术人员的数量锐减，而私营企业雇用数量迅速增加。19世纪70年代，政府雇用外国技术专家约1294人，私人企业雇用约916人；80年代，政府雇用人数锐减至513人，私人企业雇用人数高达2100人；90年代，政府雇用外国技术专家继续下滑至140人，而私人企业雇用1930人。实际上，这也最终导致后期日本私营企业替代政府，占

① 〔日〕苔莎·莫里斯－铃木：《日本的技术变革——从十七世纪到二十一世纪》，马春文等译，中国经济出版社，2002。

据引进并采用西方技术的主导地位。

最后，除了通过设备、人才引进等手段外，当时，日本注重对本土工程师、技术人员的培养，一方面，通过集中培训使日本技术人员能够接管由西方专家管理的工厂、矿山与铁路，避免对国外技术人员的过分依赖；另一方面，提高技术引进效率，增强日本本土的自主研发实力。这些接受培训的技术人员往往来自日本原来的武士阶层，并在日本政府创建的一流教育机构学习，如1873年由日本工部省创办的帝国工程学院（1885年与东京大学合并）、东京大学、京都大学、东北大学及九州大学等，这些学校均设有工程学系，重视对学员实际技能与学术素质的培养，也正是由于日本政府重视技术人才培训，日本可以在短期内迅速吸收西方先进生产知识与技术，并结合日本实际情况进行推广与应用。

（二）科技创新成果与其经济效应

这一时期，日本通过产业革命带来的机遇窗口，积极推动技术革新，从技术层面来看，日本取得了丰富的成果，这对经济发展产生了深远的影响。

就生产部门的技术水平来看，日本在经历第一次、第二次产业革命的技术革新后，基本达到了当时世界先进水平。这主要体现在民间工厂已掌握世界先进技术并可以进行独立生产，如造船厂掌握生产货船、客船的领先技术，1908年，日本采用最接近欧美技术水平制造的天洋丸货客船竣工，船长175.3米，垂线间长167.7米，载货吨位为13454吨，是日本建造的第一艘载货吨位超过1万吨的货客船，天洋丸货客船的竣工标志着日本在造船工业技术上的巨大飞跃，在日本造船史上具有重要的里程碑意义。工作机械制造工厂同样掌握世界先进技术水平，其中，池贝铁工所在日本工作机械制造领域发挥了重大作用。其前身为池贝庄太郎在东京创建的池贝工厂，该工厂生产了日本第一台国产机床，在1896年制造了日本第一台燃油引擎。1905年，池贝铁工所已经可以独立制造美式车床，研发制造出池贝式车床并在全国普及。除此之外，民间炼钢所、纺织工厂也掌握了世界先进核心技术，工厂产量迅速增加。在第一次、第二次产业革命之后，日本相关引进技术的国产化方向基本确立。

这一阶段，日本的科技创新在取得丰收硕的技术成果的基础上，也对经济社会产生了深刻的影响。除了战争外，产业革命是大国赶超的最佳机会[①]，而科技创新则是一国展开产业革命的最基本要素，日本也是通过前两次产业革命掀起科技创新热潮，促进经济迅速增长，进而跻身资本主义强国的行列，这一阶段，日本科技创新的效果主要体现在以下几个方面。

首先，从整体来看，随着产业革命科技创新的推进，日本国内生产净值迅速增加，就业人口逐年上涨，人均实际消费支出震荡上行（见表 2－2）。由表2－2 可知，科技创新热潮前期即 1884～1886 年，日本年均就业人口合计 2235 万人，国内生产净值年均 7.89 亿日元，人均实际消费支出仅为 92.27 日元；科技创新热潮中期为 1898～1900 年，日本就业人口年均增加约 200 万人，国内生产净值年均高达 21.67 亿日元，是 1884～1886 年平均值的 2.75 倍，人均实际消费支出增至 126 日元；科技创新热潮后期即 1907～1909 年，日本年均就业人口继续增至 2534 万人，国内生产净值年均 36.58 亿日元，此时，人均实际消费支出有所回落，为 123.38 日元。但是，从分行业视角来看，1884～1909 年，日本各产业构造具有不平衡特征。一方面，就业结构不平衡。1884～1886 年，农林业就业人口总数为 1673 万人，占就业人口总数的 75%，但在 1907～1909 年农林业就业人口不增反降，为 1615 万人，占比下降为 64%，也就是说，这一时期，在科技革新热潮的背景下，越来越多的劳动力涌入非农林业生产，如工业、商业等。另一方面，各产业领域生产总量呈现不均等特征。1884～1909 年，运输、通信、公益事业领域的生产净值提升幅度最大，1884～1886 年年均生产净值仅为 0.19 亿日元，但是 1907～1909 年年均生产净值达到 2.02 亿日元，增幅在 960% 以上。建筑业、采矿业的增幅也较大，拉动了国内生产净值的增加，但是，相对而言，尽管商业、农林水产业生产净值在此期间也有所增加，但增幅相对较小而且增长率低于国内生产净值的增长率，由此可知，这时期的科技创新成果主要加速

① 贾根良：《美国崛起为何能抓住“机会窗口”——第二次产业革命时期美国经验借鉴》，《人民论坛》2013 年第 6 期。

了非农林水产业的进步，如运输、通信、公益事业，采矿业，建筑业等，农林水产业虽然也在进步，但是相对滞缓。

表 2-2　1884~1909 年日本国内生产与消费的动向

		1884~1886 年（平均）	1898~1900 年（平均）	1907~1909 年（平均）
就业人口（万人,%）	合计	2235（100）	2430（100）	2534（100）
	农林业	1673（75）	1643（68）	1615（64）
	非农林业	562（25）	787（32）	919（36）
国内生产净值（百万日元,%）	合计	789（100）	2167（100）	3658（100）
	农林水产业	336（43）	859（40）	1278（35）
	采矿业	90（11）	346（16）	688（19）
	建筑业	24（3）	96（4）	163（4）
	运输、通信、公益事业	19（2）	71（3）	202（6）
	商业	282（36）	707（33）	1169（32）
人均实际消费支出（日元,%）	合计	92.27（100）	126.00（100）	123.38（100）
	食物费	61.19（66）	75.10（60）	73.23（59）
	被服费	2.88（3）	8.83（7）	8.48（7）
	住居费	11.16（12）	12.54（10）	15.56（13）

注：括号内数据为占比。
资料来源：石井寛治『日本経済史』、東京大学出版会、1991 年、第 184 頁。

其次，从日本对外贸易来看，在产业革命之前的明治初期，日本的贸易结构相对简单，主要出口生丝、茶叶及其他初级产品，从欧美先进国家进口成品服装与机械，但是经过产业革命，日本生产技术加速革新，对外贸易结构变得更加复杂，不仅继续向欧美等国家出口生丝等初级产品、进口机械等，而且开始向中国、印度等亚洲国家出口棉布衣料、雨伞、针织品等轻工业产品，对于欧美国家，日本处于垂直贸易的下游，但是对于其他亚洲贫弱国家处于垂直贸易的上游。总而言之，前两次产业革命的科技创新热潮不仅直接提升了日本技术水平，促进生产与消费规模的增加，而且改善了日本的对外贸易模式与经济结构，日本不再“锁定”于产业链的低端，而是凭借技术实力占据对亚洲贫弱国家贸易链的上游位置，由此获取丰厚财富。

但是，这一时期科技的快速发展也给日本社会带来了一定的负面效应，其中最深刻的负面影响就是公害问题。尽管20世纪70年代前后日本才真正认识到防治公害的重要性，大量完善修订治理相关法律措施，但是实际上在前两次产业革命的技术引进过程中便涌现出大大小小的公害问题，自19世纪末开始，公害问题便成为日本各地发展无法忽视的重要问题。其中影响最恶劣的是足尾矿毒事件，其与大逆事件①并称明治时期的两大社会问题。据统计，足尾矿毒事件直接导致10余万名农民受害，但是由于明治政府当时正积极推进殖产兴业、富国强兵政策，资本家与政府官员相互勾结忽视民众生命利益，政府不仅对民众诉求置若罔闻，而且出动警察、宪兵镇压受害农民运动。尽管当时被受害农民运动所触动的企业也曾试图采取技术对策缓解公害问题，如利用高烟囱减轻大气污染，但是随着1930年之后日本进入军国主义化产业发展阶段，相较于获取生产利益，公害防治变得更加微不足道。

四　世界大战期间的科技创新进程

通常认为，第三次产业革命兴起于20世纪中期。自日本完成前两次产业革命至第三次产业革命兴起期间的几十年，世界格局发生巨大动荡，日本滑入军国主义深渊，并给亚洲各国带来沉痛的灾难。在此期间，日本的科技创新整体进展较慢且严重不平衡，鉴于这一阶段日本的科技发展仍然以前两次产业革命取得的知识、技术成果为基础，因此将其融合在前两次产业革命的视角下进行阐述，鉴于本书主要根据产业革命脉络叙述日本科技创新进

① 大逆事件，又被称为“幸德事件”。1910年5月，日本长野县明科锯木厂的一名工人被发现携带炸弹，反动政府以此为借口暴力镇压日本社会主义运动，逮捕数百名社会主义者并进行秘密审判，诬陷日本社会主义先驱幸德秋水等人“大逆不道，图谋暗杀天皇，制造暴乱，犯了暗杀天皇未遂罪”。反动政府判处幸德秋水等人死刑，引发日本人民与世界其他国家人民的愤慨。后来，日本人民把幸德秋水等12人称为“十二烈士”。

程，对于这一时期的科技创新，本书仅进行简单概述。

日本结束前两次产业革命之后，1914～1918 年第一次世界大战爆发，1939～1945 年第二次世界大战爆发，日本作为三大法西斯轴心国之一，给世界人民带来沉痛灾难。在 1910～1945 年这一特殊历史时期，日本的科技创新历程的基本情况与整体表现如下。

第一，以之前产业革命成果为基础，生产技术水平得到进一步提升，并且试图提升研发能力，摆脱对欧美国家的技术依赖，重视引进技术对日本的适用性，进行技术联合与技术改造。例如，这一时期，日本许多公司派遣技术人员前往欧美国家学习，获取外国公司商品目录与设计图，并自行设计纺织机器，对引进的机器进行技术改造以使其更符合日本公司的生产需求，最后指导相关企业进行机器制造，在这一时期，日本的纺织机器基本实现国产化，摆脱了对欧美国家的技术依赖；由于电力设备的科学技术含量较高，电力企业重视保持与外国企业的技术联系，如出售企业股票换取技术资料、技术专利许可，或者直接购买外国技术专利许可证。另外，日本企业开始重视设立研究中心加强对进口设备、引进技术的分析，自 19 世纪末开始，这样的企业研究中心的数量由 40 家增至约 300 家。

第二，这一时期，日本政府的科技政策逐渐发生变化，对科技变革极力干预，实行技术计划以及进行中央集权管制。政府在支持科技变革的同时，也难免把自身的考虑与关注强加于科技创新的历程之中，特别是在这一时期国际格局出现巨大动荡，世界全面战争的爆发使日本更加认识到科技变革深远的军事意义。日本在前两次产业革命历程中就奠定了军事工业的发展基础，在此之后，军事需要对科技变革的影响继续增强，如当时日本汽车工业、飞机工业的技术发展便依赖政府的军事支持。不仅如此，政府还实行技术计划，授权政府计划署即企划厅签发有关关键技术领域的开发命令，并设立技术厅，以期实现制订全面技术发展计划的目标。但是，实际上，技术厅的设立并未取得最初的预期效果，随着战争形势的恶化与资源短缺问题的加剧，长期的技术计划让位于拯救经济崩溃而采取的急救措施。在这一时期，政府的中央集权管制波及科技领域，政府加强了对科技发展的控制，尽管最终失败了，强制的科技变革未能满足战争需求反而被掣肘，但不可否认的是，日本战争时代的科技发展留下了科研机构、生产技术以及民众的科学态度，从而为二战后日本的经济复兴奠定了一定的基础。[①]

第二节　第三次产业革命背景下日本的科技创新进程

第三次产业革命时期是日本科技创新历程中的重要阶段，自此，日本的科技创新事业发生了重大变迁，不仅科技创新的观念、文化有了新的内涵，支持政策有了新的内容，而且科技创新模式发生了根本性转变，由依赖技术引进的模仿创新与消化吸收再创新，到集成创新，再到原始创新与自主创新，经济发展也随之经历高速增长、稳定增长，最后步入下行轨道。在这一时期，日本确立了“技术立国”的战略方针，基本完成明治维新百年来追赶欧美先进国家的战略目标。下文沿用之前的分析脉络对第三次产业革命背景下日本的科技创新进程进行系统梳理。由于不同于各界对前两次产业革命具有统一认知，关于第三次产业革命的内涵界限的观点尚未统一，因此，这里需要对第三次产业革命进行简单定义以及划分研究时间范畴[②]，日本总务省认为第三次产业革命以电子与信息技术的广泛应用而实现自动化生产为象征，对于日本来说，其以电子科技和汽车产业的发展为标志。如果说英国是第一次产业革命的发源地，美国取代英国在第二次产业革命中脱颖而出，那么日本在第三次产业革命前半阶段的表现最为抢眼，只是在后半阶段被美国

① 〔日〕苔莎·莫里斯－铃木：《日本的技术变革——从十七世纪到二十一世纪》，马春文等译，中国经济出版社，2002。

② 不同于各界对前两次产业革命具有统一认知，对于第三次产业革命内涵的界定可以说见仁见智，百花齐放，各界至今未达成统一意见。目前，主流的三种观点：一是第三次产业革命是信息技术革命，以互联网的大规模普及应用为标志，起源于20世纪90年代；二是第三次产业革命是一次全面大变革，是信息技术与可再生能源有机融合的革命，也被称为“绿色革命”“效率革命”，核心是经济、环境的可持续发展，国际能源署在2008年将其狭义地定义为“能源技术革命”；三是第三次产业革命是制造业数字化革命，即制造业生产领域出现颠覆性变革。吴涧生、李大伟、杨长湧：《第三次产业革命的前景及对国际经济格局的影响》，《中国发展观察》2013年第10期。

赶上。日本总务省对第三次产业革命进行了相对明确的时间划分，即日本第三次产业革命兴起于20世纪后半期，2010年后进入第四次产业革命时期，即第三次产业革命以20世纪后半期为开端，以2010年为终期。由于产业革命的兴起需要长期积累与酝酿，二战后，日本经济的复苏为产业革命的兴起提供了基础，可以在一定程度上视为产业革命的前期准备阶段，第三次产业革命的标志成果——电子计算机也于1946年被研制出来，为保持时间脉络上的连续性，在本书中，将关于日本的科技创新历程与第三次产业革命相联系的研究时间范畴划定为1946～2010年。鉴于日本总务省肯定了汽车产业在第三次产业革命前半期取得的瞩目成绩，日本汽车产业在战后经济复苏之后加速发展，因此大体将日本第三次产业革命的研究时段划分为：准备期即战后经济复兴时期（1946～1955年），进行前期即经济高速增长时期（1956～1972年）与稳定增长时期（1972～1987年），进行后期即经济长期停滞时期（1988～2010年）。

一 第三次产业革命准备期的日本科技创新进程

（一）科技创新的背景

首先，战败后，日本经济崩溃，技术发展陷入停滞状态，日本与先进国家的技术差距明显。二战中，日本帝国主义给亚洲人民带来了沉重灾难。战败后，尽管日本在前两次产业革命后的工业化技术与人力资本基础仍在，为日本经济的复苏奠定了基石。但是，由于在战争中，日本生产结构严重失衡，对外关系处于孤立状态，战败后，工业设施大量被破坏、原材料缺失，技术发展也陷入停滞状态。当时，日本与世界特别是美国的技术发展存在显著差距，如造船业部门，两国的技术水平由有8年的技术差距扩大至30年，钢铁部门的技术水平也至少落后美国20年，即使纺织业，日本与美国的技术水平差距也有10年。

其次，基于战略考虑，美国对日本开始实施技术、经济援助。在日本经济重建的这一时期，影响日本经济复苏最大的外部因素就是美国，当然，美国因素也就成为影响这一阶段日本科技创新的重要外部因素。美国之所以将注意力投向日本，主要是因为战后东亚格局的重塑使美国逐渐意识到日本的战略重要性。1946 年之后，美国、苏联在地缘政治利益与意识形态差异方面的矛盾激化，演变为冷战态势，出于战略需要，日本成为美国在亚洲援助的对象国中最先考虑的国家，美国对日本占领政策进行全面调整，由促进政治改革向促进日本战后复兴转变。从日本的科技发展层面来看，美国占领当局对日本具有重要影响：美国占领当局在日本推行一系列“非军事化”“民主化”改革措施，不仅影响日本技术体制机制，而且影响技术生产结构。美国对日本的技术援助力度较大。20 世纪三四十年代，美国与西欧技术发展十分迅速，这就使战后日本企业可以充分引进、利用国外先进技术发明。美国对日本的技术援助相对慷慨，不仅向其进行知识转让，而且在技能培训、质量控制、生产管理等诸多方面向日本进行技能转让，即使在军用工业方面，美国也显得很慷慨，向日本飞机制造业提供大量援助，如帮助其获得了喷气推进技术，为其后来进入太空轨道打下基础。[①] 另外，20 世纪 50 年代，日本对国外技术的引进力度加大，根据日本科学技术厅《外国技术导入年次报告》统计，20 世纪 50 年代，日本技术引进的对象国主要是美国、瑞士、联邦德国、英国、法国等，其中从美国引进的技术总量占比高达 64.6%。

整体来看，尽管战败后的日本一开始科技基础薄弱，但是美国从科技层面为日本提供了大量援助，这对其科技发展起到了不容忽视的推动作用，而且基于美国因素，1950～1953 年的朝鲜战争使日本生产技术领域取得意外收获。战争期间，作为当时东亚国家中唯一一个工业化国家，日本成为美国战争装备的“后方补给站”，美国对日本的相关生产技术的指导相对频繁，使日本在特殊的与战争有关的物质与服务方面的科技水平有所提升，生产效率也明显提高。

（二）科技创新的主要影响因素

沿用之前的研究脉络，鉴于相关材料、数据的可获得性，在阐述这一时

① 〔日〕苔莎·莫里斯－铃木：《日本的技术变革——从十七世纪到二十一世纪》，马春文等译，中国经济出版社，2002。

期日本的科技创新的主要影响因素方面，本部分着重分析政策制度环境、市场经济环境如人力资本与财富积累等对其发展的影响。

1. 政策制度环境

从政策制度环境来看，战后日本积极制定并确立了有利于科技发展的政策、制度。

首先，战后经济复苏初期，尽管日本政府采取的“倾斜生产方式”的生产体制对恢复钢铁、煤炭生产产生了重要影响，但是忽视了其他产业的发展，资源配置效率较低。1949 年，在美国的鼓励下，日本政府做出“关于产业合理化的决定”，这就要求日本为提高生产效率与培育新产业，必须对新的设备、仪器大量进行投资，引进国外先进技术。为推进政府、民间企业与劳动者对产业合理化的政策交流，日本各界达成共识，1949 年 12 月，日本通商产业省成立“产业合理化审议会”①，审议会制度的设立不仅有利于政府与民间企业对于产业政策的制定交换意见，而且为企业向政府反映产业发展的技术需求提供了正式的渠道，在一定程度上为企业的技术进步奠定了制度基础。

其次，战后经济复苏时期，日本政府也制定了一系列有利于技术引进的重要措施，如 1949 年制定的《日本外汇管理法》规定无论是物品还是技术的进口均需要向通产省申请外汇配额，也就是说，通产省具有较大权力控制技术进口类型。1950 年，日本政府颁布《外资法》，制定了技术援助合同的审核基准，规定技术引进的认可条件，将引进的技术根据支付时间长短分为甲种与乙种等，为保证技术专利、技术机密的等价美元支付，防止贸易条件恶化，为有选择性地控制技术引进类型提供了制度基础。另外，政府通过税制优惠、拨款补贴等政策措施协助民间企业开展科研活动，推动引进的先进技术的传播、应用及再开发。

2. 市场经济环境

从人力资本条件来看，第一次、第二次产业革命时期，日本主要是引进

① 1964 年，“产业合理化审议会”改名为“产业结构审议会”。

国外先进生产技术，科技发展的重点在于知识与技术的传播，只要是具有学习能力的工人一般就可以胜任生产工作。但是，战后经济复苏时期与之前不同，日本企业本身具有了一定的基础技术水平，开始重视科学研究能力的提升，并要求利用科技水平在选择引进技术类型上做到具有前瞻性。这时，人力资本素质条件成为影响科技发展的更为重要的因素，其影响主要体现在以下几个方面。首先，战后日本教育体制的重筑对日本的科技发展具有持续性影响，如日本通过加强基础教育、普及义务教育夯实了教育基础。可以说，在主要资本主义国家中，日本义务教育的普及起步时间相对较晚，但是发展速度很快。1919 年，日本义务教育的普及率在 99% 以上。[①] 二战后，在美国占领军总司令部的积极倡议下，日本将义务教育年限延长至 9 年，教育基础得以巩固。其次，重视理科教育，革新人才结构，为新技术应用与研发提供人才支撑。在经济复苏时期，日本企业为提升生产效率不断更新引进新设备，进行科技革新，日益需要能适应新设备操作与新技术应用的科技型人才，日本政府于 1953 年公布《理科教育振兴法》，要求“通过理科教育，掌握科学的知识、技能和态度，同时培养创造力”，政府此举推进了人才结构的革新。最后，通过加强产业教育增加了创新创造型人才储备。1951 年，日本政府颁布《产业教育振兴法》，旨在通过产业教育，使学生树立正确的劳动信念，在获得产业技术知识的同时，提升创新能力，即为培养大批熟练劳动力与创造人才奠定基础，这一时期，具备专项技能或者高技术应用、研发能力的人才的数量迅速增加。

从宏观经济增长与物质资本投入来看，这一时期，日本经济的快速发展得益于技术进步，经济发展反向促进科技升级，形成了良好的螺旋形互促关系。二战后，社会稳定，经济处于复苏的良性轨道，随着先进知识的传播、技术的引进与应用，国内消费与投资需求增加，实际国民生产总值超过战前水平。同时，企业利润大幅增加，利润的增加使企业具有更多的自由资金，有助于企业引进更先进的生产技术，促进技术升级。另外，日本制定了外汇

① 李永连：《战后日本的人力开发与教育》，河北人民出版社，1986，第 57 页。

配额制度，规定通产省掌握外汇分配权，政府为了使技术转移更加有效率，往往将有限的外汇分配给有能力获取、改善、引进技术的公司。获得外汇配额的公司为了持续获得引进技术的资金优势，会努力研究并改善所引进的技术，而未获得外汇配额的公司将积极增强科技实力以获取外汇配额。实际上，这成为政府除税制优惠、拨款补贴之外的又一引导科技发展的重要举措，整体来看，在宏观经济增长与物质资本投入增加的背景下，日本企业的科技创新能力也明显提升。

（三）科技创新成果与其经济效应

1. 科技创新特点与模式

战后经济复苏期间，日本的科技创新历程具有以下特点。

首先，科技创新顺利进行的背后具有美国驱动的因素。二战后，美国对日本进行单独占领，这使美国因素在日本的科技创新推进过程中具有重要的驱动作用。从上面的论述中可知，美国不仅是日本技术引进的最主要的来源国，而且日本相关有益于技术升级的政策制度的制定的背后均有美国的参与，如民主化改革、产业合理化政策制定等。

其次，科技升级不再限于依赖技术引进与技术模仿，而是技术进口与科学研究能力齐头并进。这主要体现在以下两个方面。一是日本并不单纯将进口技术与劳动力相结合以获取高生产效率，而且将先进技术与本地创新改革融合，使其成为工业增长的重要驱动力量。这一时期，日本将引进的技术视为对本国技术研发的补充，而不是替代物。日本企业进一步加大对研发的投资力度，增加对研究人员的雇用数量，增设实验室，提升研究开发能力，而且，加强对引进的技术的消化、吸收与改造，避免盲目与重复引进，提升了对引进技术的选择能力。二是日本公司在消化与吸收外国先进技术知识的同时，已经创造了一些有价值的独立的研发成果。例如，东京通信工业公司（后改名为索尼公司）于 1950 年生产出日本的第一台录音机，1955 年生产出第一代晶体管收音机，东京芝浦电气公司（后改名为东芝能源系统公司）于 1953 年发明了日本第一台氢冷发电机等，均体现出这一时期日本企业已经具备一定的研发能力并创造出有价值的科技成果。

从科技创新模式来看，这一时期，日本的科技创新主要表现为以基于技术引进的模仿创新为主，同时也涌现出一些消化吸收再创新的成果。这一时期，日本确立了贸易立国的经济发展战略，首要的战略目标是恢复生产，改善国际收支，促进经济复苏。在政府的行政指导干预与美国的大力扶持下，日本通过大规模的技术引进迅速缩小与欧美国家的技术差距。不仅如此，日本也不再局限于技术引进和技术模仿，在引进的技术基础上，深入进行学习、模仿与技术改进，提升适应本国条件的规模化生产能力，通过模仿创新锻炼本国的技术队伍，培养熟练的产业技术人员，夯实本国的知识、技术基础与提升科技创新能力。尽管这一时期日本的科技创新仍以模仿创新为主，但是涌现出众多消化吸收再创新的成果，这在一定程度上说明日本科技创新模式已经开始向更高台阶迈进，这也为第三次产业革命背景下日本新一轮科技创新热潮拉开了序幕。

2. 科技创新成果与其经济效应

这一时期日本的科技创新发展迈上新台阶，也取得了一系列显著的成果与效果。

首先，科技创新成果主要通过阐述技术引进，模仿创新、消化吸收再创新的情况来归纳。第一，技术引进情况。根据日本科学技术厅的统计，从引进技术支付金额来看，1950 年，日本技术引进支付金额仅为 9.5 亿日元，但是 1951 年增至 24.1 亿日元，之后攀升至 1955 年的 72 亿日元，其中用于甲种技术的支付占比高达 90%。从技术引进的数量来看，1950 ~ 1955 年间，1952 年引进技术数量最多，为 252 件，1955 年为 184 件，其中，乙种技术占比较大。从引进技术的类型来看，这一时期，日本的技术引进主要集中于钢铁、电气、输送用机械、大容量发电机械、造船与化学相关领域，如 1950 年从美国引进有线无线通信机械的制造工艺；1951 年从瑞士引进船舶用的内燃机制造工艺，从联邦德国引进卷板机制造技术；1952 年从美国引进水力发电所的建设工事相关技术，等等。第二，模仿创新、消化吸收再创新情况。这一时期，日本不仅大力引进国外成熟设备与先进技术，而且通过学习、模仿与改进取得了一些具有代表性的技术成果，如 1950 年生产出的日本国内首款 FM 方式超短波移动无线装置，即 PR－1 型超短波无线电话，1951 年生产出的日本首款肩挂式录音机 PT－1，1953 年生产出的日本首款喷流式洗衣机，1954 年日本发明用于拍摄胃壁彩色影像的灯泡，这也是世界最早的彩色胃镜灯泡。

其次，这一时期，日本的科技发展主要是为提升生产效率、改善国际收支、促进经济复苏等服务。科技创新的效果即科技创新对经济发展的影响主要表现在以下几个方面。第一，科技发展提升生产效率，驱动经济复苏。从国内生产来看，如表 2－3 所示，日本战后恢复非常迅速，在 1952 年工矿业生产指数就已经超过战前水平，1957 年超过战前水平的 1 倍。实际国民生产总值也是在 1952 年超过战前水平，1960 年超过战前水平的 1 倍。但是人均国民生产总值是在 1955 年超过战前水平，1964 年超过战前水平 1 倍，与贸易相关的指标的恢复也相对滞缓。由表 2－4 可知，从主要工业制品产量的国际比较来看，日本在纤维（人造纤维、醋酯人造丝）、化学肥料（氮肥）生产及商船、收音机制造等劳动密集型产业的生产上不如部分欧美国家，在水泥、粗钢生产领域超越加拿大，在铝生产上超越英国，但是在技术含量高的轿车生产领域，日本与当时主要的工业化国家还存在非常大的差距。第二，科技发展改善了国民的生活条件。一方面，科技变革促进了产业化发展，带来了经济的快速复苏，国民可支配收入迅速增加，消费内容逐渐升级，健康状况与教育水平得到一定程度的改善；另一方面，科技革新带来消费产品的多样化，新产品的出现带给日本国民更加丰富、便捷、独特的消费体验。

表 2－3 日本主要经济指标超过战前水平及 1 倍的年份

指标	超过战前水平的年份	超过战前水平 1 倍的年份
实际国民生产总值	1952	1960
实际民间设备投资	1951	1956
实际个人消费支出	1951	1960
实际出口等收入	1958	1964
实际进口等支出	1957	1963

续表

指标	超过战前水平的年份	超过战前水平1倍的年份
工矿业生产指数	1952	1957
人均国民生产总值	1955	1964

资料来源：安場保吉、猪木武徳『高度成長（日本経済史8）』、岩波書店、1989年、59頁。

表2-4　工业制品产量的国际比较（1955年）

产品	日本	美国	英国	联邦德国	法国	加拿大
面粉	100.0	480.7	179.8	146.7	—	84.4
啤酒	100.0	2600.1	983.5	865.2	308.9	249.2
棉纱	100.0	405.0*	81.0	89.1	63.3	17.3
人造纤维、醋酯人造丝	100.0	442.8	119.1	77.4	61.9	24.7
新闻纸	100.0	287.6	136.7	53.5	90.7	1220.9
苏打灰	100.0	690.0	—	152.4	112.3	—
氮肥	100.0	294.4	45.1	109.1	58.0	27.1
水泥	100.0	472.5	120.4	177.7	102.0	37.8
粗钢	100.0	1128.5	213.7	226.8	133.8	43.7
铝	100.0	2470.3	43.1	238.4	225.0	921.6
收音机	100.0	790.0	96.4	158.2	68.4	32.1
商船	100.0	8.8	177.8	112.1	39.3	2.6
轿车	100.0	91036.8	10317.2	8108.0	6359.8	4311.5

注：表中数值是以数量为基准的比较，*表示1954年的数据。
资料来源：安場保吉、猪木武徳『高度成長（日本経済史8）』、岩波書店、1989年、61頁。

二　第三次产业革命前期日本的科技创新进程

在上文已经提到，第三次产业革命前期包括日本经济高速增长时期与稳定增长时期，即1956~1987年。二战后，日本通过短短十年时间完成了经济复苏，不仅经济发展恢复到战前水平，与先进国家的科技差距也有效缩小。之后，日本经济迎来了高速增长与稳定增长时期，同时，20世纪后半期，第三次产业革命真正拉开序幕，日本由此进入科技创新的新一轮高潮阶段。

（一）科技创新的背景

在第三次产业革命的前半期，日本进行科技革新所面临的主要国外背景如下。

第一，二战后国际贸易范围迅速扩大，国际分工与生产进一步深化，技术贸易发展迅速，为日本科技进步提供了良好的外部环境。二战后，世界经济最重要的变化就是建立了世界经济秩序，联合国、IMF、WTO 等国际组织成立，制定了经济规则，为国际社会的制度化提供了基础。二战后的十年间日本主要关注的是国内经济的恢复，而在经济复苏完成后日本则更期待利用国际制度深入世界产业链获取对外经济利益，根据传统经济学理论，国际贸易的迅速发展必然会促进日本的科技创新。

第二，20 世纪五六十年代，美国及西欧地区经济、技术发展迅速，为日本提供了丰富的可供借鉴的科技存量，而且，1955～1975 年，越南战争在朝鲜战争之后成为日本经济的新的增长助力。充当美国的幕后补给角色再次使日本获取了额外丰厚的经济利益，间接促进了生产技术的提升。另外，为确保日本对美国越战政策的支持，尤其是提供军事基地供美国战时之需，美国在对日本经贸政策上比较宽容，放宽了进出口限制，不仅使日本对美国贸易顺差增加，而且获取了较多的技术支持，有助于提升日本的技术创新能力，也是在此期间，日本一跃成为仅次于美国的第二大经济体。

第三，1973 年及 1978 年的两次石油危机暴露了能源地缘政治格局的动荡与石油供应具有的不确定性，使资源匮乏的日本受到能源约束，日本愈加重视对能源科技的研发投入。20 世纪 70 年代初，日本已经成为仅次于美国的第二大能源消费国，石油价格的波动对日本工业生产具有重要影响，为应对石油危机，日本在深度分析国内能源科技形势的基础上，积极确立加强原子能、可再生资源等领域的技术创新规划。

第四，世界贸易摩擦频繁发生，随着对外贸易的迅速发展，日本逐渐成为多方贸易摩擦的交汇点，如日美贸易摩擦、日欧贸易摩擦、日本与东亚国家及地区的贸易摩擦等，尽管如此，这一时期，日本采用种种手段有效缓解了与他国的贸易紧张关系，避免摩擦升级，最大限度地保护国家的贸易利益，而且一些举措有效促进了日本的技术进步，如对处于贸易摩擦领域的产业进行调整与控制，通过产业升级、技术升级巩固产品竞争力，减少国际贸易摩擦；促进出口商品的结构多样化并实现出口市场多样化；加大对外直接投资力度，对外直接投资会通过研发互动、成果传递、内部吸收等机制帮助母国企业获取东道国的逆向技术溢出。[①] 东道国的技术存量越多，这种逆向技术溢出效应可能越明显。由表2－5可知，这一时期，日本对外直接投资中有相当部分流向了拥有先进技术基础的美国与欧洲等地区。但是，1985年，美国联合欧洲各国对日本施压签订“广场协议”，日元被迫升值，后来由于政府错误的财政货币政策，日本爆发泡沫经济危机，这也是造成日本在第三次产业革命后半期落后的重要原因之一。

表2－5　1965～1989年日本对外直接投资变动

国家或地区	1965～1969年	1970～1974年	1975～1979年	1980～1984年	1985～1989年
美国	84	393	964	2500	16901
欧洲	57	376	342	1036	7180
中国	0	0	3	35	457
中南美洲	60	398	614	1488	4767
东盟四国（ASEAN4）	49	294	695	1061	1386
其他	109	328	811	1053	3203
合计	377	1998	3828	7926	36493

注：表中数值是以数量为基准的比较。

资料来源：增田耕太郎「「時代」とともに深化した日本の対外直接投資（回顧と展望）」、『国際貿易と投資』、2015年、8頁。

（二）科技创新的主要影响因素

1. 政策制度环境

20世纪50年代至60年代前期，日本科技发展的主要目标是缩小与先进国家的科技差距，奉行引进国外先进技术及消化吸收再创新的技术战略，这

① 郭飞、黄雅金：《全球价值链视角下OFDI逆向技术溢出效应的传导机制研究——以华为技术有限公司为例》，《管理学刊》2012年第3期。

一时期，日本推进科技发展的主要政策体系的内容如下。其一，1960 年 10 月，日本科学技术会议发布第 1 号咨询报告，这是日本政府在战后第一次发表系统的、综合的科学技术振兴战略，在第 1 号咨询报告“以 10 年后为目标的科学技术振兴的综合基本方针”中，日本提出通过科学技术振兴长期推进经济发展和国民生活改善，在各个科学领域设定了十年后预期达到的技术发展目标，并提出应重视培养科技人才、振兴科技研究及加强科技信息工作。其二，1963 年，通商产业省产业结构审议会颁布《60 年代通产省构想》，首次提出产业结构高级化的政策体系，并强调推进重化学工业的技术发展。其三，日本政府还设立了特别研究调查费、新技术开发委托制度以及工矿业技术开发补助金，以政府补贴、委托研究方式促进民间技术创新活动。

20 世纪 60 年代后期至 70 年代，日本逐步确立发展自主技术，重视技术创造，产业构造由之前的以基础素材型产业为主，向电子产业转变。这一时期日本科技发展的政策引导主要是：日本科学技术会议发布的第 5 号、第 6 号咨询报告，通商产业省提出的《70 年代通产省构想》，1974 年的“阳光计划”，1978 年的“月光计划”，以及大型开发项目推进制度。受两次石油危机的影响，日本愈加重视能源领域的科技革新，在原子能、可再生能源、化石能源及能源环保领域，政府的支持力度较大。

20 世纪 80 年代，日本确立了“技术立国”的发展战略，从本质上来说，“技术立国”并不是对战后“贸易立国”发展战略的根本性取代，反而是一种补充与支持。这一时期，技术逐渐成为日本突破经济发展局限最有力的武器，随着国际社会对产品知识产权的保护意识增强，日本与欧美国家贸易摩擦趋于频繁，日本认识到过去重视应用技术，通过技术引进、消化、吸收改良后进行大规模生产所获取的利润空间不断缩小，必须加强基础研究，通过自主研发获取新的竞争优势。这一时期，日本为推进自主创新制定了一系列政策制度，1980 年，日本产业结构审议会发布的《80 年代通商产业政策》首次以官方文件形式提出“技术立国”战略①。为构建高流动性、弹性

① 冯昭奎：《日本的“技术立国”方针及其实践》，《日本学刊》1988 年第 1 期。

的研发体制，推进“官产学”深度合作，1981 年，日本科学技术厅发布“创造性科学技术推进制度”，以学术带头人组建课题组，由来自企业、高等院校及国立研究机构人员组成研发团队，促进官、产、学、研各界研发合作，激发创新活力。另外，为推进新材料、生物功能等下一代基础产业的科技创新，日本通商产业省发布“下一代产业基础技术研究开发制度”，为支持基础与尖端技术研究，日本于同年设立了科学技术振兴调整费，有效激发了日本各层次的科研机构特别是民间研究机构的创新热情。①

2. 市场经济环境

从人力资本情况来看，第一，这一时期是日本人口红利颇丰的时期，1946～1949 年，日本迎来战后第一个生育高峰期，人口出生率在 30‰以上，1950～1955 年战后经济复苏时期迎来又一次生育高峰期，尽管人口出生率有所降低，但是也为 15‰左右，这直接使 20 世纪六七十年代日本人口红利兑现，劳动人口抚养比负担显著下降，为这一时期日本产业化发展提供了丰厚的劳动力基础，尽管 20 世纪 80 年代日本人口红利呈现见顶回落态势，但是人口基数依然较大，随着年龄增长，技术人员的经验丰富，熟练程度显著提升，因此日本技术发展的劳动力基础仍然雄厚。第二，这一时期，日本重视产业人才培养。自 1955 年日本步入经济高速增长轨道，随着技术创新成为国民经济现代化、工业化的重要特征，日本工业教育效仿美国建立起产学合作教育体制，之后逐渐深化形成官、产、学、研人才教育培育合作机制，政府、学校、企业、科研机构间形成良性互动的人才培养合作关系。政府主要负责制定政策，提供资金资助或颁发科研奖励激活创新热情，制定措施促进国际研发交流，促进提升知识创新的开放性与可分享性。学校则侧重加强基础教育、高等教育及在职研发人员能力培训等，采取多种办学形式，从初中阶段起，经高中到大学，分梯度培养产业界所需要的熟练技工到工业技术创新人员的高级人才，以适应工业现代化的多重要求。企业则重视为学生提供

① 胡智慧、王溯：《“科技立国”战略与“诺贝尔奖计划”——日本建设世界科技强国之路》，《中国科学院院刊》2018 年第 5 期。

技术实践基地，向相关研发机构或学校提供科研设备与科研课题，促进研发成果交流与共享；另外，企业也会派遣具有国际视野、出色的技术研发人员到学校进行实践指导，或提供奖助学金、人才国际交流机会等协助学校进行创新人才的培养。整体来看，在 20 世纪 50 年代后半期至 70 年代的科学技术“追赶期”，日本重视工业教育，推广职业技术教育，培养产业技术人才，不仅在初中、高中、高等教育阶段推广工业科目教育，而且设立高等专门学校大量培养专门的、掌握技术的职业人员，培养了一支训练有素的技术人员队伍，这无疑对当时日本的《国民收入倍增计划》的完成、产业化加速发展起到了积极作用；20 世纪 80 年代之后，随着日本科技水平的迅速提高，日本由重视应用技术向重视基础技术转变，日本的人力资本培养则向培养创造性、独创性人才转变，重视对人才的基础知识教育以及对人才的基础学习能力的培养。①

从宏观经济增长与物质资本投入来看，正如战后经济复兴时期日本科技发展与经济增长形成的良性互促关系一样，20 世纪 50 年代后期，日本步入经济快速增长轨道。这一方面是由于日本大力引进先进技术，并重视科研创新；另一方面经济快速发展，贸易出口与投资迅速增加，企业盈利颇丰，日本有了更多的物质资本用于自主创新，但需要注意的是，尽管日本应用技术能力强大，重工业凭借劳动生产率提高、生产成本较低获取出口的比较优势，企业赚得盆满钵满，企业的营业收益、留存收益增加，企业投资规模扩大，但是相当部分的企业收益也流入了房地产市场与股票市场，特别是 20 世纪 80 年代后半期，随着金融自由化的迅速发展，政府推行宽松货币财政政策，企业内部具有很强流动性并基于投机心理涌向资产市场意图谋取暴利，挤压了原本应用于基础创新研究的资金。进一步说，20 世纪六七十年代，日本企业在引进技术、应用技术方面的投入较大，这一时期，美国也源源不断地向日本提供基础研究成果，日本汽车产业的迅速发展也得益于美国

---

① 桐田清秀「戦後日本教育政策の変遷—教育課程審議会答申とその背景—」、『花園大学社会福祉学部研究紀要』第 18 号、2010 年、121－140 頁。

向其进行的基础技术转移，其后，日本消化、吸收到再创新，日本汽车产业发展反超美国。20 世纪 80 年代以来，尽管企业流动性过剩，但由于基础研究薄弱加之金融自由化迅速发展，企业流动性大部分涌向资产市场而非提升企业生产技术的研发领域，这样就导致在 20 世纪 90 年代崛起的信息技术领域中，日本丧失了技术优势。在第三次产业革命后期，日本的科技创新表现得相对平庸。

（三）科技创新成果与其经济效应

1. 科技创新特点与模式

这一时期，日本的科技创新发展的特点如下。第一，重视引进技术的质量并且增加研发投入。20 世纪五六十年代，日本对甲种技术、乙种技术的引进数量均迅速增加，但是自 20 世纪 70 年代开始，日本主要引进甲种技术，乙种技术的引进数量迅速下降，这说明，日本更加重视引进技术的质量，这时候的日本科技发展已经达到一定水平，其并不满足于单纯引进国外的先进技术进行模仿生产以提高生产效率，而是重视对引进技术的消化吸收再创新，这也体现在日本研究开发经费与技术引进支付费用具有明显的正相关关系上，即随着日本对外技术引进支付金额的增加，研发经费增加，通过加强对引进技术的研究，不仅可以掌握科技秘密，对其进行改良以适应日本生产条件进而提高生产效率，而且可以提高对技术引进的选择准确度，避免重复引进进而造成资源浪费。在日本的研发经费结构中，用于降低成本的经费占比达 47%，其中 34% 的经费用于研究进行产品的改良，17% 则用于进行新产品开发。[①] 第二，重视科技创新领域的合作。一方面，日本愈加重视与工业发达国家之间的产业合作，这种产业合作主要是建立在工业发达国家之间进行的资本合作、技术合作研发、技术指导与援助、合作生产、联合销售或经营的基础上的，合作领域主要包括开发核能、自然资源，环境保护，宇宙开发，能源开发，海洋工程及防治灾害等。20 世纪七八十年代，在政府的支持下，日本公司积极与欧美公司开展技术交流项目，促进科技领域的交流与

① 刘丽君：《战后日本科技发展与经济腾飞》，《江西社会科学》2003 年第 7 期。

转换、国际融合与发展，如日本松下电器同联邦德国的博施联合生产磁带录像机；日本的东芝、日立、东京电力等同美国通用电气公司共同开发新型沸水式原子反应堆；日本电器公司同美国国际商业机器公司交换生产电子交换机技术的情报信息；日立向美国通用电气公司提供产业机械手和半导体技术，等等。另一方面，具有竞争关系的日本企业间也重视组成研究团体，加强科技研发合作。而且，政府积极作为，推进民间企业与公共科研院所成立共同研究团体，如1961年日本政府颁布《工矿业技术研究组合法》，明确“技术研究组合”可以享受税制优惠，这种共同研究团体的组建也是日本产学研合作促使科技创新发展的重要模式之一。

20世纪50年代后期至80年代后期，日本的科技创新模式发生巨大的变化，由引进、消化吸收再创新向集成创新再向自主创新转变。1955～1970年，日本仅用16年时间便获取了欧美国家历时50余年花费1800亿～2000亿美元研发出来的技术成果，主要依赖的还是技术引进、消化吸收再创新。但是20世纪70年代之后，日本产业结构由以重化学工业为主轴向知识密集型产业转变。日本科技创新模式转变为集成创新，即创新主体企业利用各种信息技术、管理技术，通过重新选择、整合、优化创新要素如技术、战略、知识、组织，从而使各创新要素成为有机整体，达到倍增的创新效果。由于这一时期日本一些企业规模不大，研发支出也较少，为更好地整合资源，充分发挥各企业的比较优势，政府积极推动企业间、企业与研发机构间组成研究组合。1970～1980年，日本在石化、机械、计算机等领域成立了众多研究组合，而且规模较大，很多研究组合得到了政府数十亿日元乃至数百亿日元的研发补助。[①] 20世纪70年代后期，日本意识到基础技术的薄弱将直接影响其各产业领域发展，此时，日本也已经成长为可以与美国抗衡的经济、技术强国，美国科技进步速度放缓，世界新技术发展到了空白期，日本已经不能单纯依靠对引进技术的消化与吸收、再创新获取经济发展的动力，而是面临扮演科技革命先导者角色的任务，由此，日本技术创新模式转变为重视原

① 周程：《日本官产学合作的技术创新联盟案例研究》，《中国软科学》2008年第2期。

始创新。20 世纪 80 年代，日本确立了“技术立国”战略，1986 年，日本政府发布《科学技术政策大纲》，指出日本科技进步的关键就是推动自主创新，为此，政府采取多种举措，大力培养具有独创精神的研究人员。自此，过去依赖引进欧美国家先进技术的日本科技创新模式已成为历史，日本的科技发展走上了自主创新道路。

2. 科技创新成果与其经济效应

在第三次产业革命前期阶段，日本的科技创新进程加速，农业、医疗、工业领域均获取了丰硕的创新成果。这一时期，特别是两次石油危机后，日本深刻意识到能源领域技术研发的重要性，优先推进能源技术创新项目的规划（见表 2 - 6），并先后于 1974 年、1978 年和 1989 年制定并推出了“阳光计划”“月光计划”“地球环境技术开发计划”以促进能源技术创新发展。随着重化学工业的迅速发展及汽车的普及，日本愈加重视防治公害、环保领域的科技革新，涌现出一系列相关的创新成果，如“汽车废气抑制技术”“低燃耗技术”“原油回收利用技术”等。以汽车产业为例，日本在小型车生产领域具备了世界最先进的技术水平与生产能力，在汽车制造工程中积极引入当时新兴的电子计算机技术并进行技术融合，将工业机器人技术广泛应用于焊接、涂漆及组装工艺之中。为提高汽车燃料经济性，日本在提高发动机效率、减轻车身重量与减小行车阻力方面进行各种技术研发，根据 1982 年美国环境保护局的相关调查，日本生产的 2000 毫升以下的小型车燃油经济性表现十分出色。同时，为降低尾气排放，减少污染，日本积极推进先驱型技术研发并取得一定成效。另外，在半导体产业领域，尽管日本有关半导体产业的诸多发明来源于美国①，日本半导体产业的发展始于 1952 年从美国引进晶体管技术，但是之后日本积极进行半导体器件的应用研究，也积极进行自主研发如开发隧道二极管、静电感应器件（SIT）等。1976 ~ 1980 年的

① 1948 年，晶体管在美国诞生，开创了半导体产业的历史；20 世纪 50 年代后期，美国研发出集成电路（IC）；1960 年，MOS 型晶体管诞生并广泛应用于 IC；1971 年，世界第一台微处理器在美国诞生，开创了微型计算机的新时代。

超 LSI 技术研发组合取得了重大科研成果，不仅成功开发出半导体加工过程中的关键设备——缩小投影型光刻装置，推动了日本半导体产业的迅速发展，而且为各国半导体产业研发联盟提供成功经验，对国际社会也产生了广泛、深刻的影响。这一时期，日本半导体产业的快速发展既得益于对美国的技术引进与应用，也得益于日本通产省的主导模式，即集中力量办大事，组织富士通、日立、东芝、NEC 和三菱等企业，整合产学研半导体人才形成研发联盟，这种以合作为基础的政府主导模式在技术平衡发展期的研发、生产效率非常高。

表 2－6 日本的主要能源技术创新项目

	技术项目	负责部门
原子能	铀的生产与转换、离心分离法铀浓缩、放射性废物处理、轻水反应堆安全技术、快中子增值堆、多用途高温堆	科学技术厅
化石能源	煤炭液化、煤炭气化、重油制烃制、海底石油生产等	通商产业省
可再生能源	地热能、太阳能发电、波浪发电、太阳能热利用等	科学技术厅
提高能源效率	磁流体发电（MHD）、高效燃气轮机、氢能发电、高温还原气体直接炼铁、废热利用系统等	通商产业省
	节能住宅技术系统等	建设省
能源环保	减少废弃物排放、脱硫脱硝等	通商产业省

资料来源：转引自尹晓亮、张杰军《科技创新推进节能减排——日本应对第一次石油危机的经验与启示》，《中国科技论坛》2010 年第 9 期，第 149 页。

科技创新的加速直接作用于经济发展，其中最明显的是这一时期科技创新促进工业化发展、增强国际竞争力的效果，特别是汽车与半导体产业发展迅猛。从制造业生产总值来看，1979 年日本制造业生产总值为 1955 年的 12 倍以上，技术进步的贡献度约为 30%，尤其是加工组装型产业如机械产业，技术进步的贡献度高达 40%。1960～1979 年，日本制造业主要行业的生产率增长速度远超同期的美国与联邦德国近 10%。[①] 从制造业生产水平来看，

① 数据来源于日本文部科学省『科学技術白書 昭和 50 年版』、http://www.mext.go.jp/b_menu/hakusho/html/hpaa198201/hpaa198201_2_006.html。

20 世纪 70 年代后期，日本的钢铁、汽车、电气机械的制造水平已经逼近或者超过美国的水平。在钢铁制造业方面，当时世界先进铸钢技术为连续铸钢工艺，早在 1954 年前后日本便引进了连铸技术，1981 年，日本钢铁制造业中连铸技术的普及率高达 60%，而美国仅为 20%，英国约为 27%，法国约为 41%，联邦德国为 45% 左右[①]，这也是当时日本的钢铁制造业具有非常强的国际竞争力的主要原因之一。在汽车制造业方面，二战后，日本的汽车制造业加速发展，20 世纪 60 年代中期，日本汽车产业生产总量已经超过欧洲国家，在 1980 年前后超越美国。从汽车出口量来看，日本在 1965 年便已超过美国。在半导体制造业方面，20 世纪 80 年代中期，世界 50% 以上的半导体产品是由日本生产的；80 年代后半期，世界半导体产业排名前三位的企业分别是 NEC、东芝与日立，均来自日本。

三　第三次产业革命后期日本的科技创新进程

（一）科技创新的背景

在第三次产业革命的前期，世界经济呈现动荡与繁荣循环递进的态势，日本正是在这种变动中获取了不少经济利益。在第三次产业革命后期，日本所面临的国外背景较为复杂，日本的科技创新发展获益相对减少。

首先，分析这一时期的美国因素。由上文可知，日本在科技创新历程中均受到美国因素的影响，美国因素在日本的科技进步中一度发挥了重要的正面作用，但是在第三次产业革命后期，日本科技创新模式向自主创新转变，受国外因素的影响也就随之降低。20 世纪 90 年代初，美苏冷战结束，苏联退出历史舞台，日本成长为世界第二大经济强国、世界第二年度军费开支大国，军事装备实现高度现代化，美日贸易摩擦比较频繁，美国对美日同盟一度产生消极的犹疑倾向。但是，在亚洲，日本与韩国是美国最亲密的传统同盟国家，日本在一定程度上是由美国一手操纵扶持起来的国家，加之中国自

---

① 数据来源于日本文部科学省『科学技術白書　昭和 50 年版』、http://www.mext.go.jp/b_menu/hakusho/html/hpaa198201/hpaa198201_2_006.html。

改革开放以来，经济发展迅速，国际竞争力显著增强，被美国视为危害其在亚洲地区领导地位与国家利益的最不稳定的因素，而日本也试图依靠美国因素由经济大国向政治大国迈进，作为冷战有形遗产的美日同盟在冷战结束后非但没有结束历史使命，反而逐步得以巩固加强。但是，可以明确的是，美国已然意识到日本对美国经济利益的威胁，对日本的扶持力度减小，包容度下降，这对日本的科技进步产生了一定的负面影响，不过，显然这一时期的日本科技创新由依赖技术引进转变为依赖自主创新，技术贸易收支比于1993年超过1，即日本的技术输出已经开始超过技术输入，日本已然成长为技术大国。

其次，继日本实现经济腾飞之后，以韩国、新加坡、中国香港及中国台湾地区为代表的“亚洲四小龙”工业化发展十分迅速，成为加工制造业国际转移的重要聚集地，也是产业革命兴盛的重要地区，之后，中国工业化加速推进，拉丁美洲地区产业革命兴起，非洲一些国家也走上民族独立以及工业化道路，这些新兴经济地区成为世界经济增长的重要驱动引擎，也成为日本进行技术输出、对外直接投资的重要目的地。在此过程中，一方面，日本输出的产品面对更丰富的需求市场，需要满足不同的需求条件，促进日本企业进行生产调整与技术升级；另一方面，通过向经济不发达国家输出技术获取丰厚利润，以补充原始创新所需要的巨额研发投入。

最后，进入21世纪后，世界经济走向全面区域一体化，国际资本市场逐渐趋于融合，资本的跨国、跨区域流动加速，经济全球化进一步深化，国际金融市场间的交流合作更加频繁，市场间的联动效应也愈加明显。2007年，美国爆发“次贷危机”，相对于欧洲金融市场，由于在此之前日本忙于处理泡沫经济崩溃的不良债权问题，证券业的发展相对滞后，受美国“次贷危机”的直接波及影响相对较小，但是2008年之后美国“次贷危机”迅速蔓延成为全球性金融危机，这造成世界经济市场与日本国内市场恐慌、混乱，进而导致日本对外出口、国内需求迅速下降，造成企业的巨大损失，企业投资也随之缩水，间接影响企业研发投入与科技创新进程。

（二）科技创新的主要影响因素

1. 政策制度环境

第三次产业革命后期，由于日本的科技创新模式向自主创新转变，其主要的影响因素也更侧重于国内，沿用之前的研究脉络，从政策制度环境视角进行简单归纳。

从政策环境来看，20 世纪 80 年代末，日本的经济泡沫膨胀到顶峰；90 年代初，泡沫经济即崩溃并陷入经济停滞的深渊，加之国际竞争愈加白热化，日本早已完成技术发展的追赶进程，通过技术引进推动科技发展、经济增长的空间逐渐缩小，科技独创性成为促进日本经济复苏以及长期可持续发展重要的决定性因素。在此背景下，日本政府进一步丰富和发展了“技术立国”战略内涵，提出“科技创造立国”的口号，并于 1995 年 11 月 15 日颁布施行《科学技术基本法》，虽然该法未明确提出促进科学技术发展的具体政策，但是通过立法构建了科学技术政策的基本框架，并将科学技术发展定位于国家最重要的发展课题之一①，其规定了以科学技术振兴为目的的基本方针，有关科学技术振兴方面的国家及地方团体的责任与义务等。在此基础上，1996～2010 年，日本政府制定颁布了三期的《科学技术基本计划》，且其成为这一时期日本科技发展的主要政策纲领。

具体而言，1995 年 11 月，日本内阁总理大臣召开第 54 次科学技术会议全体会议，就制定《科学技术基本计划》向科学技术会议进行咨询②，科学技术会议通过多次召开研讨会广泛征求意见进而形成第一期《科学技术基本计划（草案）》，并于 1996 年 7 月经日本内阁会议审议通过。第一期《科学技术基本计划》（1996～2000 年）的要点包括：第一，进行制度改革促进新

① 黄荣光：《日本的科学技术法制体系简述》，《科学文化评论》2010 年第 5 期。

② 科学技术会议是日本政府于 1959 年设立的内阁总理大臣的咨询机构，后来被改组并更名为“综合科学技术会议”（2001 年）和“综合科学技术创新会议”（2014 年）。该机构由内阁总理大臣担任议长，成员为相关省大臣以及产业界和学术界的有识之士，其针对科技领域的重大事项定期举行会议，作为“智囊团”为日本内阁总理大臣及内阁其他成员提供决策咨询，是制定《科学技术基本计划》的日本政府部门中的核心机构之一。

型研发体系的建立，如针对国立研究机构的研究人员导入任期制，激活研究人员流动性，实施《博士后万人资助计划》，制定严格的评估体制，营造富有竞争性、流动性的研究环境；第二，大幅增加政府的研发投资。继第一期《科学技术基本计划》之后，日本于 2001 年 3 月 30 日审议通过了第二期《科学技术基本计划》（2001～2005 年），在第一期《科学技术基本计划》取得的成果与出现的问题的基础上，第二期《科学技术基本计划》强调推进基础研究，并重点推进国家型、社会型课题的相关研究，对于生命科学、通信、环境、纳米工程和材料领域优先配置研发资源，制定五年内政府研发投入总额目标，进一步改革科学技术体制、改善官产学研协作结构，如完善有利于培养青年人才的任期制，培养促进产学官协作的人才，打造充实人才信息方面的数据库，将国有专利专用实施权的转让规章化，通过转让给技术机关加强技术的有效使用等。第三期《科学技术基本计划》（2006～2010 年）于 2006 年 3 月制定颁布，第三期《科学技术基本计划》同样要求政府研发投资与 GDP 比例向欧美国家看齐，并为此制定评价机制以检验投资效果与质量，提出将资源重点分配至生命科学、通信、环境、纳米工程和材料四个重点领域，适当分配至能源、制造技术、社会基础设施以及尖端技术领域，在战略重点科技领域遴选大型项目作为“国家骨干技术”项目给予重点支持等，另外，推进科技体制改革，如支持青年研究人员独立开展工作，实现雇用 25% 的女性研究员的目标，强化大学竞争力，设立 30 个世界领先研究据点等。

可以说，三期《科学技术基本计划》作为重要的政策框架指引着日本这一时期的技术发展道路，对日本的科技创新进程产生了深刻影响。第一期侧重于重塑新型研发体系；第二期在前期计划的成果与问题的基础上，确定了科技创新的战略重点，继续优化了资源配置；第三期强化了科技创新的集中战略布局。

2. 市场经济环境

从人力资源环境来看，一方面，这一时期，人口老龄化、少子化的负面影响开始凸显，人口结构对人力资本逐渐产生深刻影响，进而成为日本科技创新发展的重要影响因素，克服人口少子老龄化对经济增长的不良影响也逐渐成为日本科技创新的重要目标。自1950年以来，日本的人口老龄化率持续提升，一般认为，知识的吸收、利用等科技创新能力更倾向于由劳动人口（即15~64岁人口）来承托，1950~1995年，15~64岁的劳动人口总量持续增加，1995年，劳动人口总量达到高峰，即8716万人，与此相对应，日本的科技创新也发展较快，但20世纪90年代之后，日本劳动人口总量持续下降，65岁及以上老年人总量迅速增加，这在一定程度上影响了日本的科技创新发展潜力，倒逼日本必须通过科技革新，提高全要素生产率以破除劳动力短缺对经济增长的负面影响。另一方面，这一时期，日本更加重视对青年研究人员的培养，重视对人力资源的挖掘与充分利用，如激发科研人员的流动性等，提升大学科研竞争力，不仅在《科学技术基本计划》中推出改革培养青年人才的体制机制，而且重视教育质量，强化学校教育与社会教育的深层次结合，构建终身学习社会体系，积极培养高层次人才以作为科研人员后备军，扩充研究生教育力量，加大对具有博士学位的学者等的支持力度等。

从宏观经济增长与物质资本投入来看，这一时期日本实际上是在经历20世纪80年代后期泡沫经济快速膨胀之后，在90年代初泡沫经济崩溃，陷入“失去的二十年”的经济停滞阶段，尽管1995~1996年在经历阪神大地震后，日本经济“触底反弹”，有所恢复，但是1998年日本又陷入经济危机。随着美国IT产业的繁荣，日本也迎来短暂的IT景气，2002年1月至2008年3月，日本更是迎来了长达73个月的年均经济增速约2%的战后最长的经济景气。但是2008年美国次贷危机在全球蔓延，日本难免遭受负面冲击。这一时期，可以说，日本推动科技创新进程的宏观经济环境并不乐观。1970~1990年，无论是大企业还是中小企业，研发费用支出均呈现增加趋势，但是1990年之后，受经济环境恶化，国外、国内需求不振的影响，日本企业销售利润出现震荡，尽管研发支出呈整体震荡上升趋势，但是增速明显下降，特别是泡沫经济崩溃时期，企业研发支出出现明显下降，自2000年之后，日本中小企业研发支出占销售总额的比重呈现下跌趋势，可见这一阶段受经济增长停滞的影响，企业的科技创新投入也逐渐减少。

（三）科技创新成果与其经济效应

1. 科技创新特点与模式

首先，科技创新特点。第一，这一时期，日本科技发展“由面及点”。在“技术立国”“科学技术立国”大的战略方针下，在《科学技术基本法》与《知识产权基本法》相关法律支持下，日本抓重点，细化产业领域推进科技发展高端化，重点向生命科学、通信、环境、纳米工程和材料等高技术产业倾斜。相对于整体研发的重视程度，日本高度强调上述四个领域的研发投资，日本总务省 2011 年科学技术研究调查结果显示，如表 2－7 所示，2001 年，日本用于生命科学、通信、环境、纳米工程和材料的研发费用分别为 19743 亿日元、22520 亿日元、6787 亿日元和 3506 亿日元，之后基本上逐年递增，2010 年分别为 27440 亿日元、24220 亿日元、10379 亿日元、9393 亿日元，增长幅度达到 39%、7.5%、53%、168%，占总研发费用的比例也由 2001 年的 11.9%、13.6%、4.1%、2.2% 提高到 2010 年的 16.0%、14.2%、6.1%、5.5%。尽管同期日本也提出增加对能源、宇宙开发、海洋开发领域的研发投资，但是日本政府对这三个领域的研发投资呈现震荡减少趋势。第二，日本的科技发展在过去长期追赶欧美先进国家的过程中，形成了“重视应用技术、基础研究薄弱”的特点。自 20 世纪 80 年代以来，日本采取诸多措施强化基础研究和科学知识积累，意图转变“重视应用技术、基础研究薄弱”的特征。在日本，企业是研发投入的执行主体，如 2010 年，企业使用研发费用 120100 亿日元，占总研发费用的 70.2%（见表 2－8）。20 世纪 80 年代日本企业虽然盈利丰厚，但是很多留存收益涌向了资产市场，在一定程度上挤占了原本可用于基础研究投资的资金，而随着泡沫经济崩溃，日本诸多企业损失巨大，又背上了沉重债务，再加上基础研究周期较长，研究成果具有不确定性，因此企业更倾向于将研发费用投向企业擅长的、短期有望获得收益的应用研究、开发技术研究，进而导致日本整体的基础研究进程相对缓慢。2000～2010 年，日本的科技创新中基础研究经费占研发经费的比例往往不足 15%，而应用研究、开发研究的经费之和的占比约

表 2-7　日本重点领域的研发费用变动情况（2000～2010 年）

单位：亿日元，%

	年份	重点推进的四个领域						能源	宇宙开发	海洋开发
		生命科学	通信	环境	纳米工程和材料					
					总计	材料	纳米工程			
研发费用	2000	17833	17526	5383				9861	2965	1131
	2001	19743	22520	6787	3506	2753	753	7628	2452	943
	2002	20699	22551	6799	4099	3217	883	8008	2680	964
	2003	20771	24921	7682	5828	4459	1369	8500	1530	911
	2004	21333	25926	8252	6369	4962	1407	8487	2252	856
	2005	23530	28011	8942	7695	5764	1931	8845	2415	961
	2006	25554	29253	9804	8238	6254	1984	9476	2462	905
	2007	26901	31513	10771	9267	7007	2260	10308	2291	953
	2008	27425	30254	11055	9907	7675	2232	10206	2224	945
	2009	27054	26761	10407	9073	7195	1878	9656	2455	965
	2010	27440	24220	10379	9393	7413	1980	9563	2503	914
研发费用占总额比例	2000	10. 9	10. 8	3. 3				6. 1	1. 8	0. 7
	2001	11. 9	13. 6	4. 1	2. 2	1. 7	0. 5	4. 6	1. 5	0. 6
	2002	12. 4	13. 5	4. 1	2. 4	1. 9	0. 5	4. 8	1. 6	0. 6
	2003	12. 4	14. 8	4. 6	3. 5	2. 7	0. 8	5. 1	0. 9	0. 5
	2004	12. 6	15. 3	4. 9	3. 7	2. 9	0. 8	5. 0	1. 3	0. 5
	2005	13. 2	15. 7	5. 0	4. 3	3. 2	1. 1	5. 0	1. 4	0. 5
	2006	13. 8	15. 8	5. 3	4. 5	3. 4	1. 1	5. 1	1. 3	0. 5

续表

	年份	重点推进的四个领域						能源	宇宙开发	海洋开发
		生命科学	通信	环境	纳米工程和材料					
					总计	材料	纳米工程			
研发费用占总额比例	2007	14.2	16.6	5.7	4.9	3.7	1.2	5.4	1.2	0.5
	2008	14.6	16.1	5.9	5.3	4.1	1.2	5.4	1.2	0.5
	2009	15.7	15.5	6.0	5.3	4.2	1.1	5.6	1.4	0.6
	2010	16.0	14.2	6.1	5.5	4.3	1.2	5.6	1.5	0.5

资料来源：日本総務省「平成 23 年科学技術研究調査結果の概要」、http://www.stat.go.jp/data/kagaku/kekka/kekkagai/pdf/23ke_gai.pdf。

表 2-8 日本研发费用执行主体与去向情况（2000~2010 年）

单位：亿日元，%

	年份	研发费用（按研发主体分类）				研发费用去向（自然科学领域）			
		总额	企业	非营利团体、政府机关	大学等	总额	基础研究	应用研究	开发研究
研发费用	2000	162893	108602	22207	32084	149886	22054	35855	91977
	2001	165280	114510	18436	32334	150890	22037	35258	93596
	2002	166750	115768	18159	32823	153436	22989	35032	95415
	2003	168040	117589	17821	32631	154928	23169	35679	96079
	2004	169376	118673	17963	32740	155999	22390	35898	97711
	2005	178452	127458	16920	34074	164720	23550	37546	103624
	2006	184631	133274	17533	33824	170927	23756	37877	109294
	2007	189438	138304	16897	34237	175563	24171	40751	110641

续表

	年份	研发费用（按研发主体分类）				研发费用去向（自然科学领域）			
		总额	企业	非营利团体、政府机关	大学等	总额	基础研究	应用研究	开发研究
研发费用	2008	188001	136345	17206	34450	174078	23927	40652	109499
	2009	172463	119838	17127	35498	158654	23877	38373	96404
	2010	171099	120100	16659	34340	157422	23104	36381	97937
构成比例	2000	100.0	66.7	13.6	19.7	100.0	14.7	23.9	61.4
	2001	100.0	69.3	11.2	19.6	100.0	14.6	23.4	62.0
	2002	100.0	69.4	10.9	19.7	100.0	15.0	22.8	62.2
	2003	100.0	70.0	10.6	19.4	100.0	15.0	23.0	62.0
	2004	100.0	70.1	10.6	19.3	100.0	14.4	23.0	62.6
	2005	100.0	71.4	9.5	19.1	100.0	14.3	22.8	62.9
	2006	100.0	72.2	9.5	18.3	100.0	13.9	22.2	63.9
	2007	100.0	73.0	8.9	18.1	100.0	13.8	23.2	63.0
	2008	100.0	72.5	9.2	18.3	100.0	13.7	23.4	62.9
	2009	100.0	69.5	9.9	20.6	100.0	15.0	24.2	60.8
	2010	100.0	70.2	9.7	20.1	100.0	14.7	23.1	62.2

资料来源：日本総務省「平成23年科学技術研究調査結果の概要」、http://www.stat.go.jp/data/kagaku/kekka/kekkagai/pdf/23ke_gai.pdf。

为 85%。由于日本的基础研究底子较薄，这在一定程度上限制了日本在全新领域中拥有科技先驱地位，决定了在第三次产业革命后期，即 20 世纪 90 年代初电子计算机的利用和发展过程中，日本再次落后于美国，科技发展较第三次产业前期来说相对滞缓。

其次，科技创新模式。这一时期，日本的科技创新形式已转变为以原始创新、自主创新为主，日本更为重视通过科技合作共享科技成果的发展模式。20 世纪 80 年代之后，日本已经逐步确立了自主创新模式，对基础研究的支持力度加大，并大力培养具有独创精神的研究人才，如 1991 年政府为增强科技领域自主研发实力，设置了独创性个人研究培养机制，1992 年科学技术厅制定“科学技术特别研究员制度”，在进一步完善“技术立国”战略的同时，于 21 世纪初出台《知识产权战略大纲》与《知识产权基本法》，确立了“知识产权立国”战略，国家对知识产权保护的重视与推动号召并鼓励了研发机构、企业与大学等加强对核心、先进技术的自主研发。与此同时，随着经济全球化迅速深入、国际知识产权摩擦、贸易竞争加剧，只依靠本国科研力量进行科技创新凸显出局限性，因此日本愈加重视与其他国家在高端技术领域的国际合作以共享科技成果，获取额外的科技利益。这一时期，日本提出了要强化科学技术外交、推进国际研发合作、促进各国科研人员交流等战略需求。如面向发展中国家，日本积极推动 SATREPS 计划，聚焦进行生物资源、能源、防灾减灾等全球性课题研发合作交流，实现科技合作与外交的协同推进效应，而且推进“战略性国际科学技术协力推进项目”、“尖端研究据点项目”以及“亚非学术基础建设项目”等一系列科技合作项目，通过积极开展国际合作研究、召开国际会议等促进各国技术交流，另外，日本重视科技合作的举措还包括吸收外国优秀研究人员参与本国研究项目、雇用外国研究人员为特别研究员、积极派遣日本研究人员赴海外交流等。日本文部科学省统计的相关数据显示，2000～2009 年，日本派遣本国研究人员赴海外交流的数量、吸纳国外研究人员的数量均趋于增加，其主要的派遣目的地为亚洲、欧洲及北美洲，其吸纳的国外研究人员也主要来自这三个地区。

2. 科技创新成果与其经济效应

在第三次产业革命后期，日本科技创新的发展有所减缓，其科技创新的主要成果体现在信息产业、通信技术领域的迅猛发展，技术贸易迅速增加等方面，而其科技创新的主要效应表现为部分产业发展滞缓，整体经济增速也相对停滞。具体而言，主要包括以下几个方面。

第一，第三次产业革命后期最主要的科技创新成果便是 20 世纪 90 年代之后电子计算机的大量利用与普及，由于同期日本疲于应对泡沫经济崩溃的不良影响，无法跟上全球科技革命新趋势，日本的信息化产业再次落后于美国，当然美国又一次为其提供了极大的样本示范效应。日本是在 21 世纪初期进一步实质性地推进信息产业发展变革的，2000 ~ 2010 年，在日本政府的大力推动下，日本的信息产业得到了巨大发展，信息基础设施建设事业成绩斐然，信息产业技术达到国际先进水平，通信技术领域的技术差距与美国缩短至 1.4 年，日本拥有了世界顶级技术，如显示技术、LED 技术领先于欧美发达国家。在大多数通信技术领域如半导体、机器人、下一代计算机技术、IT 技术融合、RFID/USN（无线射频识别/泛在传感网络）等领域，日本排名世界第二，可见，日本已经成为世界通信产业领域的佼佼者。

第二，这一时期，日本科技创新的经济效应主要体现在两个方面。首先，部分产业发展滞缓，如在第三次产业革命前期得到显著发展的汽车、半导体产业，在第三次产业革命后期的表现却并不优秀，特别是半导体产业，20 世纪 80 年代，日本成为世界第一半导体大国，技术积累丰厚，但是，日本国内外普遍认为 20 世纪 90 年代日本的半导体产业已经走向衰落。其次，科技创新的发展对日本经济复苏的提振作用有限。这一时期，日本经济被称为“失去的二十年”，相对于第三次产业革命前期的经济高速与稳定增长，这一时期的日本经济增速明显放缓，1991 ~ 2010 年，日本 GDP 增速震荡降低，或为负值或在 2% 左右。当然日本经济停滞的局面是由多种原因造成的，其中科技创新速度减缓以及科技创新对经济增长的驱动作用减弱是重要的成因。

下面主要结合上文分析探讨这一时期日本科技创新对经济发展驱动作用下降的主要原因。

首先，这一时期，日本高科技产业如半导体产业发展走向衰落的主要原因如下。一是美国政治力量介入半导体市场领域。20 世纪七八十年代，日本半导体产业快速发展并对美国半导体企业形成实际“围剿”，英特尔创始人罗伯特·诺伊斯联合硅谷企业在 1977 年成立了 SIA（半导体工业协会），游说美国政府施以援手，但是最初美国政府并不予以重视，认为政府权力不应涉入企业经营。这与当时日本以政府主导模式扶持半导体产业发展形成鲜明对比。但是，随着日本半导体在美国市场所占份额逐渐扩大，而半导体产品在卫星、导弹和军机上都有应用，与国家安全关系更为紧密，SIA 也以半导体产业的弱化将严重危及国家安全成功说服美国政府，因此，美国政府开始多举措打压日本半导体企业，以 1986 年“日美半导体协议”为代表的一系列贸易限制措施严重影响日本半导体产业发展，美国不仅通过该协议对日本半导体产品进行限产、限价，要求日本扩大市场和开放 VLSI 项目专利等，还在 1991 年两国政府续签协议时明确提出外国半导体产品要在日本市场占有 20% 以上份额的强迫性要求。这些限制性措施，直接使以价廉物美抢占市场的日本半导体产品生产企业失去巨大的利润空间，不仅失去美国市场，而且亚洲市场份额被韩国、中国台湾等新兴国家和地区的厂商抢走。与此同时，开放 VLSI 项目专利，以及美国企业英特尔、摩托罗拉向日本 NEC、日立提起知识产权诉讼等知识产权领域的摩擦与来自美国政府的施压，也打乱了日本开发微处理器的节奏，日本彻底失去与美国竞争微处理器市场主导权的机会。二是在应对日美半导体领域的贸易摩擦过程中，日本政府与企业本身也存在决策失误。一方面，日本政府通过产业政策、税收优惠等扶持半导体产业的力度有所减小，相对于同期的韩国、中国台湾，日本对半导体产业的扶持力度较小，这主要是因为日本政府对半导体企业实力的误判，认为半导体产业已经实现了赶超美国，不需要大力扶持，另外也是由于当时泡沫经济破裂，而且美国限制日本对半导体产业的投资行为，日本政府与民间企业对半导体产业的投资能力、热情受到抑制。另一方面，日本半导体企业决策失误，重技术、轻经营，固守原有的一体化生产模式，对市场潮流的变化缺乏前瞻性，不能灵活应对市场需求，经营理念相对封闭，过于精研技术，执着于关注产品的设计与细节处理，对产品标准化进程的研究滞缓。加之半导体行业技术本身具有迭代快、研发窗口期短等特性，而且日本以综合电机厂商为主的产业结构无法适应当时半导体产品专业化、设计与生产分离的市场发展模式，导致日本半导体厂商生产产品脱离国际市场需求，进而难以克服产业周期问题，后续技术研发和设备投资受限，最终失去市场份额。

其次，这一时期，日本的科技创新对经济发展的驱动力减弱的主要原因是科技创新的研发投入与产出均呈现弱势。从研发经费投入与创新产出来看，相较于前期，第三次产业革命后期阶段日本研发经费投入的增速明显减缓（见图 2－1），尽管从 20 世纪 80 年代后期开始，日本研发经费占 GDP 比重超过其他诸多国家（见图 2－2），但是在泡沫经济阶段、2008 年金融危机阶段，其占比均出现大幅下滑，也就是说，经济的不景气状况确实对日本的科技创新投入产生了不小影响。另外，这一时期，日本的科技创新产出也呈现下降趋势。WIPO 统计数据显示，日本的专利申请数量仅次于美国，但是近年来申请数量有下行趋势，特别是 2009 年相对于 2008 年下降幅度高达 10%。另外，自 1995 年之后，日本长期居于世界论文发表贡献度的第二位，同样仅次于美国，但是 2009 年被中国赶超，居世界第三位，其论文发表数量更是跌至世界第五位，这在一定程度上表明这一时期日本科技创新的重要支撑——知识生产有下行趋势。但是，与此同时，日本的技术贸易得到了迅速发展，日本在 21 世纪初即实现技术贸易顺差，这说明日本已经具备了丰富的技术存量，尽管 1991～2009 年日本的技术输出额远少于美国、德国及英国（见图 2－3），但是，技术贸易收支比早已超过美、英等国（见图 2－4），当然，这在一定程度上是由日本在技术引进方面较为保守导致的。

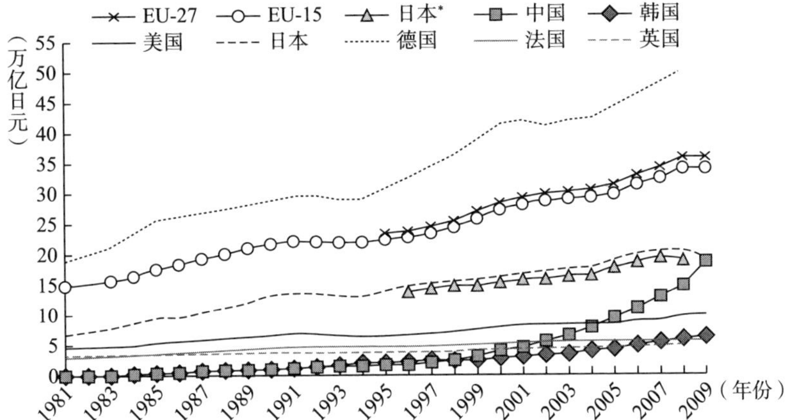

图 2－1　1981～2009 年美国等国家及欧盟研发经费投入的变化情况

（实际值，以 2000 年为基准，按 OECD 购买力平价换算）

注：图例中“EU－27”代表欧盟 27 个国家，“EU－15”代表欧盟 15 个国家；＊表明日本研发经费未按 OECD 购买力平价换算。

资料来源：日本文部科学省科学技術・学術政策研究所「科学技術指標 2011」、http://data. nistep. go. jp/dspace/bitstream/11035/903/32/NISTEP-RM198-FullJ. pdf。

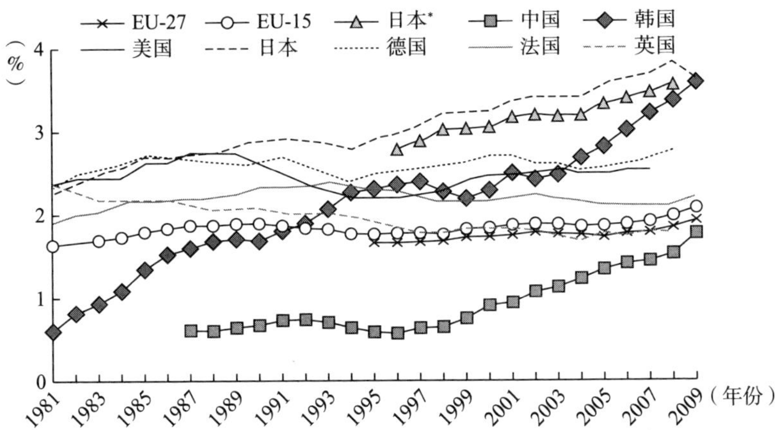

图 2－2　1981～2009 年美国等国家及欧盟研发经费占 GDP 比重的变动情况

注：图例中“EU－27”代表欧盟 27 个国家，“EU－15”代表欧盟 15 个国家；＊表明日本研发经费未按 OECD 购买力平价换算。

资料来源：日本文部科学省科学技術・学術政策研究所「科学技術指標 2011」、http://data. nistep. go. jp/dspace/bitstream/11035/903/32/NISTEP-RM198-FullJ. pdf。

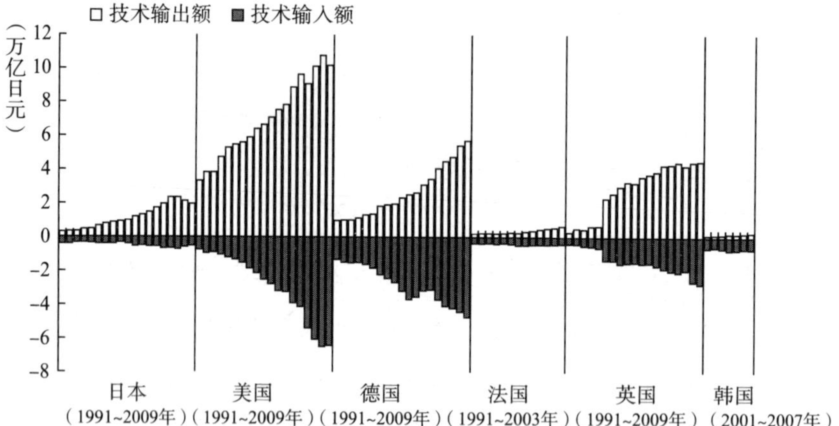

图 2－3　1991～2009 年日本等国家的技术贸易总额变动

注：图中横轴距离不等表明各国技术贸易总额不等。

资料来源：日本文部科学省科学技術・学術政策研究所「科学技術指標 2011」、http://data. nistep. go. jp/dspace/bitstream/11035/903/32/NISTEP-RM198-FullJ. pdf。

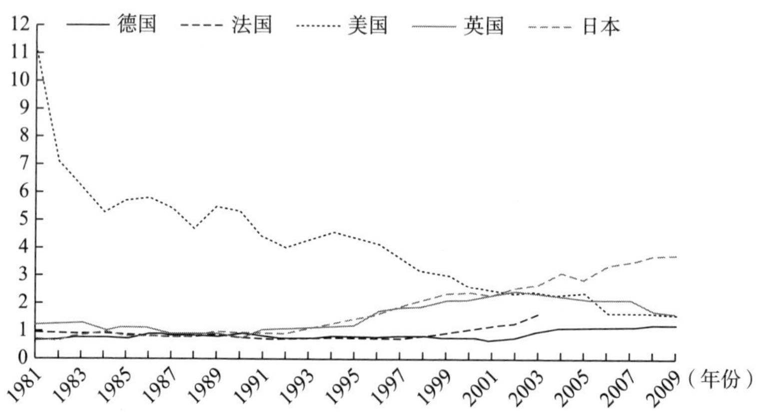

图 2－4　1981～2009 年日本等国家的技术贸易收支比变动情况

资料来源：日本文部科学省科学技術・学術政策研究所「科学技術指標 2011」、http://data. nistep. go. jp/dspace/bitstream/11035/903/32/NISTEP-RM198-FullJ. pdf。

第三章　第四次产业革命背景下日本科技创新的基本情况

自 1750 年以来，世界范围内已经出现三次产业革命，每次产业革命的发源国或主导国均凭借先发优势实现经济飞速发展，如第一次产业革命的英国，在率先完成工业革命之后迅速成为世界霸主；在第二次产业革命中，美国最终取得领先地位，反超英国成为头号工业强国；第三次产业革命前半期，日本把握住机遇，不仅迅速完成二战后的经济复苏，而且快速发展，一跃成为仅次于美国的世界第二大经济体；美国主导了第三次产业革命的后半期，实现了对世界经济霸权的巩固。目前，第四次产业革命已经拉开序幕，尽管并未全面爆发，但是至少处于产业革命的孕育期或准备期，谁将引领第四次产业革命尚未可知，但是毫无疑问，第四次产业革命的主导国或发源国将成为新一轮经济快速发展的领军者。科技创新已然成为各主要国家竞逐第四次产业革命的重要“武器”，而经历了“失去的二十年”的日本更是将第四次产业革命视为促进经济发展的重要契机。在上一章阐述日本在前三次产业革命背景下的科技创新时，已经对第三次、第四次产业革命的时间段进行了简单划分，这里同样根据日本总务省的划分方法，将 2010 年之后至今划分为第四次产业革命时期，本章将具体阐述这一时间段的日本的科技创新的国际背景与国内进程，鉴于后面章节会对这一阶段日本科技创新的影响因素、成果、效果进行详细论述，本章主要从日本推进第四次产业革命的国际背景、重点布局领域、政策措施、目标、特点等角度阐述现阶段日本科技创新的一些基本情况。

第一节　日本科技创新的国际背景

近年来，国际科技竞争愈加激烈，使各国对把握第四次产业革命机遇、抢占高科技制高点的需求愈加迫切，日本也同样如此。世界各国、各地区的科技竞争力排名变动不一，欧美始终在世界科技发展的前列，而日本尽管科技存量雄厚，但是近年来其科技竞争力排名有所下滑。中国作为后起之秀取得了亮眼的成果，加之其他国家或地区科技的发展，给日本带来了推进科技创新的外在压力，使其不得不重视把握第四次产业革命机遇以维持科技强国地位。下文通过对各主要国家科技创新水平的整体比较来阐述日本科技创新面临的严峻挑战，主要包括国家创新能力的国际比较、科技创新产出的国际比较、科技研发竞争力的国际比较。

一　国家创新能力的国际比较

在国家创新能力评价领域，一些国际研究机构的评价方法与研究结论得到了各国的普遍认可，具有权威性，下文依据世界知识产权组织（WIPO）与欧洲工商管理学院（INSEAD）以及康奈尔大学联合发布的“全球创新指数”（Global Innovation Index，GII），对日本与其他主要国家的国家创新能力进行比较分析。

首先，简单说明GII的评价体系，其主要通过创新效率比进行国家排名，分为创新投入与产出两个维度，创新投入指标包括政策制度环境（包括政治环境、监管环境及商业环境）、人力资本和研究（包括教育、高等教育、研究和开发）、基础设施（包括信息通信技术、普通基础设施、生态可持续性）、市场成熟度（包括信贷、投资、贸易、竞争与市场规模）、商业成熟度（包括知识型工人、创新关联、知识的吸收）；创新产出指标包括知识和技术产出（包括知识的创造、知识的影响、知识的传播）、创意产出（包括无形资产、创意产品和服务、网络创意），其下又分为具体指标。

其次，通过对日本与美国、德国、英国、法国、中国、韩国的全球创新指数的比较分析，由表3－1可知，相较于2011年，2018年，日本的排名上升了7位，是除了中国之外（中国上升了12位）上升幅度最大的国家，具有较大的创新活力，但是2020年日本排名则下滑至全球第16位，其中，人力资本和研究方面的排名下滑幅度最大，其中教育方面的排名下滑至全球第57位，高等教育方面的排名更是下滑至全球第99位，但是研究和开发方面的排名仍然处于领先地位，排在全球第5位。相较于2011年，2018年，创新投入各项指标（除人力资本和研究外）均有所提升，而创新产出指标中创意产出指标的提升幅度较大，但是知识和技术产出指标基本保持不变。进一步分析可知，尽管日本的创意产出提升幅度较大，但是世界排名仍然不理想，不仅与英、美、德、法、韩差距较大，而且近两年来居中国之后。另外，其知识和技术产出方面的排名也明显落后于中、韩、美、德。但是日本在创新投入方面具有一定的优势，特别是政策制度环境，2020年，日本排名世界第8位，优于美、德、英、法、中、韩。除此之外，从科技创新集群排名来看，东京—横滨再次位居榜首，其次是深圳—香港—广州，在排名前100国家和地区中，美国仍然是拥有科技创新集群最多的国家（25个），其次是中国（17个）、德国（10个）、日本（5个）。由此可见，近年来日本的创新产出能力趋于减弱，但是创新环境得到了不断改善，科技创新集群发展态势良好。

二　科技创新产出的国际比较

其实关于各国的科技创新水平的评价，通常也是依据科技创新产出如论文发表与专利申请或授权数量进行衡量的，论文发表数量表示科学研究、知识生产能力，知识生产能力是科技创新的重要基础，专利申请或授权数量表示科技创新产出。

表 3 - 1　各主要国家的全球创新指标排名情况

国家	年份	创新投入指标					创新产出指标		创新得分	GII 排名
		政策制度环境	人力资本和研究	基础设施	市场成熟度	商业成熟度	知识和技术产出	创意产出		
日本	2011	83.8（20）	53.7（20）	45.4（13）	57.9（19）	55.9（14）	49.8（13）	32.8（65）	50.32	20
	2012	79.0（23）	54.6（19）	61.6（7）	57.7（18）	53.6（21）	51.7（15）	32.3（69）	51.70	25
	2014	84.1（18）	54.4（17）	58.9（11）	66.8（13）	46.8（17）	47.2（12）	38.1（46）	52.41	21
	2016	87.1（15）	57.5（13）	64.4（7）	68.3（8）	52.8（10）	46.9（13）	39.2（36）	54.52	16
	2018	89.8（8）	54.3（16）	64.0（9）	65.3（10）	53.8（11）	48.6（12）	40.4（31）	54.95	13
	2020	89.3（8）	47.3（24）	60.0（8）	64.3（9）	57.1（10）	46.3（13）	37.2（24）	52.7	16
美国	2011	86.5（15）	57.3（13）	44.6（14）	70.9（4）	54.8（15）	57.4（5）	43.2（24）	56.57	7
	2012	85.1（17）	53.4（22）	56.1（14）	76.8（2）	59.9（9）	56.1（11）	42.2（33）	57.7	10
	2014	86.2（17）	58.3（11）	57.5（14）	83.8（1）	53.7（10）	58.1（4）	46.5（20）	60.09	6
	2016	85.7（17）	57.0（14）	61.7（13）	86.6（1）	52.4（11）	56.5（4）	51.6（13）	61.4	3
	2018	87.7（13）	51.3（21）	58.8（24）	85.1（1）	56.1（8）	55.6（6）	48.0（14）	59.81	6
	2020	88.9（9）	56.3（12）	54.7（24）	81.4（2）	62.8（5）	56.8（3）	47.7（11）	60.56	3
德国	2011	83.5（21）	57.5（11）	43.2（21）	59.3（14）	51.6（20）	49.8（14）	51.7（6）	54.89	12
	2012	76.7（26）	55.4（16）	55.1（16）	54.9（24）	51.7（24）	54.9（12）	52.6（10）	56.2	15
	2014	82.7（21）	56.3（14）	56.3（17）	60.1（25）	46.1（21）	53.1（11）	50.4（14）	56.02	13
	2016	84.1（18）	58.9（10）	58.5（22）	59.7（16）	48.3（15）	51.6（8）	56.3（7）	57.94	10
	2018	85.6（16）	58.7（10）	60.5（19）	58.5（19）	52.8（13）	52.2（10）	53.3（7）	58.03	9
	2020	84.6（18）	61.1（5）	58.0（12）	56.1（24）	53.7（12）	51.7（10）	49.1（9）	56.55	9

续表

国家	年份	创新投入指标					创新产出指标		创新得分	GII 排名
		政策制度环境	人力资本和研究	基础设施	市场成熟度	商业成熟度	知识和技术产出	创意产出		
英国	2011	86.4（16）	56.1（16）	43.6（17）	74.4（3）	57.8（12）	52.3（10）	44.3（18）	55.96	10
	2012	90.4（9）	53.8（21）	61.8（6）	76.6（3）	57.3（15）	57.6（8）	51.4（14）	61.2	5
	2014	88.6（13）	60.3（10）	60.6（6）	81.4（2）	50.2（14）	56.4（5）	56.6（7）	62.37	2
	2016	87.6（13）	62.6（7）	66.4（4）	71.6（4）	49.2（14）	50.2（9）	62.5（3）	61.93	3
	2018	87.4（14）	61.3（8）	65.8（7）	72.0（5）	53.0（12）	48.2（13）	56.5（4）	60.13	4
	2020	86.1（16）	58.0（10）	60.3（6）	74.4（5）	51.0（19）	54.4（9）	52.7（5）	59.78	4
法国	2011	77.9（34）	53.0（21）	43.1（22）	53.8（28）	50.3（24）	41.1（22）	44.7（17）	49.25	22
	2012	82.7（20）	55.1（17）	54.5（20）	52.0（29）	51.3（26）	45.5（23）	43.4（30）	51.8	24
	2014	78.6（25）	55.9（15）	54.7（19）	61.0（24）	47.4（16）	44.2（20）	45.5（23）	52.18	22
	2016	80.4（26）	58.9（11）	63.7（8）	61.9（15）	48.0（16）	41.3（21）	49.8（15）	54.04	18
	2018	81.2（21）	56.8（11）	62.9（10）	65.0（11）	50.6（19）	41.6（19）	49.2（12）	54.36	16
	2020	83.7（19）	56.2（13）	57.7（16）	59.4（18）	50.2（21）	45.1（16）	46.7（13）	53.66	12
中国	2011	51.7（98）	39.9（56）	35.4（33）	54.1（26）	49.3（29）	52.7（9）	40.9（35）	46.43	29
	2012	39.1（121）	31.4（84）	44.3（39）	47.8（35）	50.9（28）	61.8（5）	34.4（56）	45.4	34
	2014	48.3（114）	43.4（32）	45.0（39）	50.5（54）	41.8（32）	59.0（2）	35.7（59）	46.57	29
	2016	55.2（79）	48.1（29）	52.0（36）	56.6（21）	53.8（7）	53.3（6）	42.7（30）	50.57	25
	2018	59.4（70）	47.8（23）	56.8（29）	55.6（25）	56.0（9）	56.5（5）	45.4（21）	53.06	17
	2020	64.6（62）	49.4（21）	52.1（36）	58.5（19）	52.9（15）	55.1（7）	47.0（12）	53.28	14

续表

国家	年份	创新投入指标					创新产出指标		创新得分	GII 排名
		政策制度环境	人力资本和研究	基础设施	市场成熟度	商业成熟度	知识和技术产出	创意产出		
韩国	2011	77.4（35）	59.9（7）	48.2（6）	61.8（12）	49.8（26）	53.7（7）	42.2（27）	53.68	16
	2012	73.8（27）	59.0（8）	64.2（3）	60.5（16）	51.7（25）	57.5（9）	34.3（59）	53.9	21
	2014	75.8（32）	64.1（3）	62.8（5）	65.4（14）	42.7（30）	54.5（6）	42.2（37）	55.27	16
	2016	75.4（31）	66.9（3）	63.3（3）	62.0（14）	50.1（13）	54.1（5）	47.4（21）	57.15	11
	2018	78.5（26）	65.3（2）	62.7（13）	60.4（14）	50.2（20）	53.3（9）	46.4（17）	56.63	12
	2020	78.4（29）	65.2（1）	57.7（14）	62.5（11）	60.3（7）	49.0（11）	45.8（14）	56.11	10

注：（）前为各指标得分，（）内为排名，由于各年份对指标体系有一定调整，因此得分并不可以准确反映变动趋势，主要按照排名进行分析。

资料来源：Global Innovation Index，2011～2020，https://www.wipo.int/global_innovation_index/zh/。

从论文发表数量来看，采用分数法[①]计算论文发表数量，如图 3－1 所示，自 20 世纪 80 年代以来，传统的科技创新强国的论文发表数量基本上呈现下行趋势，韩国震荡上行，中国则明显增加，但在 Top10％、Top1％期刊的论文发表数量增加的幅度相对较小，这说明中国发表的论文的质量需要进一步提升。尽管日本、美国、英国、德国及法国的论文发表数量均呈现下行趋势，但是相对于其他国家来说，日本的下行幅度最大，2014～2017 年，其论文发表数量的平均值已经落后于美国、中国与德国，排名第四，而之前日本仅次于美国。

从专利申请情况来看，如图 3－2 所示，2000～2018 年，日本专利申请数量呈现减少趋势，2016 年，日本居中国、美国之后，排名世界第 3 位，与此同时，中国、美国、韩国、德国的专利申请数量均有不同程度的增加，其中，中国增幅较大，2008～2018 年的年平均增长率在 21.76％左右。但是，

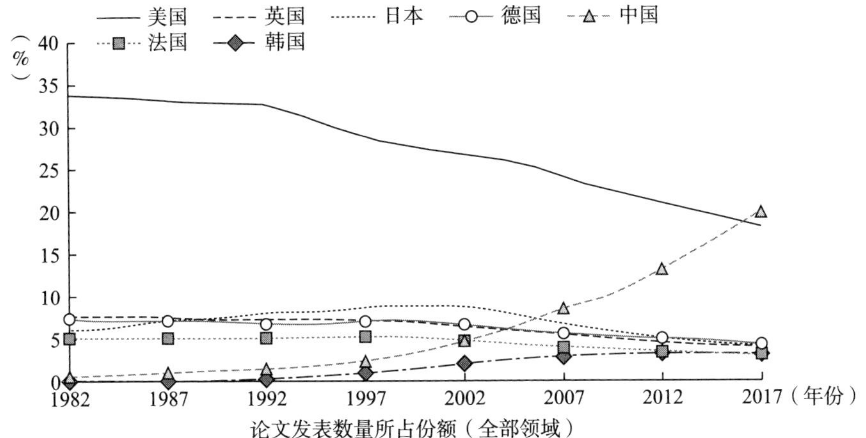

论文发表数量所占份额（全部领域）

① 这里关于论文发表数量的统计方法分为分数法与整数法两种。根据分数法计算论文发表数量即按照作者来自的国家、地区划分权重进行整合，举例来说，一篇论文由两名日本学者与一名美国学者合著，那么他们各占 1/3 的权重，即日本生产 2/3 篇论文，美国生产 1/3 篇论文，综合来看，分数法侧重于对论文贡献度进行考察。对于上述例子若按照整数法计算，则是日本生产 1 篇论文，美国也生产 1 篇论文，综合来看，整数法侧重于对论文参与度、相关度进行考察。由于整数法具有重复计算的问题，本书侧重于对论文贡献度进行分析，因此这里使用分数法计算论文发表数量。

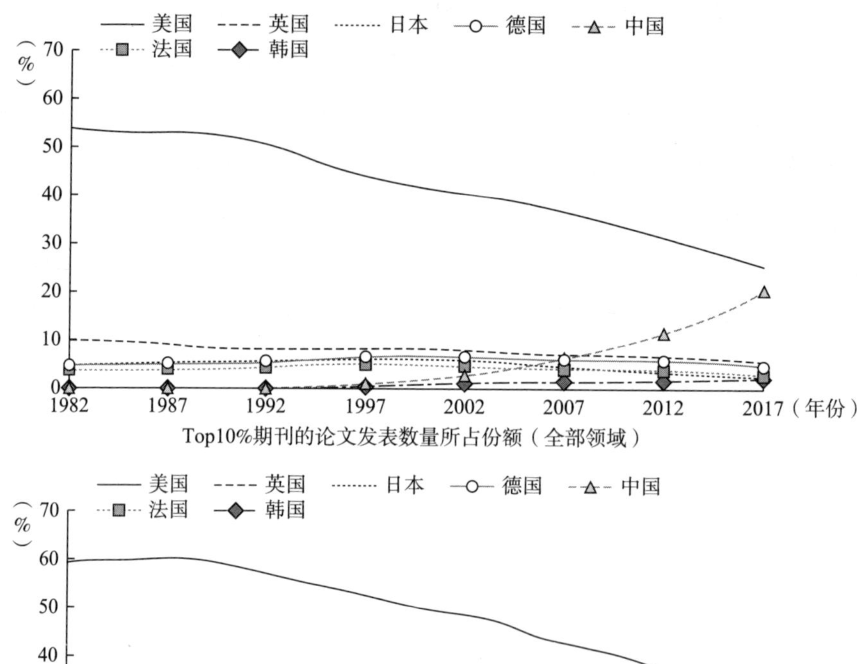

Top10%期刊的论文发表数量所占份额（全部领域）

Top1%期刊的论文发表数量所占份额（全部领域）

图 3-1　1982~2017 年日本等国家论文发表数量的变动（分数法计算）

资料来源：日本文部科学省科学技術・学術政策研究所「科学技術指標 2020」、https://nistep.repo.nii.ac.jp/?action=pages_view_main&active_action=repository_view_main_item_detail&item_id=6700&item_no=1&page_id=13&block_id=21。

实际上进行专利申请数量的国际比较是相对复杂的，因为其中涉及专利族[①]，通过对专利族计数可以防止同一专利被多次计数。如果从专利族数与在一国

① 通常情况下把具有共同优先权的在不同国家或国际专利组织多次申请、多次公布或批准的内容相同或基本相同的一组专利文献称作专利族。在一国申请一项专利之后，基于一定条件判断相关技术或者产品可能已销往其他国家或地区，如果希望获得该技术或者产品在其他国家或地区的专属权，则需要前往其他国家或地区申请相关专利，这样就形成了专利族。

申请（向一个国家专利受理局提交专利申请）的专利数量总和所占的份额来看，如图 3-3 所示，日本在 20 世纪 80 年代到 21 世纪初，始终稳居世界第一，并明显领先于第二名的美国，90 年代前期，日本所占份额一度接近 60%，但是 90 年代中后期则迅速下降，与此同时，韩国、中国专利申请数量所占份额先后迅速提升。2010 年之后，日本居中国之后，随着中国拥有的专利族与单国专利申请数量的增加，其他主要国家的持有份额均有所下降。但是从专利族数量所占份额来看，自 20 世纪 80 年代以来，日本呈现震荡上行的趋势，尽管近年来有所下降，但是仍然居世界第一位，除此之外，尽管日本专利申请数量减少，但是 PCT 国际专利申请数量逐渐增加，2008 年仅为 28027 件，2019 年增至 51652 件①，年均增长约 5.72%，由此可知，日本的专利申请质量在不断提升，尽管整体科技创新产出数量下降，但是科技创新实力仍然不容小觑。

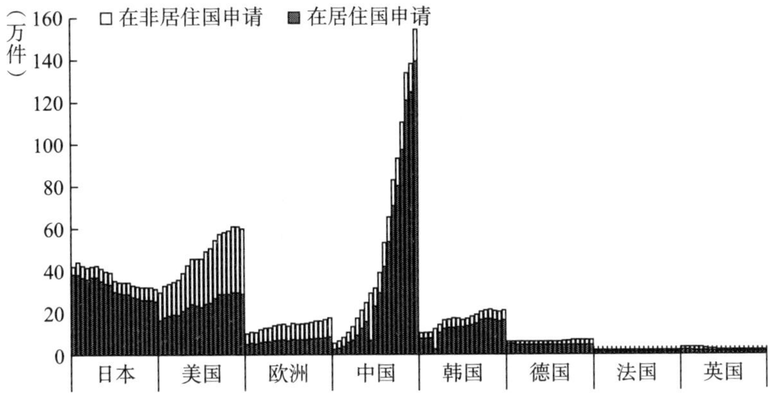

图 3-2 2000~2018 年日本等国家和地区专利申请数量的变动

注：其中在居住国申请即指本国居民在本国机构进行专利申请，在非居住国申请即本国居民在其他国家机构进行专利申请。

资料来源：日本文部科学省科学技術・学術政策研究所「科学技術指標 2020」、https://nistep.repo.nii.ac.jp/?action=pages_view_main&active_action=repository_view_main_item_detail&item_id=6700&item_no=1&page_id=13&block_id=21。

① 日本特許庁『特許行政年次報告書 2020 年版』、https://www.jpo.go.jp/resources/report/nenji/2020/document/index/all.pdf。

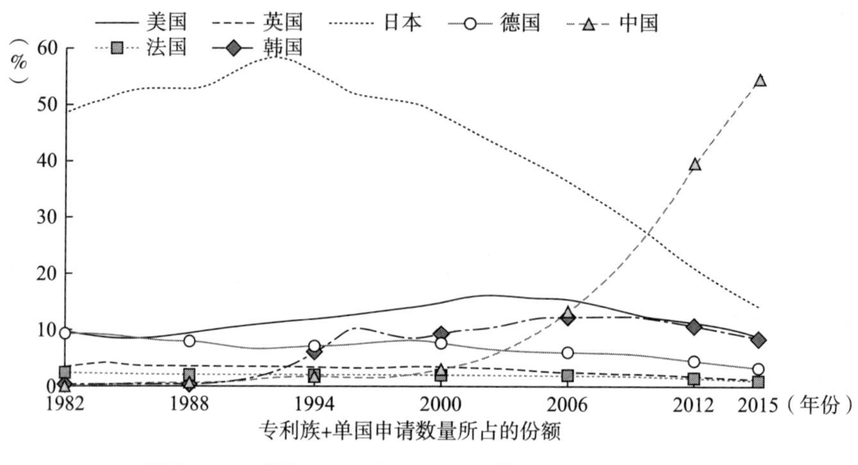

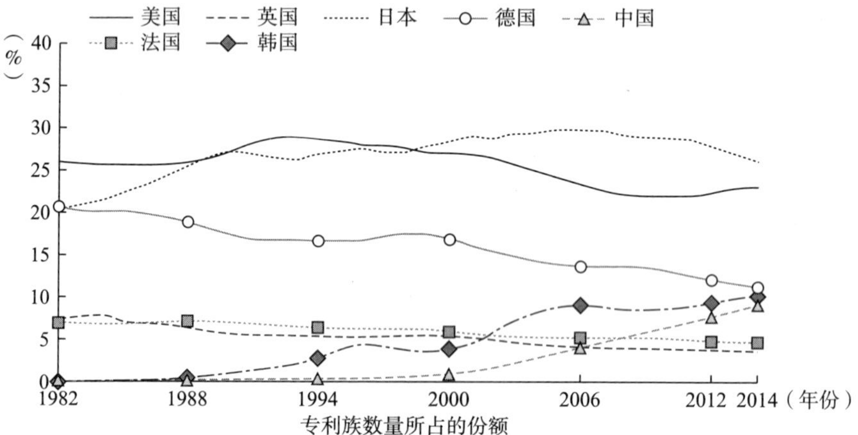

图 3-3　日本等国家专利申请数量所占的份额
（专利族+单国申请数量，整数法计算）

资料来源：日本文部科学省科学技術・学術政策研究所「科学技術指標 2020」、https://nistep. repo. nii. ac. jp/? action = pages_ view_ main&active_ action = repository_ view_ main_ item_ detail&item_ id = 6700&item_ no = 1&page_ id = 13&block_ id = 21。

三　科技研发竞争力的国际比较

关于科技研发竞争力的国际比较，日本科学技术振兴机构（JST）下的研究与发展战略中心（CRDS）于 2017 年 8 月发布的《研究开发俯瞰报告》对其进行了综合分析。该报告对世界主要国家的科技竞争力进行了宏观的比较分析，旨在通过研判世界技术创新的发展趋势，分析日本科技研发水平的地位，为日本有关部门和机构提供科技创新、研发投资的政策或策略建议，以应对日益加剧的国际科技竞争，保持日本科技创新的强国地位。该报告主要基于科技创新活动与成果，就环境与能源、通信科学技术、纳米工程与材料、生命科学与临床医学领域，对世界重要的科技竞争国家或地区进行比较（见表3－2）。

首先，对表3－2中所得数据进行简要说明，计算体系如下，将科技研发水平划分为有显著的活动与成果、有一定程度的活动与成果、没有显著的活动与成果，以及没有值得记述的活动与成果等四个水平，以2017年日本在环境与能源领域的科技竞争力数值计算为例，日本在86个细分领域有显著的活动与成果，在99个细分领域有一定程度的活动与成果，在16个细分领域没有显著的活动与成果，在2个细分领域没有值得记述的活动与成果，即日本竞争力数值（原始值）=（86×1+99×0.67+16×0.33+2×0）÷（86+99+16+2）=0.776，以此类推，美国为0.842，欧洲为0.884，中国为0.568，韩国为0.447，表3－2中的数值是相对值，即日本竞争力数值（相对值）=日本竞争力数值原始值÷五个国家和地区中竞争力数值的最高值=0.776÷0.884≈0.88。

其次，就表3－2提供的数据进行比较分析，可以发现以下内容。第一，在环境与能源领域，日本的科技竞争力逐年下降，在第四次产业革命序幕之前（2010年之前）日本一度拥有世界顶尖的科技竞争力，但是自2011年之后则趋于下滑，2011年、2013年、2015年、2017年落后于欧洲，2015年之后再次落后于美国，在表中五个国家和地区中排名第三；与此同时，美国、欧洲的科技水平震荡上升；中国后来居上，在2011年之后表现抢眼，韩国则在2011年表现优异，2015年之后同样趋于下行。第二，在通信科学技术领域，美国当之无愧始终是拥有最先进科技水平的国家；其次是欧洲；日本虽然在2008年超过欧洲，但是2009年即被反超，2011年之后整体仍然呈现震荡下行态势，特别是2013年下降明显，2015年及2017年持平；中国持续平稳上升，科技创新后劲十足；韩国的表现则不尽如人意，呈下滑趋势。第三，在纳米工程与材料领域，2008年、2009年，日本一度超过美国，科技创新成果较多，但是 2011 年之后便趋于减少，与此同时，美国依旧占据世界第一的地位；2013 年，欧洲超越日本排名第二；中国在这一领域的科技竞争力迅速增强，特别是近两年来发展速度非常快；韩国在 2011 年之后还是趋于下行。第四，在生命科学与临床医学领域，美国、欧洲仍占据前两名的位置；其次是日本，由于人口老龄化问题加剧，日本十分重视相关领域的投资，也取得了一定的研发成果，科技竞争力平稳上升；最后是中国和韩国。

表 3－2　日本等国家、地区科学技术研发水平的比较

		2008 年	2009 年	2011 年	2013 年	2015 年	2017 年
环境与能源领域	日本	1.00	1.00	0.99	0.96	0.89	0.88
	美国	0.94	0.92	0.98	0.89	1.00	0.95
	欧洲	0.99	0.99	1.00	1.00	0.99	1.00
	中国	0.37	0.38	0.54	0.67	0.60	0.64
	韩国	0.51	0.50	0.65	0.57	0.60	0.51
通信科学技术领域	日本	0.85	0.82	0.81	0.68	0.71	0.71
	美国	1.00	1.00	1.00	1.00	1.00	1.00
	欧洲	0.84	0.84	0.82	0.79	0.83	0.79
	中国	0.43	0.43	0.49	0.53	0.54	0.55
	韩国	0.58	0.58	0.59	0.54	0.50	0.44
纳米工程与材料领域	日本	1.00	1.00	0.99	0.92	0.89	0.92
	美国	0.98	0.95	1.00	1.00	1.00	1.00
	欧洲	0.94	0.95	0.95	0.95	0.95	0.97
	中国	0.35	0.41	0.48	0.47	0.54	0.67
	韩国	0.57	0.57	0.65	0.61	0.60	0.56
生命科学与临床医学领域	日本		0.71	0.69	0.70	0.71	0.73
	美国		1.00	1.00	1.00	1.00	1.00
	欧洲		0.86	0.89	0.96	0.93	0.90
	中国		0.31	0.39	0.49	0.49	0.55
	韩国		0.34	0.42	0.53	0.46	0.46

资料来源：日本科学技術振興機構研究開発戦略センター「研究開発の俯瞰報告書（2017 年）に基づく科学技術力の国際比較　各国の科学技術力についてのマクロ的な考察/CRDS-FY2017-CR-01」、https://www.jst.go.jp/crds/pdf/2017/CR/CRDS-FY2017-CR-01.pdf。

另外，单独看 2017 年上述五个国家和地区在各研究领域所取得的成果，CRDS 的调查显示，美国与欧洲始终领先其他国家，具有非常强大的科技竞争力，美国在基础研究领域的成果较丰富，而欧洲则在应用、开发研究领域存在较明显优势。日本除了在能源领域可以与美国、欧洲一较高下外，在其他领域均落后于美国与欧洲。得益于日本对基础研究的大力推进与投资，在纳米工程与材料以及能源领域，日本与美国、欧洲差距较小，但是在应用、开发研究领域，日本被中国和韩国紧紧追赶，在环境、通信、生命科学与临床医学领域，中国、韩国与日本的差距已经很小了（见表 3 - 3）。

表 3 - 3　2017 年日本等国家或地区科技竞争力的排名

	全部研究	基础研究	应用、开发研究
能源领域	欧洲、美国、日本 > 中国、韩国	欧洲、美国、日本 > 中国、韩国	欧洲、美国、日本 > 中国、韩国
环境领域	欧洲、美国 > 日本 > 中国、韩国	美国、欧洲 > 日本 > 韩国、中国	欧洲 > 美国 > 日本、中国、韩国
通信领域	美国 > 欧洲 > 日本 > 中国、韩国	美国 > 欧洲、日本 > 中国、韩国	欧洲 > 美国 > 日本、中国、韩国
纳米工程与材料领域	美国、欧洲 > 日本 > 中国、韩国	美国、日本、欧洲 > 中国、韩国	美国、欧洲 > 日本 > 中国、韩国
生命科学与临床医学领域	美国 > 欧洲 > 日本 > 中国、韩国	美国 > 欧洲 > 日本 > 中国、韩国	美国 > 欧洲 > 日本、中国、韩国

注：表中“ > ”表示前者的竞争力大于后者的竞争力。

资料来源：日本科学技術振興機構研究開発戦略センター「研究開発の俯瞰報告書（2017 年）に基づく科学技術力の国際比較　各国の科学技術力についてのマクロ的な考察/CRDS-FY2017-CR-01」、https://www.jst.go.jp/crds/pdf/2017/CR/CRDS-FY2017-CR-01.pdf。

四　科技战略决策的国际比较

在第四次产业革命背景下，与其他主要国家相比，日本的科技创新实力与竞争力均出现下滑趋势，受到了国际科技竞争复杂形势的严峻挑战。与此同时，其他国家在第四次产业革命背景下的战略决策也使日本感受到推进科技创新的紧迫感。

关于第四次产业革命的概念最初由德国在 2010 年举办的汉诺威工业展

中提出，德国于2011年公开提出“工业4.0”，可以说，由此拉开了第四次产业革命的序幕，自此之后，各国关于第四次产业革命的国家战略布局逐渐展开。如图3－4所示，德国最先推出“工业4.0”，之后美国、英国紧随其后，分别推出《先进制造伙伴》（Advanced Manufacturing Partnership，AMP）计划以及建设技术创新中心（TICs，Catapult Centers），其他国家也纷纷以不同形式积极推动科技创新进程，参与第四次产业革命背景下的创新角逐，意大利、比利时致力于推进“智能工厂集群”建设，日本推出《日本再兴战略》《机器人新战略》，韩国实施《制造业创新3.0战略》，法国力推《未来工业》布局工业复兴战略等。2016年1月20～23日，第46届世界经济论坛（WEF）年会在瑞士达沃斯举行，年会主题便设定为“掌控第四次产业革命”。比较主要国家的科技战略决策来看，日本系统出台第四次产业革命背景下的整体战略决策的时间相对较晚，这也符合日本的一贯作风，即面对新事物、新局面通常花费较长时间进行系统研究之后再做出相应决策，相对于其他国家将制造业或高端制造业整体作为战略平台，日本同步出台机器人、人工智能等战略决策，即意欲将科研力量聚集起来，发挥集中性优势，抢占各分领域的科技制高点。

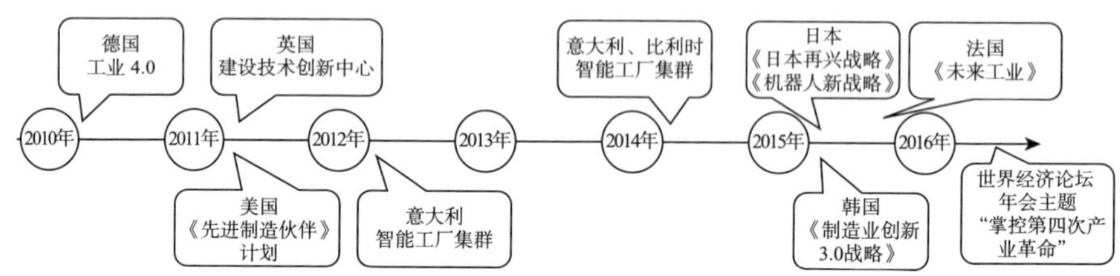

图3－4　日本等国家对第四次产业革命的战略布局

注：日本総務省「平成29年版 情報通信白書」、http://www.soumu.go.jp/johotsusin-tokei/whitepaper/ja/h29/pdf/n3100000.pdf。

总而言之，从世界范围来看，欧美国家始终是科技创新的先驱，具有雄厚的科技创新实力，日本在一些方面与欧美国家仍存在一定差距，面临赶超压力。虽然近年来由于韩国国内外政治、经济环境波动，科技创新有所减速，但是中国作为后起之秀在科技创新方面的表现突出，未来，科技发展态势良好。当然，不可否认，日本科技存量依旧丰富，是世界技术贸易收支比最高的国家，科技创新潜力巨大，但是其也面临国际科技竞争的复杂的压力，一方面与美国、欧洲科技竞争力差距逐渐加大，另一方面被中国迅速逼近，这都使日本迫切希望能够在第四次产业革命中把握机遇，引领新一轮世界科技创新进程以维持其科技强国的地位。

第二节　日本的科技创新进程

一　科技创新的机制变迁与政策内容

（一）科技创新的机制变迁

现阶段日本的科技创新进程由国家主导，以科技政策为导向，因此在阐述科技创新的体制机制方面，必须分析日本科技创新的机制变迁。科技创新的机制不仅直接关系政策的形成过程，而且间接影响政策方向，进而作用于科学技术创新成果。

日本的科技创新的机制经过多次变迁。二战后，日本的科学技术管理体系主要成员由科技厅、文部省以及其他主要省厅构成，由于各自为政，缺乏全局视野，1959 年日本成立了“科学技术会议”，负责为内阁总理大臣制定科学技术长期发展相关政策提供咨询、审议服务，研究制定长期的综合性科学技术发展方针，并且指导和协调相关政府部门进行计划制订与预算编制工作。2001 年，在日本行政体制改革的大背景下，日本政府根据《内阁府设置法》相关条例将“科学技术会议”全面改组为由内阁总理大臣直接负责的“综合科学技术会议”，其讨论议题涵盖有关科学技术政策方面的所有问题，组织、规模、权威与职责均远超“科学技术会议”。在进行行政改革的同时，日本也彻底导入政策评价制度，制定了《关于行政机关实施政策评价的法律》（评价法）[①]，由此规定了政策评价的具体事项并不断修改政策评价

① 刘海波、肖尤丹、靳宗振：《日本科技法制与我国借鉴》，《中国软科学》2013 年第 8 期。

标准与内容。2012 年底，为推进自主创新战略，摆脱依靠技术引进与模仿的影子，日本首相安倍晋三提出“打造全球最适合创新国度”的口号，2013 年 6 月，《日本再兴战略》再次强调应进一步强化“综合科学技术会议”的指挥塔作用，破除省厅之间的纵向分割，在战略性领域进行政策资源的集中投入，这就要求日本进一步完善科技政策宏观决策体制机制，提升其统揽全局和纵向串联的功能，以实现职能的高度集中与资源的有效投入。2014 年，日本政府再次将“综合科学技术会议”改革重组为“综合科学技术创新会议”。“综合科学技术创新会议”是现阶段日本最高的科技政策决策机构，议长由内阁总理大臣担任，成员包括内阁官房长官，负责科技政策推进的担当大臣，总务省、财务省、文部科学省、经济产业省大臣，日本学术会议议长以及来自教育界、商界的有识之士等。

另外，在日本科学技术相关组织机构中，如图 3－5 所示，除综合科学技术创新会议之外，与之相关的各省如文部科学省、经济产业省、环境省等内部会设置科学技术政策研究局或者审议会，各省下设独立行政法人、国立大学法人等研究机构，以促进官民连携共同致力于科学技术研究，以日本重要的科技政策研究部门——文部科学省为例，文部科学省包括国家科学技术政策局、研究振兴局、研究开发局、高等教育局、国家科学技术政策研究所，其下独立行政法人包括科学技术振兴机构（国立研究开发法人），日本学术振兴会，物质、材料研究机构等；国立大学法人等包括国立大学法人、国立高等专门学校机构（包括私立大学法人与公立大学法人）等。除此之外，由内阁总理大臣直接担任部长的各特殊行政机构同样对各领域的相关科技创新具有重要影响，如可持续发展目标（SDGs）推进本部，健康、医疗战略推进本部，知识产权战略本部，综合海洋政策本部，宇宙开发战略本部，IT 综合战略本部，日本经济再生本部等，以日本经济再生本部为例，其在安倍二次组阁不久后成立，与经济财政咨问会议一样成为安倍内阁制定经济政策的核心机构，日本经济再生本部以制定日本经济复苏重要政策《日本再兴战略》为主轴，2016 年 9 月，在日本经济再生本部下设“未来投资会议”，这是日本创设的以讨论经济增长战略为重点的官民组织，意在推进第

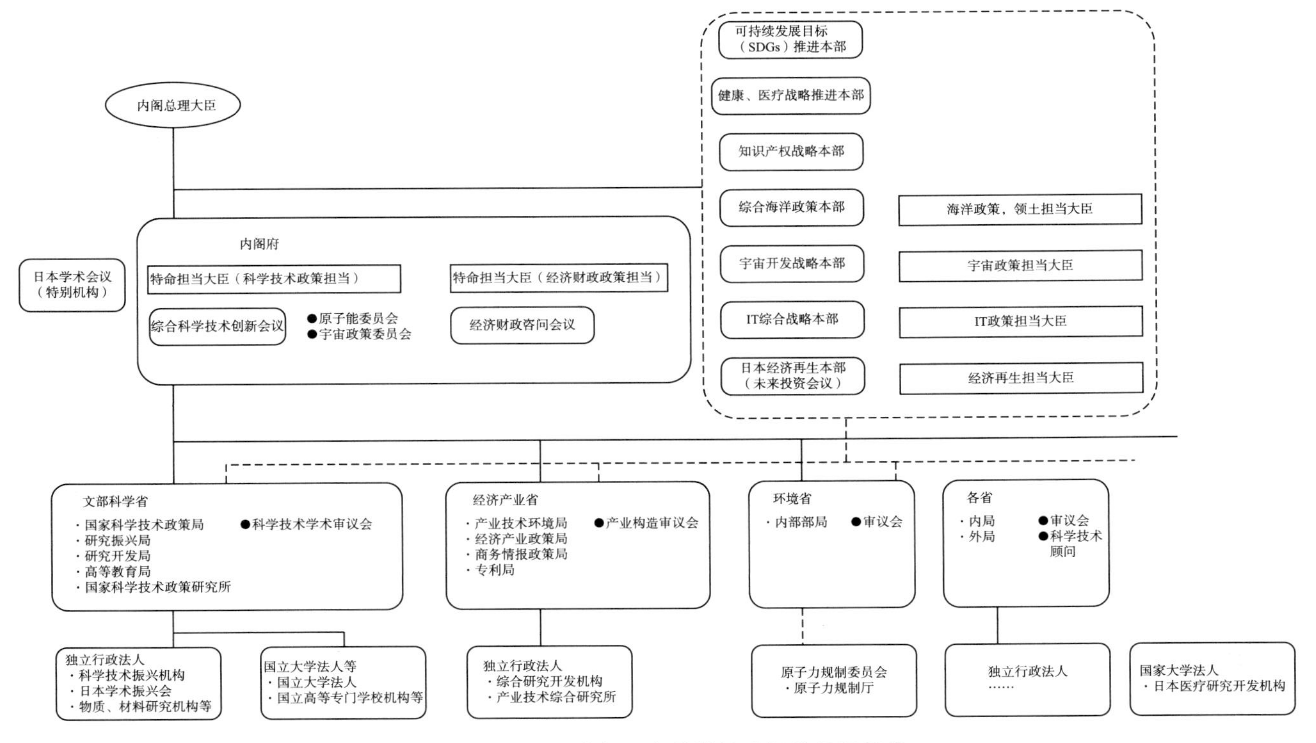

图 3－5　现阶段日本科学技术相关组织机构

资料来源：日本科学技術振興機構研究開発戦略センター「研究開発の俯瞰報告書（2017 年）に基づく科学技術力の国際比較　各国の科学技術力についてのマクロ的な考察/CRDS-FY2017-CR-01」、https://www.jst.go.jp/crds/pdf/2017/CR/CRDS-FY2017-CR-01.pdf。

四次产业革命背景下官民合作对重要尖端领域如人工智能和机器人领域的投资，搭建官民对话机制平台等，由于尖端领域技术发展需要大量投资，而且投资风险较大，通过官民合作不仅可以为前沿技术研发提供大量资金，也起到了风险分担、降低投资风险的作用，有助于科学技术研发与提升创新成果转化效率。

图 3－6 展示了日本科技创新政策体系的构成，首先，最高层是日本政府制定总体的战略方针与政策，为各领域科技创新提供整体框架，制定总的战略目标、依据原则及主要任务，这主要由日本内阁府负责；其次是在总体框架下，制定为达成目标所需要的政策措施，即分领域、分目标的具体政策举措，主要由各相关政府部门制定统筹；再次是各种具体事务与制度如研究开发计划；最后是具体的研究开发课题。当然，这也形成一种良性循环，即日本政府部门制定整体创新战略，给出具体政策路线，各级下属部门依照总体战略与政策意见进行制度完善、研发课题分配，商界、学术界同时组织进行相关课题研发，并将研究成果通过一定途径反馈给基层政府部门，基层政府部分结合自身研究进行总结后，一级级上报至高阶部门，最后有助于政府部门完成并完善科技创新战略及具体政策措施。

（二）“产学官”协同创新的机制变迁

日本“产学官”协同创新的历史非常久远，其萌芽期为明治初期的“殖产兴业”时代，之后经历低迷、磨合、复兴、新型发展的变迁历程，经历从自由主义到分工协作，再到共生合作的复杂演化，日本的产学官协同创新机制成为独具特色的关于人才培养、知识生产、创新创业的重要制度保障体系，日本在探索发展产学官合作模式方面也有了诸多成功经验与失败教训，为其他国家提升创新合作能力、建设创新型国家提供了诸多借鉴。

“产学官”中的“产”指企业，“学”指学校，“官”指政府。在三者协同合作过程中，日本政府主要负责制定政策，提供资金资助或颁发科研奖励以激发创新热情，制定措施促进国际研发交流，促进提升知识创新的开放性与可分享性；学校侧重加强基础教育、高等教育及在职研发人员能力培训等，采取多种办学形式，从初中阶段起，经高中到大学，分梯度培养产业界

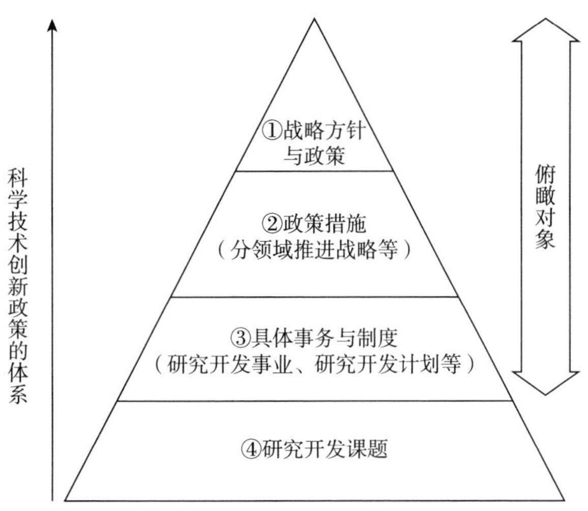

图 3－6　日本科技创新政策体系的构成

资料来源：日本科学技術振興機構研究開発戦略センター「社会経済動向と科学技術イノベーション政策の変遷」、https://www.jst.go.jp/crds/pdf/2018/RR/CRDS-FY2018-RR-01.pdf。

所需要的熟练技工到工业技术创新人员的各级人才，适应工业现代化的多重要求；企业则重视为学生提供技术实践基地，向相关研发机构或学校提供科研设备与科研课题，促进研发成果交流与共享，另外，企业也会派遣具有国际视野的出色的技术研发人员到学校进行实践指导，或提供奖助学金、人才国际交流机会等协助学校进行创新人才的培养。20 世纪 80 年代之前，日本文献普遍将学术体制称为“学官产”，即突出了学校研究的重要性，后来，在 1981 年日本产经联发布的《下一代产业基础技术研究开发制度》中出现了“官产学”[①]，即强调政府主导科技创新的地位，但是近年来，“产学官”成为通用的提法，甚至有时候更多强调“产学”合作，即切实突出企业在科技创新中的主体地位，强调研发与创新实体的深入融合。单纯由“产”“学”“官”三字的组合顺序的变化便可以看出，日本在探索“产学官”协同创新机制发展的过程中，便经历了科技落后时期更重视研发能力、经济腾飞时期

①　陈劲、张学文：《日本型产学官合作创新研究——历史、模式、战略与制度的多元化视角》，《科学学研究》2008 年第 4 期。

强调政府主导优势以及现阶段突出自主创新的企业主体地位的三个阶段。

具体而言，明治维新之后，日本政府便积极构建以实学（工程学）为中心的产学官合作体制，大力发展生产、振兴工业。当时，产学官合作只是处于萌芽期，二战后的经济复苏时期，由于日本政府存在相关行政职能的纵向分割与无法统一规划的体制障碍，而且大学重视理论研究而忽视应用研究，企业与大学的合作积极性也不高，产学官合作一度低迷，处于磨合期。20 世纪 70 年代后半期，日本开始实行国家项目管理制度，促进了以个人参加为主的产学官合作。[①] 20 世纪 80 年代之前，产学官合作关系并不十分密切，合作机制存在诸多障碍，主要是政府机构权责分配存在阻碍与重合、产学合作流于表面而不深入，企业与大学合作的形式比较单一，主要是企业向大学研究者捐赠奖学金，大学向企业提供相关研究信息及输送毕业生等。但是在 20 世纪 90 年代之后，日本政府提出科技驱动型成长战略，实质性的产学官合作受到了足够的重视。特别是每期的《科学技术基本计划》均提出促进产学官合作的具体要求，从加大政府研发投入力度、引入严格的评价机制，到提出“产业集群计划”、“知识集群项目”、完善产学官合作机制，到推进产学官从研发初期开展战略性合作、推进特色型国际产学官合作，到增设创新战略协议会，完善产学官合作成果评价机制，再到现阶段的继续深化产学官合作，激励官民共同投资，完善三者创新合作对话机制，强化基础实力，构筑人才、知识、资金的良性循环体系等，日本的“产学官”协同创新的内容愈加丰富、机制愈加完善、目标愈加明确、程度愈加深化，为日本的科技创新相关的成果、研发应用与转化提供了愈加开放、自由、活跃的平台。

（三）现阶段日本主要的科技政策

日本非常重视通过制定政策战略明确发展导向，如日本是最早制定产业政策的国家，取得了显著的经济效果。[②] 就科技政策而言，政府通过整体性

① 陈劲、张学文：《日本型产学官合作创新研究——历史、模式、战略与制度的多元化视角》，《科学学研究》2008 年第 4 期。

② 金仁淑：《后危机时代日本产业政策再思考——基于日本“新增长战略”》，《现代日本经济》2011 年第 1 期。

的科技战略或者政策实施可以直接把控一国科技创新方向，确定科技创新目标，对重点创新任务进行了系统的部署并给予相关措施建议，进而有助于加速实现科技创新突破。现阶段，日本政府出台的整体性科技政策主要包括《科学技术基本计划》及《科学技术创新综合战略》等，这也是日本现阶段最重要的科技政策。

1.《科学技术基本计划》

为推进自主创新，综合、有计划地推动科学技术振兴，提升科技发展水平、经济发展水平以及国民福祉，1995 年，在对科技体制进行大幅度改革的同时，日本通过了《科学技术基本法》，这是日本保障科技创新进程的纲领性法律，也是日本推进科技振兴的重要框架。根据《科学技术基本法》的规定，日本应当每五年制定一次推动科学技术发展的基本规划，在日本科技战略规划体系中最重要的也就是每五年制定的《科学技术基本计划》，《科学技术基本计划》实际上是在回顾过去科技发展的基础上，总结经验与教训，提出未来五年科技发展的基本目标、部署重要任务，选定未来五年的重点研发领域以及亟待解决的社会发展问题，将政策资源重点投入这些领域，同时不断完善科技创新体制，营造有利于推进科技研发活动的社会环境，其具有战略性、系统性、广泛性特点。第四期及以后的《科学技术基本计划》的制定过程如图 3 –7 所示。

从《科学技术基本计划》制定来看，第一期《科学技术基本计划》于 1996 年发布，可以说，按照本章对产业革命的时间划分，日本前三期《科学技术基本计划》均是在第三次产业革命期间推出的，“创新”一词出现在内阁决定文件中也是第三期《科学技术基本计划》之后的事，受 2011 年 3 月东日本大地震影响，第四期《科学技术基本计划》（2011 ~ 2015 年）于 2011 年 8 月被内阁会议审议通过，主要内容是提倡加速科学技术创新，倡导大力推进绿色科技创新和生命科技创新，实现灾后复兴、经济可持续增长与社会发展。在第四期《科学技术基本计划》中，“科学技术创新”有了更明确的定义，即“以科学的发现、发明等的新知识为基础所创造的知识、文化价值，并通过发展这些知识实现的与创新相关联的经济的、社会的公共价值

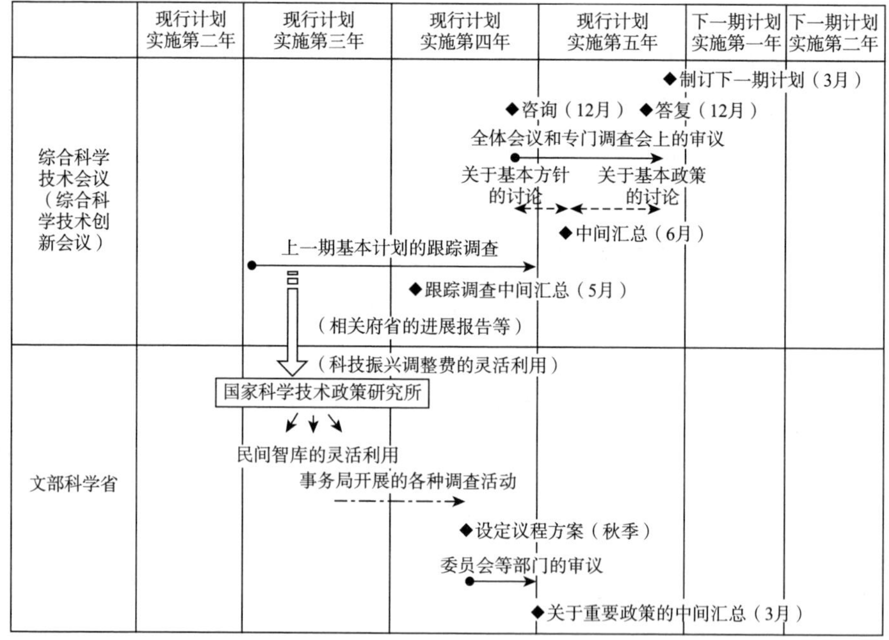

图 3-7　第四期及以后的《科学技术基本计划》的制定过程

资料来源：王玲《日本〈科学技术基本计划〉制定过程浅析》，《全球科技经济瞭望》2017 年第 4 期，第 32 页。

的创造”。从第四期《科学技术基本计划》开始，日本政府更加关注面对的经济社会发展问题，以及如何运用科技创新解决此类难题，着眼于建立旨在解决经济社会问题的科技创新政策体系，而淡化了过去按照重点领域对科技资源进行配置的传统。除此之外，日本政府非常重视对政策的可评估性建设，通过设立定量指标以便掌握重点措施的进展情况与科技成果状况，强调每年都要根据这些设定的指标开展评估工作，检查科技创新过程中存在的问题并跟进解决，以期达到更优的政策效果。

第五期《科学技术基本计划》（2016～2020 年）由 2014 年改组的综合科学技术创新会议制定完成，2016 年 1 月经内阁会议审议通过，内容主要围绕构建“世界上最适宜创新国家”、打造“超智能社会”提出具体的政策措施与目标：为应对经济和社会发展的愈加严峻的挑战，面向未来产业创造与社会变革，要致力于创造新价值、新服务，努力打造领先的“超智能社会”

（社会5.0）（这是第五期《科学技术基本计划》提出的最为重要的战略目标，也被视为日本在第四次产业革命背景下所希望达到的社会发展目标）。与此同时，计划还提出要强化科学技术创新基础，加强人才建设，推进研发资金制度改革，促进人才、知识与资本良性循环，实施科技外交战略，强化综合科学技术创新会议的司令塔职能。另外，第五期《科学技术基本计划》重视在政策领域进一步设定更为细致的目标，如到2020年，力争全社会研发支出总额占GDP的比例在4%以上；力争日本论文发表数量在世界被引频次排名前10%的论文中占10%以上；中小企业专利申请数量占总量的比例达到15%，大学的专利许可数量增加50%；提升女性研究人员的新人录用比例，未来自然科学领域女性研究人员占研究人员总数的比例达到30%；研究中心之间的人员流动数量增加两成，大学等从企业获得的共同研究经费增加五成等。与前四期《科学技术基本计划》的政策着力点不同，第五期计划则重视布局日本未来发展，重视与未来产业发展密切相关的研发促进与制度改革等。

2021年1月19日，日本政府“综合创新战略推进会议”召开，拟定了日本科技创新的“六五计划”——第六期《科技创新基本计划》（2021～2025年）。这一计划关系到日本未来五年科技创新的政策方向，未来五年也被日本政界、学界人士称为日本“科技创新背水一战的五年”。第六期《科技创新基本计划》延续了上一期基本计划的理念，将建设“社会5.0”作为未来五年的发展目标。但是，在第五期基本计划的基础上，新的基本计划又有了更加具体的调整与部署。

第一，根据《科学技术基本法》的修订，调整了计划名称与内容。2020年6月，日本将沿用了25年之久的《科学技术基本法》修定为《科技创新基本法》。《科技创新基本法》着重强调对人文社会科学的振兴，以及提升创新能力的重要性。与此相对应，在其指导下制订的基本计划，也由原来的《科学技术基本计划》更名为《科技创新基本计划》。新的基本计划增加了振兴人文社会科学领域的内容，提出通过人文社会科学知识与自然科学知识的融合来创造“综合知识”，并运用“综合知识”来解决人类社会面临的发展问题。

第二，提出了“社会5.0”的具体概念。第五期《科学技术基本计划》首次提出了“社会5.0”的概念，但是对于这一概念的图景并没有进行具体的描述。在第六期《科技创新基本计划》中，“社会5.0”的具体图景被阐述为“确保国民安全与安心的可持续发展的强韧社会”和“实现人人多元幸福的社会”。第六期《科技创新基本计划》还提出，应该将这一社会图景与“信赖”“分享”的日本传统价值观相结合，将其作为“社会5.0”的整体概念，向世界展示日本未来社会的新愿景。

第三，提出了实现“社会5.0”目标的三大支柱：实现数字化社会变革、强化研究能力和培养人才。在数字化社会变革方面，注重以数字技术推动产业“数字化转型”，建设脱碳社会，增强对5G、超级计算机、量子技术等重点领域的研发。在强化研究能力方面，尤其注重对博士人才的支持与培养，强调鼓励女性研究者做出研究贡献。日本政府计划拨发10万亿日元的大学专项资金，用于对青年研究人员的培养和基础设施建设，力促日本建设世界一流的研究型大学。在人才培养方面，建设可以增强探究能力和激发继续学习意愿的教育体系等。

除此之外，“安全”或是日本实施科技创新“六五计划”的重要关注点。“第六期科技创新基本计划（要点草案）”提出，“科技创新是国家间争夺霸权的核心”，“主要国家正在前沿基础研究及其成果应用领域展开竞争，将其成果作为应对安全威胁的有效对策，应用于应对全球传染病流行、国际恐怖主义与网络攻击、加剧的大规模自然灾害等方面”。

2.《科学技术创新综合战略》

为贯彻落实《科学技术基本计划》中提出的各项政策要求，从2013年开始，日本政府每年根据科技发展形式变化，制定《科学技术创新综合战略》，具体部署当年重点推进的政策课题，制定详细目标，确定负责部门以及制定规划具体进度表。尽管《科学技术创新综合战略》在日本科技战略规划体系中的地位次于《科学技术基本计划》，但是其直接反映了日本政府推动科技创新发展的具体思路与举措。2013年6月，日本政府制定的《科学技术创新综合战略》即明确提出了“科学技术创新立国”方针[①]，由此，20世纪80年代前后提出的“技术立国”战略方针得以正式升华。“科学技术创新立国”方针的提出也直接表明日本经济复兴的重要支撑即“知识创新”与“技术创新”，“知识创新”不一定带来技术上的革新，但是技术革新重要的基础，掌握、引进、模仿其他先进国家的技术已然成为日本技术发展的历史，未来日本经济可持续发展更需要的是科技上的自主创新。

日本于2017年6月通过了《科学技术创新综合战略2017》，其是基于日本第五期《科学技术基本计划》首个年度实施效果以及实现世界上创新能力最强的国家的战略目标制定的，其中，打造“超智能社会”依然是核心目标，但是相较于以往，《科学技术创新综合战略2017》将“扩大科技创新领域的官民共同投资”作为新的重点任务进行部署，这既是对日本客观经济现实的重要认识，也是对公私合作共同推进科技创新的国际趋势的响应。一方面，近年来，日本政府财政状况不断恶化，政府对科技领域的研发投入一度低迷，单纯依靠政府力量想要实现科研经费占GDP的比例在4%以上的中长期目标比较困难，这使日本愈加重视引导民间资本投资技术研发领域，加强政府与民间合作，建立双方有效便捷的对话机制，调动官民共同投资积极性则显得尤为重要；另一方面，从国际发展趋势来看，各国均重视官产学研合作交流，科研院所、企业与政府在研发领域各取所长、密切配合是大势所趋，如何强化政界、商界以及学术界合作能力及资源利用能力成为各国推进科技创新的重要课题。

2018年7月，日本政府公布了2018～2019年《科学技术创新综合战略》，该战略涵盖了大学改革、加强政府对创新的支持、人工智能、农业发展以及环境能源五大重点领域。在大学改革方面，提出创立产学官一体化的“大学改革支援产学官协议会”，并引入在政府资助下以企业形式运作、官产学研相结合、公益性开展应用研究的日本版弗劳恩霍夫模式，激励大学加强与企业合作，积极争取民间研究资金。在加强政府对创新的支持方面，强调

① 平力群：《日本科技创新政策形成机制的制度安排》，《日本学刊》2016年第5期。

各级政府在政府采购与社会保障项目中将促进技术创新与新技术应用摆在突出位置，强化政府工作促进科技创新的机制。在人工智能方面，要加速发展IT等理工科教育，强化大学相关学科人才的培养能力，解决人工智能领域人才短缺问题。在农业发展方面，强化数据信息共享技术设施建设，构建智慧食物供应链系统，力争在2025年前在农民中推广数字农业技术，将日本的准天顶卫星技术应用于智慧农业，并出口至亚洲太平洋地区。在环境能源方面，重视氢能源推广与应用，制定推广日程表，降低成本与氢能源应用规模的量化指标，规划新能源管理系统的技术路线，加强相关领域的数据共享基础设施建设。①

2019年6月，日本发布《科学技术创新综合战略2019》，提出从知识源泉、知识创造、知识扩散和知识成果国际交流四个方面推动创新发展，主要政策举措包括构建数据基础、推进大学改革、强化政府的创新支持机制、加快超智能社会（智慧城市）建设与推广、支持研发型创业、利用科技创新助力实现可持续发展目标以及构建国际研究与成果推广网络等。在构筑知识源泉方面，日本希望营造安全、安心使用数据的环境，在世界范围内率先利用AI技术整备各种领域的数据，达成相互联通的数据协作基础，通过跨部门、跨领域的数据应用，创造新的价值。与此同时，通过实现与欧美等主要国家的数据合作，建立全球性的数据流通市场，并与各国研究数据基础相结合以构筑巨大的“知识源泉”，加快各机构、各专业领域的跨越国界的创新合作与知识创造。日本提出构建面向“超智能社会”的数据基础与科研数据基础，具体措施主要有：尽快构建确保数据跨组织、跨区域应用的框架，构筑相关数据结构，确保智慧城市、个人数据、地理数据等的互用性，完善促进跨领域数据合作应用的规则机制，推动国际标准化，强化数据安全保障，开发并完善科研数据资源库，加强管理与开放，强化与国外政府、国际组织的战略性合作，培养科研数据管理人才等。在知识创造和知识扩散方面，日本

① 《日本提出2018－2019年度〈综合创新战略〉》，中华人民共和国科学技术部网站，http://www.most.gov.cn/gnwkjdt/201807/t20180702_140381.htm。

提出要夯实研究能力，以应对经济社会挑战和颠覆性创新为目标大力推动研发，并促进智慧城市推广，大规模支持创业。具体措施主要有：出台《研究能力强化与年轻研究人员援助一揽子计划》，从资金、制度、环境等方面加强对研究人员支持、构建提升研发能力的系统。继续实施已经设立的《战略性创新推进计划》（SIP）和《官民研究开发投资扩大计划》（PRISM），推出登月型（Moonshot）等颠覆性创新研究开发计划。多举措打造并推出简单易行的智慧城市模板，并进一步加强完善创业环境等。在知识成果国际交流方面，日本提出要利用科技创新助力实现可持续发展目标，搭建由民间主导的国际科技创新合作研究平台，共享科学知识与研究成果，深化成果应用，构建国际研发合作与成果推广网络，推动大学和国力研究开发法人的国际化，搭建国际一流的研发平台等。①

2020 年 7 月，日本公布了《科学技术创新综合战略 2020》，指出，当前日本面临的主要课题如下。第一，新冠肺炎疫情的影响，包括由于感染扩大带来的医疗供应体制的影响，避免物理性接触带来的经济社会活动减少，“新生活方式”普及的必要性与影响，研究室关闭、投资减少带来的研究活动的停滞等。第二，国内外变化，如中美在科技创新领域的摩擦激化，世界各地发生的异常气象与大规模灾害，数字化社会，企业行为、创业环境的变化等。第三，日本所处位置，如数字化发展滞缓，在主要的 63 个国家中排名第 23；创新力停滞，2017 年排名全球第 8 位，2019 年排名第 7 位；研究能力下滑，论文发表数量的国际占比由 2003 年的排名全球第 4 位下滑至 2016 年的第 11 位。② 有鉴于此，日本提出构筑持续、坚韧的经济社会结构，促进创新发展，强化科技创新研发能力等相关举措。在应对新冠肺炎疫情与构筑持续、坚韧的经济社会结构方面，强化应对公共卫生危机的能力，如加强诊断、治疗、疫苗开发、医疗器械等的研发，加强国际合作、人才培养、

① 张丽娟：《日本“综合创新战略 2019”的政策重点》，《科技中国》2020 年第 2 期。

② 数据来源于日本的《综合创新战略 2020（概要）》，https://www8.cao.go.jp/cstp/togo2020gaiyo.pdf。

行为经济学等的知识应用，有效利用数字技术进行信息传播、防止感染范围扩大等；加强对停滞的科学技术革新活动的支援，如支持研发活动交流、支持培养年轻创业者等；推进数字传输，强化教育、研究、公共事业、物流等各领域的数字化、远程化研究，活用人文社会知识促进对“新生活方式”的探索等；加强经济安全保障与供应链的坚韧化等。在超越国内外课题促进创新方面，促进创新和实现“社会 5.0”，如灵活运用官民合作平台，加强政府工作、制度等方面的创新化，在全球率先推进“STI for SDGs 路线图”，加强国际研究网络建设，完善创新创造环境，如实现 DFFT、建设数据驱动型社会、强化跨领域的数据合作基础等。在强化科技创新研发能力方面，营造鼓励年轻人接受挑战、进行独创性研究的研究环境，完善评估体系并应用大学发明等的知识产权管理方法，推进大学改革，推进 STEAM · AI 教育与“社会 5.0”相对应的教育等。值得注意的是，《科学技术创新综合战略 2020》提出，日本应加强包括经济安全在内的综合安全保障，在国际科技信息泄露问题日益突出的背景下，进一步完善技术管理举措，确保与维持技术上的优越性，并打造安全、安心、灵活运用的技术信息网络等。鉴于国际技术外流问题凸显，为确保维持日本的技术优越性，防止研发成果转化运用至大规模杀伤性武器领域，确保研究的健全性、公正性，应加强对科技信息外流的应对举措，如大学、研究机构、企业等应遵守法令，采取措施防止实际的技术外流；通过相关府省厅合作，对出入境管理和签证发放问题进行审视，强化对留学生、研究者等的审查；府省厅联合推进加强对企业技术流出等问题意识的培养，促进相关信息共享等。

二　日本科技创新的主要布局领域

2016 年 1 月 20 ~ 23 日，第 46 届世界经济论坛（WEF）在瑞士达沃斯举行，会议议题为“掌控第四次产业革命”，会议提出第四次产业革命的重点技术领域分别是：3D 打印、前沿材料与纳米科技、人工智能与机器人、生物科技、能源及其存储与输运、区块链和分布式账簿、地质工程、传感技术（万物互联）、神经技术、新计算科学、空间技术，以及虚拟现实与增强现实等技术。这些技术有可能在第四次产业革命背景下快速发展，给当前社会带来巨大便利，当然也包含不确定性风险。现阶段，日本积极响应推进第四次产业革命，其中主要涉及的重点科技创新领域为物联网（IoT）、人工智能与机器人、前沿材料与纳米科技等。这里主要以物联网、人工智能与机器人、前沿材料与纳米科技为例，说明日本现阶段科技创新领域的战略布局，一方面，由于在第四次产业革命背景下，日本重点关注物联网、人工智能与机器人产业以及前沿材料与纳米科技领域的科技发展，对其研发支持力度非常大；另一方面，关于日本整体的战略布局在本书中多次进行阐述，这里为避免重复，基于分领域视角进行说明。

（一）物联网领域

在第四次产业革命背景下，信息通信技术产业已经步入物联网化的时代，未来，物联网、大数据引领的新一代信息技术产业将迅速发展，并给社会、经济带来重大影响。根据 IHS technology 的统计推算，2014 年，IoT 设备总数约为 170.7 亿个，2017 年增至 274.9 亿个，年平均增长率在 20% 以上，与此同时，产业用途的 IoT 设备数量的增长率最高，为 30.8%；其次为汽车与医疗领域，分别为 24.0% 与 21.9%，尽管现阶段对 IoT 设备的使用主要分布在通信、产业用途、电脑与智能电话领域，但是未来其将逐渐广泛适用于汽车、医疗领域。

日本是较早重视物联网应用的主要国家之一，早在 20 世纪 90 年代中期，日本便相继制定了多项信息技术发展战略，开展大规模信息基础设施建设，为提升通信技术水平以及后来有序推进物联网应用奠定了重要基础。2000 年，日本首先提出了《高度信息通信网络社会形成基本法》（简称《IT 基本法》），并创建了 IT 综合战略本部，2001 年 1 月，日本制定实施以宽带化为核心的基础设施建设战略即“e-Japan 战略”，2003 年，日本又进一步出台“e-Japan Ⅱ战略”，推进 IT 技术在医疗、生活、食品、中小企业金融以及教育等领域的率先应用，2004 年在两期“e-Japan 战略”目标均提前完成的背景下，日本率先提出“泛在网络”战略——“u-Japan 战略”，即将日本建设成为一个可以实现随时、随地、任何人、人和物均可链接的泛在网络社会，其中，物联网被包括在“泛在网络”战略之中。在第四次产业革命拉开序幕之前，2008 年，日本总务省进一步提出“u-Japan ×ICT”政策，即不同领域乘以 ICT，主要涉及三个方面，即“产业×ICT”、“地区×ICT”以及“生活（人）×ICT”，其含义为通过 ICT 的普及与有效应用推动产业变革与产业成长，促进地方经济发展以及推动生活方式变革与生活品质提升。2009 年 7 月，日本 IT 综合战略本部发布了“i-Japan 战略”，描绘了日本建设数字化社会的蓝图以及实施举措，主要聚焦三大公共事业领域，包括电子化政府治理、医疗健康信息服务以及教育与人才培训。“i-Japan 战略”中提出重点发展的物联网领域包括增强交通安全的下一代 ITS 应用，实现老年与儿童监视，远程办公、医疗以及教学等的智能城镇项目，环境监测传感器组网，环境检测与管理等。在第四次产业革命拉开序幕之后，2012 年底，安倍晋三第二次当选日本首相之后便积极主导推进信息通信技术领域的战略部署。2013 年 6 月，日本内阁会议审议通过新的 IT 战略《创造世界最尖端 IT 国家宣言》，以打破日本发展闭塞格局、促进经济再生，把日本建设成为世界最高水平的 IT 广泛、有效应用的社会为基本理念，全面阐述了 2013～2020 年以开放公共数据和加强大数据有效利用为核心的战略方向。另外，物联网技术的发展与普及中最重要的一环就是各类数据的搜集、整合、分析与应用，因此，营造开放、安全的数据环境尤为重要，2016 年 12 月，日本通过了《官民数据活用推进基本法》以加速公共数据开放，促进数据流通，进而有助于促进物联网技术的应用与革新。

在国家战略的指引下，日本总务省于 2013 年制定完成了“IoT 综合战略”，政策举措全方位覆盖从基础设施到数据流通等各个领域，在“IoT 综合战略”中将具体施行措施分为四个层面：网络层面、平台层面、服务层面、终端层面。网络层面的重点内容包括 SDN/NFV① 技术的发展与实施，5G 的

① SDN（Software Defined Network）为软件定义网络，是 Emulex 网络的一种创新架构，是网络虚拟化的一种实现方式；NFV（Network Function Virtualization）为网络功能虚拟化，即通过使用通用化硬件与虚拟化技术来进行很多功能的处理，以取代通信网中的私有专用的网元设备。

实现以及 ICT 人才培育；平台层面的重点内容包括认证协作基础的构建，个人信息的有效利用与确保个人信息控制权，系统风险的应对；服务层面的重点内容包括明确促进数据有效利用的必要规则，完善数据交易市场的相关制度体系，完善各领域数据流通的制度体系等；终端层面的重点内容包括构建安全、自律性移动系统，对多样化的 IoT 终端效率的管理与运用，推进下一代 AI 技术的研究开发以及进行社会推广。在 IoT 领域的科技创新的重要着力点在于 5G 相关技术研发与实验（如 ITU、3GPP 的标准化）、系统风险处理的技术对策、IoT 共通基础技术的相关研发以及国际标准化的技术对策，支持数据流通环境的技术研发，支持移动系统构建的通信网络技术研发，进行下一代 AI 技术研发等。另外，为了推进日本构造变迁课题，展望 2030 ~ 2040 年日本未来新气象、推进相关领域新的通信政策研究，2017 年 11 月，日本成立“IoT 新时代的未来建设研究委员会”，委员会以 2030 年日本可能实现的社会形态为目标，具体研究为达成目标所需的阶段任务，其中，提升 ICT 产业竞争力，促进地区经济的持续发展，在未来人才培育领域的 ICT 有效应用以及针对老年人、残疾人的 ICT 技术运用等均是重要内容，进而提出了“抓住未来的 TECH 战略”。不可否认，安倍政府大力推动物联网建设，并将数字化作为新的经济增长点。2020 年 9 月 23 日，刚当选首相的菅义伟便在“数字改革相关阁僚会议”上，就建立数字厅一事表示，“希望加快探讨，年底前敲定基本方针，并在明年通常国会期间提交必要的法案”，建立数字厅成为菅义伟政府最重要的公共政策，可见，在日本数字化进展缓慢的客观现实下，在人口老龄化实际阻碍数字化发展的条件下，加速数字化建设将成为日本重要的战略目标。

（二）人工智能与机器人领域

在少子老龄化问题加速恶化的社会背景下，为节约人力、提升劳动生产率，日本在第四次产业革命背景下对人工智能与机器人技术赋予较大的希望与期待。

首先，诸多政策文件持续强调发展人工智能与机器人技术对日本的战略重要性。2013 年安倍政府首次提出的《日本经济再生战略—JAPAN IS

BACK》（简称《日本再生战略》）就提出复兴“技术立国”“知识产权立国”方针，2014 年 6 月在修订的《日本再生战略》中，提出机器人的发展将驱动新产业革命，日本应争当世界领先者，努力实现“机器人革命”并借日本举办奥运会之际向世界展现先进机器人技术。[①] 在此基础上，2014 年 9 月，为加速“机器人革命”进程，日本成立“机器人革命实现委员会”，通过召开“机器人革命实现会议”讨论相关技术领域的研发、监管以及机器人技术全球标准化等问题。2015 年初，日本颁布了《机器人新战略》，提出三大核心目标，即打造世界机器人创新基地、成为世界第一的机器人应用国家以及迈向世界领先的机器人新时代。2016 年 1 月 22 日，在日本的第五期《科学技术基本计划》中,日本首次提出“超智能社会”（社会 5.0），并指出人工智能是实现“超智能社会”的核心一环。

其次，日本总务省、文部科学省、经济产业省等职能部门分工协作推进人工智能领域的研究与成果应用、转化。2016 年 4 月，以日本总务省、文部科学省、经济产业省为核心创建了“人工智能技术战略会议”，承担人工智能领域相关研究的“司令塔”职能。5 月，日本文部科学省启动“人工智能/大数据/物联网/网络安全综合项目”（AIP 项目），其战略目标为以高度化、复杂化的人工智能技术为核心基础，创造出更多适用于多种多样、庞大规模信息有效应用的综合化技术，具体为研究开发对海量多样化信息进行组合分析的技术，根据实际需要优化系统技术以及研究开发适用于复杂系统的安全技术。[②] 7 月，日本总务省发布《下一代人工智能促进战略》，对相关政策推进涉及的主要部门分工进行系统划分，完善日本总务省、文部科学省、经济产业省协作机制，总务省主要负责通信技术革新的研发工作，如大脑通信、多种语言翻译及语音识别、社会知识解析以及网络技术革新等，文部科

① 日本首相官邸『「日本再興戦略」改訂 2014—未来への挑戦—』、https://www.kantei.go.jp/jp/singi/keizaisaisei/pdf/honbunJP.pdf。

② 日本文部科学省『「AIPプロジェクト （人工知能/ビッグデータ/IoT/サイバーセキュリティ統合プロジェクト）」に係る平成 28 年度戦略目標の決定について』、http://www.mext.go.jp/b_menu/houdou/28/05/1371147.htm。

学省主要负责基础研发与人才培养，经济产业省则主要负责应用研究，即研究技术实用化、适用化，完善通用基础技术的标准评价制度，进行大规模、有目的性的技术革新的研发工作等。

最后，日本将2017年确定为人工智能元年，并在2017年3月“人工智能技术战略会议”制定推出《人工智能技术战略》，针对人工智能产业化发展提出技术革新目标、路线图。该战略提出分三个阶段推进人工智能产业化发展。第一阶段（2020年前后），在各领域推进数据驱动型人工智能技术有效应用，在生产性领域，实现农业无人化、工业的机器化，积极创建人工智能、物联网活用的智能工厂等；在健康、医疗与护理领域，实现远程在家诊疗，建设有效利用人工智能、传感器的看护设施等；在空间移动运输领域，扩大GPS相关产业，发展队列行车的自主运输、配送技术，实现自动驾驶等级由1级、2级向3级过渡等。第二阶段（2020～2025年或2025～2030年），超越个别领域，推进人工智能、数据的一般化利用，促使相关服务产业等新产业萌生。在生产性领域，创造跨领域多样化的服务、制品，实现超级专业化，实现有效利用AI技术管理家电等；在健康、医疗与护理领域，实现AI辅助各种疾病的早期发现与治疗，实现人工心脏的生理功能替代等；在空间移动运输领域，自动驾驶等级提高至4级，提供自主型运输、配送服务等。第三阶段（2030年之后），各领域复合型交融，构建新生态。在生产性领域，超越现有概念，不断生产和提供创造性制品、服务，自律型机器人可以在室内外进行高质量生产工作等；在健康、医疗与护理领域，实现针对个人的药物开发等，实现医疗利用高度简便化，看护机器人成为家庭一员等；在空间移动运输领域，实现移动高附加值化，人为事故死亡率降至0，实现人、物品移动时间、能源消耗成本最小化等。[①] 总而言之，自第四次产业革命拉开序幕，日本便努力争取利用产业革命契机实现科技的新一轮革新，进而推进经济发展，解决社会难题，为此，在物联网、人工智能与机器

---

① 日本国立研究開発法人新エネルギー・産業技術総合開発機構（NEDO）「人工知能技術戦略（人工知能技術戦略会議とりまとめ）」、http://www.nedo.go.jp/content/100862413.pdf。

人领域，日本积极进行战略部署，期望以点及面，竞逐第四次产业革命成果，进而促进经济发展与国际竞争力提升。

（三）前沿材料与纳米科技领域

日本高度重视材料领域的科技发展，其是新材料生产的主要国家，也将研发前沿材料作为促进国家高新技术发展的重要目标，从上文在与其他国家技术领域的比较中，也可以发现日本材料领域的科技优势比较明显。在第四次产业革命背景下，前沿材料与纳米科技不仅是重要的科技发展领域之一，而且对日本的科技创新推进具有重要的战略作用。这是因为，一方面，材料是诸多高科技产业技术发展的重要基础；另一方面，相对于在其他高科技领域下日本核心竞争力的相对下行，日本始终在材料领域保持绝对优势，第四次产业革命背景下，日本材料领域的科技发展关乎整体的科技竞争地位。

在第四次产业革命拉开序幕之际，日本便在发布的《日本产业结构展望2010》报告中提出以新成长战略为指导，将包括高温超导、纳米、功能化学、碳纤维、IT 等新材料技术在内的十大尖端技术确定为未来产业发展的主要战略领域，并提出相应的行动指南。在第四期《科学技术基本计划》中，日本着重强调材料等高新技术在国家发展战略中的重要地位，并确定了材料产业的重要发展方向。2012 年，日本启动了“元素战略研究基地”，2015 年启动“创新实验室构筑支援项目之信息统合型物质材料开发”计划，融合了物质材料科学和数据科学的新型材料开发方法，有力推动多领域、多方位的科技融合。在第五期《科学技术基本计划》中，日本再次强调了前沿材料与纳米科技在未来科技创新发展中的重要地位。2018 年 7 月，作为日本最高科技创新决策机关的“综合科学技术创新会议”发布了第二期《战略性创新推进计划》（SIP），提出主要资助网络空间、材料开发、量子技术等 12 个领域，其中包括推进统合型材料开发系统的“材料革命”，主要研发重点有：第一，逆问题 MI（材料集成）基础技术，包括逆问题分析技术、各种材料工艺的设计技术、在原子水平上设计结构的技术、结构材料专用数据库的构建技术、集成系统技术；第二，材料集成逆问题的应用，包括最先进的结构材料，如多功能阻燃高分子复合材料、下一代超高强度钢和超硬铝，以及最先进的工艺，如建立耐热合金（镍基、钛铝合金等）3D层压技术、超耐热复合材料的成型与评估技术等。除此之外，日本还提出具体的战略目标。第一，将材料开发成本与时间耗费降到50%以下，促进进行材料新性能引发的逆问题MI开发及有效实证，并建立其在民间企业和研究机构等中可以被广泛有效利用的体制机制。第二，促进逆问题MI的活用，强化设计自由度高的复合型材料，进行最尖端耐热合金的研发，并促使其在发电领域、环境能源产业、健康医疗产业等作为实际部件而有效利用。①

三　日本科技创新的主要目标、特点与模式

（一）科技创新的主要目标

日本在推进科学技术发展进程中十分重视计划的制订、目标的管理、评估以及目标任务的动态调整，在第四次产业革命背景下，日本积极推动技术创新进程，并制定了科技创新的主要目标。

从整体来看，第四次产业革命背景下，日本的科技创新进程服务于实现"社会5.0"，促进经济增长质量提升的总目标。"社会5.0"的首次提出是在2016年1月内阁会议审议通过的第五期《科学技术基本计划》中。"社会5.0"实际上是构建一种通过网络空间（虚拟空间）与实体空间（现实空间）高度融合的，同时解决经济发展与社会问题的以人为本的社会形态，是继狩猎社会（Society 1.0）、农耕社会（Society 2.0）、工业社会（Society 3.0）、情报社会（Society 4.0）之后的一种新型社会形态。在"社会5.0"阶段，通过物联网可以实现任何人之间的相互联系、共享各种知识与信息，创造出前所未有的新价值，通过人工智能、机器人以及自动驾驶等尖端技术可以实现随时随地的信息提供，解决少子老龄化、地方过疏化、贫富差距过大的社会难题，进而整体实现"社会5.0"目标，进行社会变革，打破社会发展的闭塞格局，营造一种超越世代的互相尊重的、每个人均可舒适生活的

① 日本内閣府「統合型材料開発システムによるマテリアル革命」、https://www8.cao.go.jp/cstp/gaiyo/sip/press2/material.pdf。

社会环境。

可以说，在第四次产业革命背景下，日本提出打造“社会 5.0”具有重要的标志性意义，这是因为日本采取了与中国、德国聚焦先进制造业，美国重视信息产业、重振制造业的战略布局完全不同的战略定位，其转换思维，采取问题导向的做法，将一系列社会问题作为突破口，将第四次产业革命作为契机，试图通过科技革命实现“社会 5.0”的目标，同时推动经济高质量发展与解决社会问题，领先其他国家确立社会发展新模式，掌握相关国际标准的制定权，进而向他国推广。① 这也是由日本面临的复杂国内外环境决定的，就国内环境来看，目前，日本经济发展面临诸多难题，如能源需求增加、食品需求增加、寿命延长与老龄化、国际竞争加剧以及贫富差距过大等，相对应地带来减少温室气体排放、增加粮食产量或减少损耗、降低社会成本、促进可持续发展，以及缩小贫富差距等必然要求。随着劳动力减少、人口少子老龄化加剧，日本工业发展面临巨大约束，短板愈加凸显。就国际环境来看，世界各主要经济大国愈加重视科学技术发展，在第四次产业革命背景下纷纷提出战略举措，积极抢占科技制高点。但是，近年来，日本科技创新实力相对下降，新兴经济体不断崛起使日本面临前所未有的严峻挑战。日本要想争做第四次产业革命背景下的全球领先者，必须化被动为主动。“社会 5.0”的提出不仅具有前瞻性、开放性以及包容性等特点，而且同时面临促进经济高质量增长与解决社会问题的双重任务。实现“社会 5.0”既是一种社会变革方式，也是日本经济十分寄予期望的新型增长模式。从经济学视角来看，实现“社会 5.0”的经济效果即实现经济增长由数量型向质量型的全面、彻底过渡，实现经济的结构、有效性、持续性与可分享性的全面提升，具体而言主要包括产业结构优化、生产成本降低、生产效率提高、资源有效利用、民众报酬福利增加、民众生活改善等内容。

日本实现“社会 5.0”，提升经济增长质量的主要科技手段便是以第四次产业革命为契机，推动物联网、人工智能和机器人等尖端技术的发展以及

① 丁曼：《“社会 5.0”：日本超智慧社会的实现路径》，《现代日本经济》2018 年第 3 期。

与社会、产业的深度融合，进而构建一种新型发展模式。近年来，从复兴“技术立国”“知识产权立国”到实现“世界上最适宜创新的国家”，从《日本再生战略》《科学技术基本计划》的宏观指引到“IoT综合战略”、“机器人革命”及“人工智能技术战略”的分领域任务部署，日本多次提到科技革新是解决经济发展、社会课题的重要手段，通过把握第四次产业革命重要窗口期，促进技术革新升级，为实现“社会5.0”目标提供重要保障。可见，现阶段，日本的科技创新最终目标并不限于某个产业领域的更新换代，也不只是促进产出增加、生产效率提高，而且是实现“社会5.0”，经济目标是全面提升经济增长质量。

（二）科技创新的特点与模式

1. 日本科技创新的特点

现阶段，日本的科技创新最主要的特点表现为，科技创新速度相对减缓，但是似乎处于由数量型向质量型良性转变的过程。

日本的科技创新速度相对减缓，主要体现在：从科技创新相关指标来看，近年来，日本在世界的排名有所下滑。在科技创新投入方面，从研发费用支出总额来看，根据日本国家科学技术政策研究所发布的《科学技术指标2020》统计，自1981年以来，日本的研发费用支出总额常年保持在世界第二位，仅次于美国，但是在第四次产业革命拉开序幕的前夕，即2008年前后，日本的研发费用支出总额已经被中国反超，排在世界第三位。2018年，日本研发费用总额为19.5万亿日元（OECD推计：17.9万亿日元），相对于2017年增加了2.5%左右（OECD推计：增加了2.3%）。考虑经济规模，日本研发费用总额占GDP的比重震荡下降，2011年为3.52%（OECD推计：3.23%），2014年提升至3.66%（OECD推计：3.37%），2016年下降为3.42%（OECD推计：3.14%），但是，2017年再次提升至3.48%（OECD推计：3.20%），近两年保持上升趋势，即整体研发支出有震荡增长的势头。尽管近年来，日本政府对科学技术预算总额有所增加，2018年达到3.8万亿日元，是2000年以来的最高值，如果考虑其他国家的经济规模，即以科学技术预算总额占GDP的比重来看，从20世纪90年代以来，该比重基本上呈现上行趋势，但是2000年之后增长速度逐渐减缓，特别是2011年以来趋于下降，2011年为0.74%，2013年降至0.71%，2016年降至0.66%，2017年略升至0.70%，2016年之后再次呈现增长趋势。从研究者数量来看，2019年，日本研究者有67.8万人（Head Count，HC：93.6万人），尽管相较于2016年的66.2万人（Head Count，HC：90.7万人）有所增加，但是不及2015年的68.3万人（Head Count，HC：91.8万人，92.7万人），另外，由于人口少子老龄化的进一步加剧，日本的研究者数量的下行趋势在未来会更加明显。在科技创新产出方面，从专利发明总量来看，与美国、中国、韩国等国家专利申请总量持续增加不同，近年来，日本的专利申请总量趋于减少，世界知识产权组织（World Intellectual Property Organization，WIPO）统计数据显示，2010年，日本的专利申请总量为344598件，2011年下降为342610件，自此之后逐年减少，2016年降至318381件。其中，绝大部分来源于居住者申请，即居住在日本的民众向日本专利厅提交申请。自2011年以来，居住者申请数量趋于减少，非居住者申请数量震荡增加。

尽管从科技创新投入与产出指标来看，近年来，日本的科技创新速度有所减缓，但是也处于由数量型向质量型良性转变的阶段。这是因为，第一，尽管人口少子老龄化程度加深，研究者数量在未来可能趋于下降，但是日本积极鼓励女性就业，值得肯定的是，自1981年以来，女性研究者数量始终处于增加状态，近年来，女性研究者数量增速明显，2019年达到15.5万人，相较于2018年增长了2.9%，占研究者总数的16.6%，其中，具有博士学位的为3.2万人，相较于2018年增加了4.0%，可见，女性研究者中的高学历人才数量增加的幅度更为明显。但是女性研究者主要分布在大学，占比高达27.5%，在企业就职的仅占10.0%。第二，由于劳动力人口的减少，日本愈加重视对科学技术人才的培养，大学升学率（18岁人口占大学入学者数量比例）基本上稳步提升，2017年为52.2%，2019年为53.1%，2010年之后，大学升学率的增速有所减缓。除此之外，硕士研究生数量在2010年达到阶段最高值后小幅下降，2014年之后又稳步提升，2017年、2019年，硕士研究生入学数量均约为7.3万人。但是，2003年之后，博士研究生入学数量逐年递减，2018 年、2019 年有所增加，2019 年约 1.5 万人，其中，社会人士的入学数量迅速增加，2017 年达到 0.6 万人，占比在 40% 以上，2019 年占比达到 42.4%。另外，女性大学生、硕士研究生以及博士研究生入学数量均呈现稳定的上行趋势，未来，女性研究者可能会在科技创新相关领域研究中发挥越来越大的作用。第三，尽管专利申请数量有所减少，专利授权数量也相应有所减少，但是自 2010 年以来，日本专利授权数量占专利申请数量的比重稳定在 55% 以上，2013 年一度高达 84%，尽管之后有所减少，2017 年也高达 64%，远超同期美国的 50%，而中国仅为 30%，英国与德国在 25% 左右。① 由此可知，日本的专利申请具有一定的水平，得到授权的概率相当大，另外，从 PCT 国际专利申请数量来看，自 2010 年以来，日本的 PCT 国际专利申请数量呈现震荡上行趋势，2011 年为 38864 件，2013 年增至 43772 件，2017 年为 48908 件，在 2017 年之前，日本仅次于美国，常年排名世界第二，2017 年被中国反超，但是 2018 年前 5 个月其申请量已经达到 33244 件，再次领先于中国的 31583 件。不过，2019 年，中国通过 WIPO 提交的 PCT 国际专利申请数量首次超过美国，成为全球第一，日本 PCT 国际专利申请数量为 5.27 万件，仅次于中国与美国，排名第三。整体来看，尽管从相关指标来看，日本的科技创新进程减速，但是其科技创新的潜力依旧较大，创新质量也在逐渐提升，日本的科技创新实力仍然不容小觑。

2. 日本科技创新的模式

从科技创新模式来看，现阶段，日本的科技创新以自主创新为主，并建立了健全新型的产学官协同创新机制，重视国际科技研发合作，推动开放式创新进程。

自第三次产业革命后半期开始，日本的科技创新模式便转变为以自主创新为主。目前，日本是科技创新实力最强的国家之一，在诸多领域，科技水平领先于其他国家，随着世界科技领域的竞争加剧，日本的技术引进空间减小，自主创新早已成为日本科技创新的主要模式。但是对于企业个体来说，

① 根据 WIPO 的统计数据计算而得，参见 https://www3.wipo.int/ipstats/index.htm? tab = patent。

单纯依靠自身力量完成研发创新不仅需要投入大量的人力、物力，而且需要承担较大的风险。现阶段，在政府导向指引科技创新重要领域背景下，为加速创新进程、集结更加多样的知识与提升研发能力，促进科技创新成果的有效利用，日本积极建立健全新型产学官协同创新机制，鼓励加强国际研发合作，从战略、组织上搭建研发平台，强化产学官合作网络，助推国际共同研究进程。

首先，“产学官”协同通过共同研究、委托研究等模式进一步深化科技创新，共同研究是指企业与高校共同合作进行课题攻关，通常基于企业实际需求，结合高校知识资源、企业科研经费与设备资源共同助推科技创新进程，创新成果由双方共享；委托研究是指政府或企业委托高校科研人员进行相关研究工作，委托人需要提供经费支持，同时科研创新成果由委托人所有。

其次，鼓励国际研发合作，随着人口少子老龄化的加剧，劳动力数量趋于减少，未来，科研人员数量可能减少，与国际合作研究、倡导开放式创新是日本在未来加速科技创新的重要路径。现阶段，日本强调为国际科研合作提供优质平台，积极雇用外国研究者，鼓励国际交流合作，并改革相关的制度体系，同时，日本还积极完善科技外交战略。近年来，随着日本对产学官协同创新、国际科研合作项目越来越重视，企业、国有研究机构与高校共同研究数量，高校持有的专利数量，国际共著性质的论文发表数量等迅速增加，产学官协同创新、国际科研合作项目规模稳步扩大。

第四章　第四次产业革命背景下日本科技创新的主要影响因素

本章主要阐述第四次产业革命背景下日本科技创新的主要影响因素，主要从政策制度环境、市场经济环境以及企业内部环境三个视角进行论述。基于可获得的宏观与微观数据与材料，在政策制度环境方面，鉴于在上一章已经介绍了现阶段日本主要的科技政策，为避免重复，这里主要从宏观经济政策、制度层面分析其对企业科技创新的影响；在市场经济环境方面，主要论述宏观经济增长、市场需求、市场竞争以及市场资源约束等对企业科技创新的影响；在企业内部环境方面，基于可得到的微观数据，主要分析企业属性、企业经营以及企业治理对科技创新活动的影响，在企业属性中，重点阐述企业规模、企业年龄、企业所属行业对企业科技创新的影响；在企业经营中，主要阐述企业盈利能力、资本结构、资本密集度与成长性对科技创新的影响；在企业治理中，主要阐述企业独立性、高管年龄与管理层规模等对科技创新的影响。这里需要说明的是，由于涉及对企业内部原因的分析，需要利用企业层面的微观数据，专利申请通常具有时滞性，而且数据可得性、完整性相对较差，搜集难度较大，而研发支出数据可以更好地表示企业主观的科技创新态度，诸多学者将其作为企业科技创新的替代变量，因此，在涉及企业层面分析时，沿用研究惯例，也以研发支出为科技创新的替代变量。当然，在基于产业或行业的企业群整体进行论述时，适当选取专利发明数量作为科技创新的替代变量进行补充说明。

第一节　日本科技创新的主要影响因素

一　政策制度环境

政策制度环境对一国科技创新的影响主要体现在把控科技创新方向、制定发展目标、规划阶段性发展线路等。另外，投资政策、政府补助与减税等政策均有助于直接促进企业研发投资，进而推动科技创新活动。

尽管日本并不是最先响应第四次产业革命的国家，但是最密集推出相关政策举措的国家之一。除了上一章提到的有关科技创新政策，诸多其他经济政策或战略也对日本的科技创新产生深远影响，如2013年安倍政府提出的《日本再生战略》就提出复兴日本的“技术立国”“知识产权立国”，即提出将日本打造成以科技取胜的国家。另外，在2016年6月内阁会议审议通过的《日本再兴战略2016》、《经济财政运营与改革的基本方针》以及“一亿总活跃计划”中，竞逐第四次产业革命均被视为经济增长的核心中轴。2017年6月，日本出台《未来投资战略2017》这一新的经济增长战略，明确提出由于在供给层面长期存在生产力低下的问题，在需求层面缺乏新的需求创造，但是随着第四次产业革命的到来，打破这一困局、实现经济中长期增长的力量已经出现，即将物联网、大数据、人工智能、机器人等科技创新成果最大化地应用于各产业及社会生活中，以解决目前所面临的诸多社会难题，构建“社会5.0”。2017年末，日本政府推出《新经济政策套案》，主要由“生产力革命”与“人才培养革命”两大支柱组成，其中“生产力革命”主要是加速日本科技创新进程，在稳步推进《未来投资战略2017》的同时，利用2017～2020年进行“生产力革命”集中投资，结合大胆的税制、预算、规制缓和改革政策，推进产业生产效率大幅提高，为此，日本制定出台了《生产力提高特别措施法》，减免中小企业有关设备投资的固定资产税，减轻积极参与设备、IT投资的企业的法人税负担，通过“制造、商业、服务补助金”预算以及“自动驾驶相关制度整备大纲”，推进制度改革等。[①] 2018 年 6 月 15 日，《未来投资战略 2018》经内阁会议审议通过，与以往《未来投资战略》相比，此次战略明确提出了构建数据驱动型社会的战略目标，强调了对数据的有效利用对科技创新发展的重要影响，并制定了具体细致的施行措施，但整体上还是延续了《未来投资战略 2017》的诸多政策内容。《科学技术创新综合战略 2020》在突出数据、信息技术的重要性之外，也提出要加强对技术信息外流的审查与管理。

另外，日本的经济制度环境相对自由，整体的经济体制相对完善，但是制度体系完善空间逐渐缩小对科技创新的发展也可能产生复杂影响。这是因为，一方面，自由的经济环境有利于刺激企业进行科技研发；另一方面，经济制度的优化对企业科技创新的影响效果也往往呈现边际效率递减趋势。与此同时，频繁出台经济政策干预经济运行势必带来经济政策的不确定性，这种不确定性主要是指政策预期的不确定性、政策执行层面的不确定性以及政府改变政策立场带来的不确定性，实际上，自第四次产业革命以来，安倍政府愈加重视政策对经济的刺激作用，出台了诸多促进科学技术创新、激发经济增长活力的政策，从“三支箭”到“新三支箭”，从“机器人革命”“一亿总活跃计划”到“生产力革命”“人才培养革命”，从《日本再生战略》到《未来投资战略》等，相对应的政策的不确定性问题也难以忽视。从企业管理者角度来看，这影响其对未来经济政策、政府干预程度、经济发展形势及方向的预期，从企业股东及债权人角度来看，这影响其对企业未来发展的整体评估，进而影响企业的投资决策以及研发投资力度。但需要注意的是，政策制度环境对企业科技创新的影响非常难以量化，而且可能存在时滞效应，下文将主要通过实证手段分析其影响方向。

二　市场经济环境

由于市场经济环境涵盖范畴较广，除了在上文中阐述的经济政策制度影

---

① 日本内閣府『未来投資戦略 2018 —「Society 5.0」「データ駆動型社会」への変革— 』、https://www.kantei.go.jp/jp/singi/keizaisaisei/pdf/miraitousi2018_zentai.pdf。

响之外，以往研究文献通常集中于讨论经济增长、市场需求、市场竞争、市场约束与企业科技创新的关系，因此，可以沿用以往研究思路，从以下几个角度进行相关分析。

（一）宏观经济增长

诸多文献讨论了科技创新对经济增长的影响，通常认为，科技创新是因，经济增长是果，但是，单方向考虑经济增长与科技创新的关系并不全面，容易忽视经济增长对科技创新的反向作用力。实际上，经济增长是科技创新的重要基础，对其具有重要影响。这主要体现在，整体来看，一国经济增长有助于推动科技创新进程，是科技创新持续的重要动力，为其提供物质基础与经济基础。具体而言，通过科技创新可以实现生产技术的突破、提升技术水平进而提高劳动生产率、资本生产水平以及生产要素边际生产率，促进产业结构的优化以及新产业的出现，整体产出增加，企业利润与国民收入增加，市场需求进一步增加，技术市场价值实现并促使新一轮的科技创新，当然，企业从革新生产技术中获取丰厚的利润，乐于进行研发投资，由此形成经济增长与科技创新相互促进的良性循环。但是，需要注意的是，这种良性循环是建立在各个环节畅通基础之上的，某一个环节传导不顺畅就可能导致循环的阻滞。

从日本经济增长对科技创新的影响来看，2012 年底安倍第二次上台之后便积极施行扩张性的财政金融措施，日本经济基本上持续好转，拉动经济增长的“三架马车”消费、出口、投资稳步增加，产出缺口转为正向，日本这一轮经济景气持续时间也已然超过“小泉景气”。按照支出法计算的国内生产总值，无论是名义值还是实际值，自 2011 年以来均稳步增加，其中名义 GDP 由 2011 年的 491.4 万亿日元增至 2017 年的 546.5 万亿日元，增幅在 11% 以上，除 2011 年之外，各年的同比增长率均为正值，即 2011 年为 -1.8%，2012 ~2017 年分别为 0.7%、1.7%、2.1%、3.5%、1.2%、1.5%；实际 GDP（以 2011 年价格为基期）由 2011 年的 491.4 万亿日元增至 2017 年的 531.5 万亿日元，增幅为 8.2%，2011 年，同比增长率为 -0.1%，2012 ~2017 年增幅分别为 1.5%、2.0%、0.4%、1.4%、1.0%、1.7%。[①] 与此同时，随着经济景气的持续，日本的科学技术预算总额基本上持续增加，2018 年达到 3.8 万亿日元（历史最高值），如果考虑经济规模，观察科学技术预算总额占 GDP 的比重，则可以发现 2011 ~2012 年呈现增加趋势，但是 2012 年之后则相对递减，2018 年仅为 0.66%，2019 年再次提升为 0.70%。另外，近年来日本的专利申请数量持续减少，科技竞争力相对减弱，但是由于经济增长对科技创新成果的影响通常具有滞后性，单纯从统计数据来看，似乎难以判定近年来日本经济景气好转是否相应拉动科技创新投入与产出增加。不过，可以肯定的是，随着经济景气的持续，日本推进科技创新进程更加具备了坚实的资金基础。新冠肺炎疫情的蔓延导致日本经济重陷低迷，终结了“安倍经济学”带来的景气，如何通过科技创新发掘新经济增长点，应对后疫情时代的经济难题，成为日本当前迫切需要解决的问题。

（二）市场需求

从市场需求来看，尽管市场需求也许不会在短期内对一国科技创新进程有明显影响，但“需求拉动理论”认为市场需求是企业科技创新的出发点与根本动力，这主要表现在：第一，市场需求具有多样性，由于消费者偏好的不同，他们对产品的功能、品质、样式等要求也存在较大差异，这就需要企业通过革新生产技术以丰富可以提供的产品，如果市场需求单一，企业就会为获得超额利润提升技术水平以降低生产成本，提高生产效率；第二，市场需求具有层次性，生产产品的复杂程度决定了企业对科技创新的倾向，涉及高技术生产领域的企业理论上会更加积极地进行研发以保持企业竞争力；第三，市场需求具有伸缩性与可引导性，通常认为伸缩性强的市场需求（即产品需求量波动明显）迫使企业加强科技创新以保持市场份额，而且市场需求受国家经济战略、经济发展方向的影响，具有可引导性，如提倡使用节能电

① 数据来源于日本内閣府経済社会総合研究所「四半期別 GDP 速報 時系列表 2018（平成 30）年 7 ~9 月期（1 次速報値）」、http://www.esri.cao.go.jp/jp/sna/data/data_list/sokuhou/files/2018/qe183/pdf/jikei_1.pdf。

器、新能源汽车等。总而言之，市场需求越大，企业进行科技革新的要求就越迫切。但是，也有学者认为市场需求的增加不一定促进企业对科技创新投入的增加。这是因为，一方面，市场需求的增加是对现阶段产品性能、质量满足的体现，科技创新具有较大的不确定性，企业可能更倾向于通过其他简单、风险较低的方式抢占市场份额，如增加宣传包装开支等；另一方面，如果企业占有较大的市场份额，具有一定的垄断性，则企业可能会丧失进行科技创新的动力，即产生“创新惰性”，或者具有垄断地位的企业间相互“串谋”，通过控制价格获取高额利润，这也不利于社会的科技创新发展。

下文从消费与生产两个角度阐述日本市场需求对科技创新的影响，首先，消费视角。根据日本内阁府发布的《平成 30 年度年次经济财政报告》，自 2012 年底以来，日本的内需、外需持续好转，对实际 GDP 的贡献度基本上震荡增加。2014 年第一季度，个人消费剧增，但这是由消费税改革带来的短暂景气。[①] 2014 年第二季度，个人消费便大幅下跌，不过之后随着经济环境好转，个人消费出现震荡上行趋势，与科技创新紧密相关的设备投资基本上也逐年增加。而且，随着世界经济形势的逐步好转，中日关系的改善，自 2016 年起，日本的对外出口逐年增加，外需不断增加；随着雇佣环境的优化、经济增长以及民众收入的增加，反映消费者心理的消费者态度指数也逐渐提高（见图 4－1），这反映了日本消费者对经济前景愈加乐观，而且在一定程度上预示了市场需求的走势，在人口老龄化程度不断加剧的背景下，日本国内社会对商品与服务的便捷性、省力性、适用性等要求提高，这就带来了新的市场需求，引导科技创新的目标向满足这些特殊需求倾斜，现阶段，日本大力推进物联网、大数据、人工智能与机器人领域的技术研发，也是出于对新的市场需求的考虑。其次，生产视角。实际上，从生产视角看，销售收入可以作为市场需求的具体体现，而且对主营业务的利润追求驱使企业不断提高技术水平以扩大利益空间。日本经济产业省的《法人企业基本活动调

① 2013 年 10 月，安倍政府正式宣布从 2014 年 4 月起将消费税税率由 5% 增至 8%，因此，在消费税税率增加之前的一段时间，个人消费额骤增。

查》数据显示，2017年，按照各行业分类，在销售收入较多的行业，企业的研发、投资力度也较大，这种关系在制造业行业中表现明显，销售收入与企业研发经费、专利持有量具有明显正向关系，即销售收入较多的行业，研发经费投入力度相对较大，得到的科技创新成果相对较多。销售收入排在首位的是输送用机械器具制造业企业群，销售收入为633730亿日元，研发经费高达41800亿日元，同样居首位；其次为化学工业，分别为251660亿日元与18740亿日元；电气机械器具制造业，电子元件、器件与电子电路制造业，业务用机械器具制造业，医药制造业等行业企业销售收入也较多，同时，研发经费支出也较多，在10000亿日元左右，与此同时，这些行业企业持有的科技创新成果也较多，单纯看行业中各企业内部研发的专利数量总和，排名靠前的行业分别是输送用机械器具制造业，业务用机械器具制造业，情报通信机械器具制造业，电子元件、器件与电子电路制造业，以及电气机械器具制造业。[①] 由此，可以在一定程度上说明，从整体上看，市场需求与企业群整体的研发经费支出、研发成果之间具有正向关系。

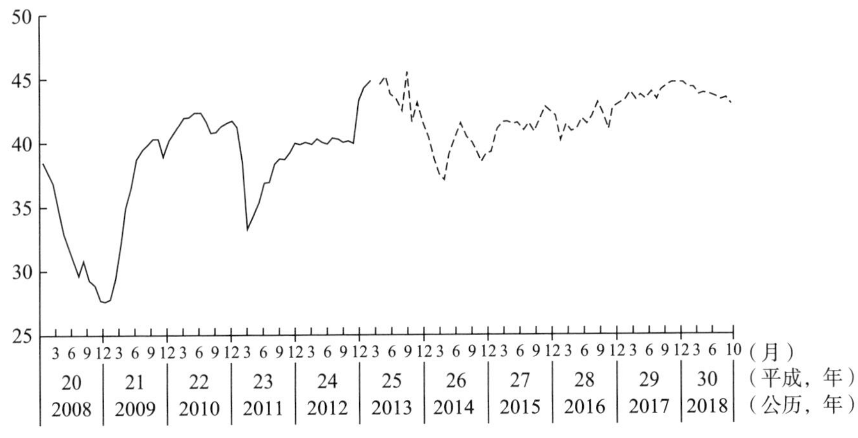

图4-1　日本消费者态度指数的变动

资料来源：日本内閣府「消費動向調查 平成30年10月実施調查結果」、http://www.esri.cao.go.jp/jp/stat/shouhi/honbun.pdf。

---

① 数据来源于政府統計の総合窓口「経済産業省企業活動基本調査」、https://www.e-stat.go.jp/stat-search/files? page = 1&layout = datalist&toukei = 00550100&bunya_l = 07&tstat = 000001010832&cycle = 7&tclass1 = 000001023579&tclass2 = 000001117016&result_page = 1&second2 = 1。

（三）市场竞争

学术界关于市场竞争对科技创新的影响的讨论，大体有以下三种观点。

第一种观点，市场竞争有助于提升企业的科技创新能力。这是因为，一方面，市场竞争愈演愈烈给企业带来外在的生存压力，行业内固有的其他企业的科技提升，或者行业新加入的企业都会瓜分市场份额，这就驱使企业为捍卫、争夺市场份额不得不进行科技创新、降低生产成本、提升生产效率或者通过产品创新满足市场需求的动态变化等，以此建立竞争优势。另一方面，随着市场竞争加剧，企业的科技创新活动更加密集，知识溢出效应更加明显，这就为企业进行技术引进、模仿创新、消化吸收再创新提供便利，或者企业通过知识学习进行原始创新，由此提升了企业的研发能力。

第二种观点，市场垄断更可能对企业科技创新产生正向影响。熊彼特在《资本主义、社会主义和民主主义》一书中率先提出了垄断促进技术创新的观点，这是因为垄断企业不仅规模、利润空间大，而且具有一定的市场支配力，创新投入会显著多于小规模企业。另外，由于垄断企业通常具有雄厚的资金、人才储备，能够有效分散技术创新不确定性带来的风险，同时，垄断企业规模大、产量高，其技术创新所得收益也具有“乘数效应”，拥有市场势力的垄断企业还获得创新租金，激励其进行研发投资。当然，垄断企业也无法排除外界的竞争威胁，这也是促使其革新生产技术的重要原因。

第三种观点，市场竞争对科技创新具有“U 形”影响，即在一定界限范围之内，随着市场竞争程度的提升，企业的科技创新活动频率递增，但是超过一定界限之后，过度的市场竞争会抑制企业进行科技创新。这是因为，过度的市场竞争导致产品的同质化情况显著，企业之间为争夺市场份额可能采取“价格战”，导致利润微薄而难以进行技术创新的资金投入等，或者市场竞争过度激烈迫使企业必须紧跟市场动向，革新技术往往需要较长时间且成果具有不确定性，进而企业可能采取其他捷径抢占市场份额。

下面分析日本市场竞争对科技创新的影响。市场竞争的分析与评价主要有以下几种指标：企业数量，同一行业领域企业数量越多，市场竞争程度越大；市场集中度，通常用行业集中率（CRn 指数）或者赫希曼指数（HHI 指数）表示，集中度越高，说明大企业的市场支配能力越强，市场竞争程度越低；另外，还有学者用企业存货周转倒数①、租金指标②、托宾 Q③ 作为产品市场竞争程度的替代指标。鉴于数据的可得性，本书利用企业数量、市场集中度指标分析日本市场竞争程度，探讨其与企业科技创新的关系。

首先，用行业包含的企业数量表示市场竞争程度，从日本经济产业省 2017 年《法人企业基本活动调查》提供的数据来看，包含企业数量排名前十的市场竞争程度较强的行业主要分布在制造业领域，分别为化学工业，食品制造业，生产用机械器具制造业，输送用机械器具制造业，电气机械器具制造业，金属制品制造业，软件业，塑料制品制造业，业务用机械器具制造业以及电子元件、器件与电子电路制造业。与此相对应，研发经费支出排名前十的行业也主要分布在制造业领域，分别为输送用机械器具制造业，化学工业，业务用机械器具制造业，电子元件、器件与电子电路制造业，电气机械器具制造业，学术研究、技术服务业，生产用机械器具制造业，情报通信机械器具制造业，软件业以及医药品、化妆品零售业。企业内部专利发明数量排名前十的行业为输送用机械器具制造业，业务用机械器具制造业，情报通信机械器具制造业，电子元件、器件与电子电路制造业，电气机械器具制造业，化学工业，生产用机械器具制造业，产业机械器具制造业，软件业以及金属制品制造业。由此可以看出，无论是企业数量，还是研发经费支出总额或专利发明数量，排名前十的行业大部分属于制造业，在包含的企业数量排名前十的行业中，有 7 个行业的研发经费支出总额排名前十，有 8 个行业

---

① 李健、薛辉蓉、潘镇：《制造业企业产品市场竞争、组织冗余与技术创新》，《中国经济问题》2016 年第 2 期。

② Grosfeld, Tressel, "Competition and Ownership Structure: Substitutes or Complements? Evidence from the Warsaw Stock Exchange," *Economics of Transition*, 8 (2002): 22 – 40.

③ Chung K., Pruitt S. W., "A Simple Approximation of Tobin's Q," *Financial Management*, 23 (1994): 70 – 74; Pandey I. M., "Capital Structure, Profitability and Market Structure: Evidence from Malaysia, Asia Pacific," *Journal of Economics and Business*, 8 (2004): 78 – 91.

的专利发明数量排名前十，由此可以说明，市场竞争程度与企业的科技创新存在一定的正向关联。

其次，在上述分析的基础上，进一步用 CRn 指数以及 HHI 指数表示细化市场竞争程度，从日本公正交易委员会事务总局发布的累计集中度指数来看，通常 HHI 指数、CRn 指数较小的行业研发经费支出、专利发明数量较多，以输送用机械器具制造业为例，汽车及其配件制造业下的细化行业的 HHI 指数、CR_4 指数通常较小，如普通小型汽车行业 HHI 指数在 2600 左右，CR_4 指数在 0.828 左右；轻质小型汽车行业 HHI 指数在 1900 左右，CR_4 指数为 0.84，但是其他输送类器具制造业行业下的细化行业，如公交行业 HHI 指数在 4800 以上，CR_4 接近 0.95①，相对较大，由此可知，汽车及其配件制造业领域的市场竞争程度较高。同时，从研发经费支出与专利发明数量来看，汽车及其配件制造业领域也远超其他输送类器具制造业领域，这在一定程度上说明市场竞争程度较高的行业，企业进行科技创新的需求更强。

（四）市场资源约束

尽管从第四次产业革命现阶段来看，日本企业的科技创新表现似乎不如前三次产业革命突出，但是不可否认日本科技创新强国的地位并没有动摇，不过，随着市场资源约束的加剧，日本科技创新的发展仍然具有较大的不确定性。日本的科技创新所面临的市场资源约束主要包括自然、能源资源的约束以及人力资本的约束。

1. 自然、能源资源的约束

根据经济学理论，一国的自然资源、能源资源贫乏，经济增长的基础较薄弱，本身是不利于经济发展的。日本国土面积狭小，能源资源贫乏，2015 年，日本能源自给率仅为 7.4%，排名世界第 34 位，2016 年小幅上升为 8.3%。

① 数据来源于政府統計の総合窓口「生産・出荷集中度調査」、https://www.e-stat.go.jp/stat-search/files? page = 1&layout = datalist&toukei = 00120001&bunya_l = 07&tstat = 000001050264&cycle = 0&tclass1 = 000001050265&result_page = 1&second2 = 1。

其中，再生能源占据较大比重，而石油、煤炭以及天然气等化石燃料严重依赖进口，也正是能源约束倒逼日本进行相关领域的科技创新，在第四次产业革命对技术创新领域布局时，能源领域被视为颇为重要的一环。如图 4－2 所示，自 1973 年起，日本的单位 GDP 能耗便逐年下降，相对于 1990～2010 年存在阶段上行的震荡下降趋势，2010 年之后，下降速度有所加快，日本成为世界上执行能耗标准最严格、能源利用效率最高的国家之一。整体来看，日本的能源约束虽然不利于经济增长，但是倒逼相关科技创新，促进经济质量提升。

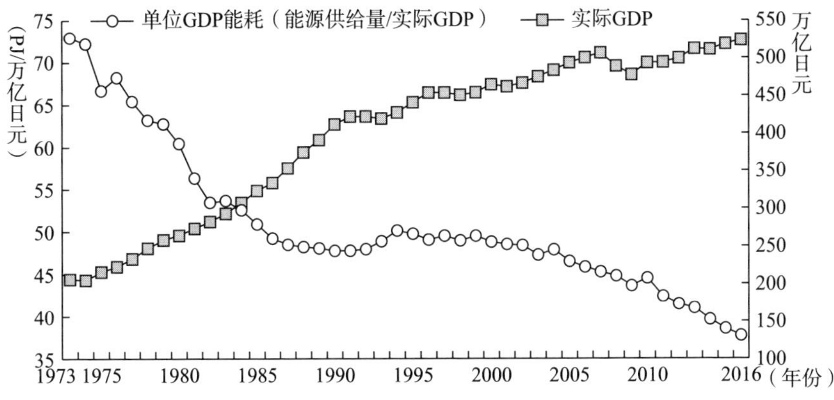

图 4－2 1973～2016 年日本单位 GDP 能耗的变动

注：均为 2011 年价格。

资料来源：日本経済産業省資源エネルギー庁「2018 —日本が抱えているエネルギー問題」、http://www.enecho.meti.go.jp/about/special/johoteikyo/energyissue2018.html。

2. 人力资源的约束

人力资源的约束主要体现为由于日本少子老龄化程度加剧，劳动力短缺问题凸显。根据日本总务省的调查，尽管自 20 世纪 80 年代后期开始，日本的人口老龄化率迅速提升，但是在 2010 年之前，日本人口总数始终呈现上行趋势。与之前不同，自 2010 年以来，日本人口总数开始转为缓慢下降，根据日本国立社会保障·人口问题研究所的相关推算，2053 年，日本人口总数将跌破 1 亿人，与此同时，人口老龄化率将持续走高，预计 2025 年在 30% 以上。另外，人口出生率同时下降，根据日本厚生劳动省的《人口动态统计》，2010 年，人口出生率为 0.85%，2016 年已经下降到 0.78%，故而劳动年龄（15～64 岁）人口数随之减少，2010 年为 8103 万人，2017 年降至 7596 万人，老年抚养比则趋于增加，2010 年为 36.09%，2017 年即达到 46.44%。

与能源资源的约束主要是倒逼日本加速科技创新不同，人力资源的约束的影响较为复杂，这体现在，一方面，人口出生率的下降使未来人力资本数量基数变小，对科技创新活动有直接的负向影响，同时，劳动人口日益老龄化导致其对知识、技能的消化吸收能力减弱，创新工作所需的体力、耐力也会相应减少，由此对科技创新造成不利影响；另一方面，少子老龄化可能倒逼一国的科技创新进程加速。这是因为，与少子老龄化相伴随的劳动力稀缺问题可能会使全社会更加重视人力资本培养及科技创新投入，促进社会资源的重新有效配置。而且，高龄人口工作经验丰富，阅历深厚，并非绝对缺乏高产出能力，老年人口占比的提升迫使社会重视充分利用老年人力资本，这也需要通过科技创新为老年人口提供更便捷的通信服务、更舒适的工作和生活环境，以促进老年人口再就业。实际上，人口少子老龄化程度的加剧确实反向促使日本推进科技创新，这不仅可以体现在政府制定科技创新政策时将克服人口少子老龄化带来的社会问题作为主要目标，而且体现在日本大力推进人工智能与机器人技术革新以替代人工，积极推进科技创新应用于养老产业以缓解价格扭曲方面。[①] 显然，日本的目标是试图率先证明通过科技创新，即使人口减少，也可以促进产值增加。[②]

三 企业内部环境

从科技创新主体企业的视角来看，上述科技创新影响因素主要是外部因

---

① 平力群：《日本政府支持科技创新应用于养老领域——以缓解价格扭曲为视角》，《东北亚学刊》2016 年第 2 期。

② Arjun Kharpal, "Japan Has No Fear of AI—It Could Boost Growth Despite Population Decline, Abe Says," https://www.cnbc.com/2017/03/19/japan-has-no-fear-of-ai—it-could-boost-growth-despite-population-decline-abe-says.html.

素，下面简单概述企业内部影响因素，从企业角度看直接或间接影响科技创新的因素众多，根据以往研究经验以及数据材料的可获取性，主要从企业属性、企业经营、企业治理三个方面进行分析，企业属性主要包括企业规模、企业年龄、企业所属行业，企业经营主要包括企业盈利能力、资本结构、资本密集度、成长性等，企业治理主要包括企业独立性、高管年龄、管理层规模等。本部分基于企业层面进行分析，鉴于微观数据可得性、及时有效性以及全面性，凡是涉及企业微观数据分析，均根据 BvD-Osiris 全球上市公司数据库提供的数据，以日本上市企业为例进行说明，另外，由于涉及企业内部原因分析，需要利用企业层面的微观数据，专利申请通常具有时滞性，而且数据可得性、完整性相对较差，搜集难度也相对较大，研发支出数据可以更好地表示企业主观的科技创新态度，诸多学者将其作为企业科技创新的替代变量，因此，在涉及企业层面分析时，以研发支出为科技创新的替代变量。当然，在基于产业或行业的企业群整体进行论述时，也适当选取专利发明数量作为科技创新的替代变量进行说明。

（一）企业属性

在企业属性方面，这里主要考虑企业规模、企业年龄、企业所属行业与企业科技创新的关系。

1. 企业规模对科技创新的影响

由经济学理论可知，规模较大的企业往往具有较雄厚的资本基础与抗风险能力，因此，为巩固市场地位，保持企业竞争力，其更倾向于增加研发投资；但是，大型企业通常占据较大的市场份额，具有较强的市场支配力，也可能萌生“创新惰性”即大型企业间进行“串谋勾结”，忽视研发投资等。以资本金多寡为企业规模的衡量指标，日本总务省统计局发布的《2019 年科学技术研究调查》数据显示，在除金融保险业之外的全产业背景下，不同规模企业的研发经费支出具有明显差别，尽管中小型企业（资本金在 10 亿日元以下）中有研发行为的企业占比明显高于大型企业（资本金在 10 亿日元以上），但是对于企业内部使用的研发经费，前者远远少于后者。从企业平均使用研发经费来看，1000 万 ~1 亿日元资本金的小型企业仅为 4763 万日元，1 亿～10 亿日元的中型企业为 31137 万日元，10 亿～100 亿日元的稍大型企业为 165463 万日元，100 亿日元以上的大型企业为 1618013 万亿日元（是小型企业的 339 倍以上，是中型企业的 52 倍左右，是稍大型企业的 9.8 倍左右，见表 4－1）。从企业内部使用研发经费占总销售收入的比例来看，1000 万～1 亿日元、1 亿～10 亿日元、10 亿～100 亿日元以及 100 亿日元以上的企业分别为 2.52%、2.37%、3.37%、3.61%，即大型企业依旧领先于中小型企业。从研究人员平均使用研发经费来看，大型企业也往往是中小型企业的 2～3 倍。由此可见，随着企业规模的增加，企业的研发经费支出也显著增加。

表 4－1　2019 年金融保险业除外的全产业背景下日本的企业规模与企业研发经费支出

	企业规模（按资本金分类）			
	1000 万～1 亿日元	1 亿～10 亿日元	10 亿～100 亿日元	100 亿日元以上
企业数量（A，单位：家）	423624	14335	3427	920
从业者总数（人）	10145057	3241901	2148766	3279474
总销售收入（B，单位：亿日元）	2589545	1598735	1607078	3553556
研究相关从业者总数（人）	33013	64150	100514	306694
研究人员总数（C，单位：人）	38071	76609	116745	379664
企业内部使用研发经费（D，单位：百万日元）	380920	1128418	2596754	10116649
企业平均使用研发经费（D/A，单位：万日元）	4763	31137	165463	1618013
企业内部使用研发经费/总销售收入（D/B，单位:%）	2.52	2.37	3.37	3.61
研究人员平均使用研发经费（D/C，单位：万日元）	1154	1759	2583	3299

注：这里考察的企业均是有研发行为的企业，其他没有研发行为的企业数据已被剔除。

2. 企业年龄对科技创新的影响

关于企业年龄与科技创新的关系，以日本上市公司为例，根据 BvD-Osiris

全球上市公司数据库的统计，在剔除未提供研发支出总额、公司成立年份数据的样本之后，获得1934家上市公司数据，以此分析企业年龄（截至2017年）与研发支出的关系，样本中企业年龄最小的为1年，最大的为339年，年龄差高达338年。在研发支出排名前100的公司中，企业年龄在100年以上的有23家，在50年以上的占绝大多数，为86家，当然也有仅成立几年的年轻公司；在研发支出排名前500的公司中，企业年龄在100年以上的有67家，在50年以上的有405家；在研发支出排名后100的公司中，企业年龄在100年以上的仅3家，在50年以上的为33家，绝大部分企业年龄为1~50年；在研发支出排名后500的公司中，企业年龄在100年以上的仅11家，在50年以上的为201家，大部分企业年龄为1~50年，为299家。这在一定程度上可以说明，研发支出较多的企业通常企业年龄在50年以上，而研发支出较少的企业通常企业年龄在50年以下，似乎企业成立年限越长，企业的科技创新力度越大。

3. 企业所属行业对科技创新的影响

企业所属行业不同也会影响企业的科技创新投入与产出，不同行业下的企业面对不同的市场需求，对科技发展的要求也不尽相同，由于高科技产业产品具有高技术含量、高知识密集度以及短产品生命周期等特点，这就要求企业持续进行研发活动以保持市场竞争力，满足市场的技术需求，即企业具有天然的“创新基因”。由表4-2可知，不同产业领域下企业的研发支出与科技创新成果确实存在较大差异，高技术产业的研发支出往往更多，专利发明数量也较多，如日本科技创新活动主要集中于制造业、情报通信业、批发业等领域；以制造业包含的各行业为例，技术含量越高的行业中的企业研发支出与专利发明数量越多，如输送用机械器具制造业，业务用机械器具制造业，电子元件、器件与电子电路制造业等对技术的要求较高，企业的研发支出与专利发明数量较多，但是皮革制品、木材与木制品制造业的技术要求较低，企业的研发支出与专利发明数量排在低位。

表 4－2　2018 年日本各产业研发支出、专利发明数量

单位：百万日元，件

产业	研发支出	专利发明（企业自身研发）数量	产业	研发支出	专利发明（企业自身研发）数量
全产业合计	14995840	514770	钢铁	162311	7224
采矿业	1140	7	非铁金属	124319	7497
制造业	11972955	431649	金属制品	83095	7848
食品	138903	4072	通用机械	167008	16163
饮料、烟草、饲料	84064	724	生产用机械器具	620837	27638
纤维	38579	2388	业务用机械器具	1059737	57499
木材、木制品（家具除外）	3775	514	电子元件、器件与电子电路	848411	33123
家具、装饰品	13114	2391	电气机械器具	1047108	37524
造纸、纸制品	30863	7738	情报通信机械器具	486435	48037
印刷业	33058	1868	输送用机械器具	4546784	75821
化学工业	1882641	53360	其他机械	144769	6113
石油、石炭	31039	1598	电力、天然气	130109	2913
塑料	191229	13766	情报通信业	499743	23223
橡胶	158177	4685	批发业	1304628	50074
皮革制品、木材与木制品	104	92	零售业	14739	1303
陶瓷、石材	76595	5925	学术研究、技术服务业	859057	4306

资料来源：根据日本经济产业省 2019 年《法人企业基本活动调查》制作。

（二）企业经营

关于企业经营方面，这里主要考虑企业的盈利能力、资本结构、资本密集度、成长性与科技创新的关系，盈利能力通常用经营利润或者总资产收益率表示，资本结构用资产负债率、流动比率与资本密集度表示，成长性用主营业务收入年增长率表示。

1. 企业盈利能力对科技创新的影响

根据经济学理论，企业盈利能力对科技创新的影响较为复杂，一方面，企业盈利能力越强，获取的利润越多，企业越有充足的资金进行研发投资，而且承担科技创新风险的能力相对越强，进而激励企业进行创新尝试；另一方面，企业盈利能力较弱可能倒逼企业进行创新活动，这是由于通过技术革新可以增强企业的市场竞争力，扩大企业的盈利空间，因此企业往往更为重视科技创新投入。

从经营利润来看，除金融保险业之外的全产业企业总的经营利润逐年增加，2011 年为 38.97 万亿日元，2017 年即增至 67.44 万亿日元，2011 ~ 2017 年的同比增长率分别为 -0.3%、2.7%、21.5%、9.7%、5.9%、4.0% 以及 14.8%，其中，制造业企业总的经营利润的增长率分别为 -12.8%、1.0%、43.7%、4.5%、0.9%、1.1% 以及 19.2%，非制造业企业的增长率分别为 5.8%、3.4%、12.9%、12.3%、8.1%、5.2% 以及 13.0%[①]，相比之下，制造业企业总的经营利润增长率的波动较大，近年来的增速更为明显。在企业利润整体增加的背景下，企业的研发经费支出也呈现上行趋势，2011 年，除金融保险业之外的全产业企业总研发经费支出（企业内部使用）为 12.01 万亿日元，2013 年为 12.17 万亿日元，2015 年为 13.58 万亿日元，2016 年为 13.68 万亿日元，2017 年有所回落但是也高达 13.32 万亿日元。2011 年，制造业企业总研发经费支出为 10.47 万亿日元，2013 年、2015 年、2016 年和 2017 年分别为 10.70 万亿日元、11.76 万亿日元、11.86 万亿日元与 11.57 万亿日元[②]，尽管 2017 年相对回落，但是，总的来看，企业研发经费支出还是呈现增加趋势。与此同时，2011 年，全产业企业的专利发明总量（企业自身研发总量）约为 45.28 万件，其中，制造业企业的专利发明总量

① 数据来自日本财务省《法人企业统计调查结果（平成 27、29 年度）》。

② 数据来自日本总务省统计局《科学技术研究调查》2011 年、2013 年、2015 年、2016 年与 2017 年报告，https://www.e-stat.go.jp/stat-search/files? page = 1&toukei = 00200543&bunya_1 = 11&result_page = 1。

为40.53万件，2013年全产业企业与制造业企业的专利发明总量分别为50.45万件、44.47万件，2015年分别为52.12万件、43.48万件，2016年分别为52.84万件、43.79万件[①]，整体来看，企业的专利发明总量呈现增加趋势。这在一定程度上说明，从整体来看，随着企业获取利润的增加，研发经费支出在增加，进而专利发明数量也在增加。

从企业总资产收益率（总利润与总收益的比值）来看，根据BvD-Osiris全球上市公司数据库2017年的统计，在剔除数据不全的企业样本之后，得到1437家上市企业样本，其中，总资产收益率最高为845%，最低为－975%。在总资产收益率排名前100的企业中，研发支出总额在1亿日元以下的有62家，1亿～10亿日元（包含1亿日元，不包含10亿日元）的有28家，10亿～100亿日元（包含10亿日元，不包含100亿日元）的有9家，100亿日元以上的仅1家；在排名前500的企业中，研发支出总额在1亿日元以下的有177家，1亿～10亿日元的有179家，10亿～100亿日元的有95家，100亿日元以上的有49家；在排名后100的企业中，研发支出总额在1亿日元以下的有41家，1亿～10亿日元的有40家，10亿～100亿日元的有15家，100亿日元以上的有4家；在排名后500的企业中，研发支出总额在1亿日元以下的有135家，1亿～10亿日元的有222家，10亿～100亿日元的有117家，100亿日元以上的有26家。进一步分析企业研发强度（研发支出与销售收入比值）也可以得到类似结论，即排名靠后与排名靠前的企业研发支出、研发强度强度的表现基本上相同，即研发支出在10亿日元以下、研发强度大于1%的企业均占绝大多数。整体来看，很难单纯从数据分析中判断日本企业盈利能力与科技创新的实际关系，需要进一步借助实证方法证明。

2. 企业资本结构、资本密集度、成长性对科技创新的影响

企业资本结构的核心衡量指标为资产负债率，资产负债率是企业总负债占总资产的比率，是衡量企业负债水平与风险程度的指标，通常认为，由于创新成果的不确定性，研发投资本身就是一项具有风险的行为，企业资产负

① 数据来自日本经济产业省《企业活动基本调查》。

债率较高，一方面无法投入巨额研发资金，另一方面可能无法承担较高的科技创新风险，因此资产负债率往往与企业科技创新行为具有负相关关系。下文阐述日本上市企业资本结构与科技创新的关系，如表 4－3 所示，剔除数据不全、资不抵债（资产负债率大于100%）的企业样本，在可获得的1144家上市企业样本中，资产负债率最大的为94.37%，最小的为1.98%。在研发支出方面，无论是资产负债率排名靠前的企业还是靠后的企业，研发支出在10亿日元以下的居多；在研发强度方面，资产负债率较低的企业（排名靠后）的研发强度大部分大于1%，而资产负债率较高的企业（排名靠前）的研发强度大部分小于1%。由此，这在一定程度上说明企业的研发强度与资产负债率具有一定的负相关关系。

资本密集度通常包括物质资本密集度与人力资本密集度两部分，由于部分微观数据不可得，而且物质资本密集度与人力资本密集度相关程度较高①，这里采用的资本密集度主要是指物质资本密集度，通过存量法进行计算，即资本密集度为总固定资产与总职工数量的比值。通常认为，资本密集度较高的企业往往采用比较先进的生产设备与生产技术替代人力，不仅对高技能人才的需求更大，而且对生产技术创新的依赖性更强，因此往往更重视科技创新。考量日本企业资本密集度与科技创新的关系，剔除数据不全、数据异常的上市企业样本后共得到1128家企业样本，其中资本密集度最大的为11.87亿日元，最小的为26.1万日元。在研发支出方面，资本密集度排名靠前的企业的研发支出大多在10亿日元以上，资本密集度排名靠后的企业的研发支出大多在10亿日元以下；在研发强度方面，无论资本密集度排名靠前的企业还是靠后的企业，研发强度在5%以下的均占绝大多数，但是相对于资本密集度排名靠前的企业，排名靠后的企业中，研发强度小于1%的较少，大于5%的较多，这在一定程度上说明，资本密集度较高的企业的研发支出的绝对值相对较大，资本密集度较低的企业的研发强度相对较大。

① 张伯伟：《制造业出口竞争优势与资本密集度之间关系的实证分析》，《世界经济》2000年第7期。

成长性在一定程度上表示企业的发展能力与前景，成长性对科技创新的影响较为复杂，体现在两个方面：一是成长性较高的企业为进一步抢占市场份额、提升竞争地位加大研发投资力度；二是成长性较低的企业为避免被市场淘汰，追赶其他优势企业而必须加大研发投资力度，提高生产效率，降低生产成本以把握发展机会，维护市场份额。这里以企业主营业务收入的年增长率为企业成长性的替代指标。考量日本企业成长性与科技创新的关系，在剔除数据不全、数据异常的企业样本后，获得 1106 家上市企业样本，在研发支出方面，无论是成长性排名靠前的企业还是靠后的企业，研发支出在 10 亿日元以下的占绝大多数，但是相对于排名靠后的企业，在排名靠前的企业中，研发支出在 100 亿日元以上的相对较多；在研发强度方面，无论是在成长性排名靠前的企业还是靠后的企业，研发强度在 5% 以下的均占绝大多数，且各阶段研发强度的企业数量分布类似，由此可以在一定程度上推断出成长性较高的企业，研发支出的绝对值可能较大。

整体来看，由于企业样本数量较多，仅通过简单排名进行推断具有局限性，而且难以得出具体结论，因此在下面的章节中将通过实证方法进一步检验企业资本结构、资本密集度、成长性与科技创新的关系。

表 4－3　日本上市企业资产负债率、资本密集度、成长性与研发支出的关系

资产负债率排名	企业数量（按照研发支出划分）	资本密集度排名	企业数量（按照研发支出划分）	成长性排名	企业数量（按照研发支出划分）
前 100 位	1 亿日元以下：35 家 1 亿～10 亿日元：30 家 10 亿～100 亿日元：25 家 100 亿日元以上：10 家	前 100 位	1 亿日元以下：11 家 1 亿～10 亿日元：19 家 10 亿～100 亿日元：24 家 100 亿日元以上：46 家	前 100 位	1 亿日元以下：30 家 1 亿～10 亿日元：41 家 10 亿～100 亿日元：18 家 100 亿日元以上：11 家
前 500 位	1 亿日元以下：118 家 1 亿～10 亿日元：181 家 10 亿～100 亿日元：140 家 100 亿日元以上：61 家	前 500 位	1 亿日元以下：58 家 1 亿～10 亿日元：159 家 10 亿～100 亿日元：167 家 100 亿日元以上：116 家	前 500 位	1 亿日元以下：100 家 1 亿～10 亿日元：175 家 10 亿～100 亿日元：149 家 100 亿日元以上：76 家

续表

资产负债率排名	企业数量（按照研发支出划分）	资本密集度排名	企业数量（按照研发支出划分）	成长性排名	企业数量（按照研发支出划分）
后 100 位	1 亿日元以下：30 家 1 亿~10 亿日元：39 家 10 亿~100 亿日元：15 家 100 亿日元以上：16 家	后 100 位	1 亿日元以下：61 家 1 亿~10 亿日元：33 家 10 亿~100 亿日元：6 家 100 亿日元以上：0 家	后 100 位	1 亿日元以下：35 家 1 亿~10 亿日元：42 家 10 亿~100 亿日元：19 家 100 亿日元以上：4 家
后 500 位	1 亿日元以下：118 家 1 亿~10 亿日元：209 家 10 亿~100 亿日元：123 家 100 亿日元以上：50 家	后 500 位	1 亿日元以下：217 家 1 亿~10 亿日元：201 家 10 亿~100 亿日元：62 家 100 亿日元以上：20 家	后 500 位	1 亿日元以下：129 家 1 亿~10 亿日元：198 家 10 亿~100 亿日元：130 家 100 亿日元以上：43 家
资产负债率排名	企业数量（按照研发支出强度划分）	资本密集度排名	企业数量（按照研发支出强度划分）	成长性排名	企业数量（按照研发支出强度划分）
前 100 位	1%以下：62 家 1%~5%：30 家 5%以上：8 家	前 100 位	1%以下：53 家 1%~5%：36 家 5%以上：11 家	前 100 位	1%以下：47 家 1%~5%：37 家 5%以上：16 家
前 500 位	1%以下：274 家 1%~5%：186 家 5%以上：40 家	前 500 位	1%以下：241 家 1%~5%：198 家 5%以上：61 家	前 500 位	1%以下：198 家 1%~5%：236 家 5%以上：66 家
后 100 位	1%以下：30 家 1%~5%：30 家 5%以上：40 家	后 100 位	1%以下：41 家 1%~5%：36 家 5%以上：23 家	后 100 位	1%以下：41 家 1%~5%：41 家 5%以上：18 家
后 500 位	1%以下：118 家 1%~5%：155 家 5%以上：227 家	后 500 位	1%以下：210 家 1%~5%：218 家 5%以上：72 家	后 500 位	1%以下：240 家 1%~5%：196 家 5%以上：64 家
总企业样本数	1140 家		1128 家		1106 家

资料来源：根据 BvD-Osiris 全球上市公司数据库统计数据计算而得。

（三）企业治理

根据以往研究文献，企业治理关系企业的科技创新决策，进而影响创新进程。这里同样利用日本上市企业数据进行分析，基于数据完整性与可得性，以企业独立性、管理层规模、高管年龄为企业治理的主要衡量变量。

考虑企业独立性与科技创新的关系，由于 BvD-Oriana 亚太地区企业数据库提供了上市企业独立性数据，根据该数据将企业划分为 A^+、A、A^-、B^+、B、B^-、C^+、C、D、U 的等级，除 U 表示未知企业之外，其余自 A^+ 至 D 表示企业独立性依次降低的等级：无直接或加总持股超过 25% 的股东的企业为独立企业，划为 A^+、A、A^- 等级；无直接或加总持股超过 50% 的股东，但是有一个或多个直接或加总持股超过 25% 的股东的企业划为 B^+、B、B^- 等级；无直接持股超过 50% 的股东但是有一个合计持股超过 50% 的股东（间接多数持有）的企业划为 C^+、C 等级；有一个直接持股超过 50% 的股东的企业划为 D 等级。下文阐述日本上市企业独立性与科技创新的关系，根据 BvD-Oriana 亚太地区企业数据库筛选出的上市企业样本，如表 4－4 所示，无论是从研发支出还是研发强度来看，随着企业独立性等级的提升，其包含的各企业的研发支出或研发强度平均值均增加；在研发强度方面，随着企业独立性等级的提升，其包含的各企业的研发强度的最大值趋于增加，而且研发强度较高的企业占比较大。由此可以在一定程度上说明，企业独立性与企业研发投入具有一定的正相关关系。

表 4－4　日本上市企业独立性与科技创新的关系

单位：亿日元，%

	数据特征	A^+、A、A^-（独立企业）	B^+、B、B^-	C^+、C、D
研发支出	最大值	1755.58	2139.41	190.85
	最小值	0.01	0.004	0.01
	平均值	70.80	54.46	32.05
	标准差	244.26	308.27	7.37
	小于 1 亿日元的企业占比	17	44	13
	1 亿～10 亿日元的企业占比	39	29	62
	10 亿～100 亿日元的企业占比	32	23	13
	100 亿日元以上的企业占比	12	4	12

续表

	数据特征	A⁺、A、A⁻（独立企业）	B⁺、B、B⁻	C⁺、C、D
研发强度	最大值	70.9	12.84	2.72
	最小值	0.002	0.002	0.25
	平均值	2.29	1.52	0.93
	标准差	6.43	2.44	0.97
	小于1%的企业占比	53	63	63
	1%～5%的企业占比	38	29	37
	5%以上的企业占比	9	8	0

注：剔除了数据不全的企业样本；其中隶属于C⁺、C、D等级的上市企业样本数据较少，其数据结果可能存在较大偏差。

资料来源：根据BvD-Oriana亚太地区企业数据库2017年统计值计算而得。

考虑企业管理层规模、高管年龄与科技创新的关系。首先，用董事、经理及联系人总数近似表示管理层规模，剔除数据不全、数据异常的企业样本之后，获得1912家上市企业样本，如表4－5所示，在研发支出方面，管理层规模小于20人的企业样本群中，无论是研发支出的最大值、最小值还是平均值，均小于管理层规模为20人及以上的企业样本群；在研发强度方面，这种差距则不是很明显。其次，考量企业高管年龄与科技创新的关系，剔除数据不全或异常的企业样本，获得1819家上市企业样本，由表4－5可知，在研发支出方面，在高管年龄较小的企业样本群中，研发支出的最大值、平均值及最小值均较大；在研发强度方面，在高管年龄较小的企业样本群中，研发强度小于1%的企业占比较大，而无论是在高管年龄较大的企业样本群还是在较小的企业样本群中，研发强度的最大值、最小值以及平均值相差不大，各研发强度范围下的企业占比也相似。

第二节　日本科技创新影响因素的实证分析

前文是从企业外部视角如政策制度环境、市场经济环境视角以及企业内部环境角如企业属性、企业经营、企业治理视角，简单分析了对日本企业科

表 4-5 日本上市企业管理层规模、高管年龄与科技创新的关系

单位：亿日元，%

	数据特征	企业管理层规模		高管年龄		
		0~20 人	20 人及以上	65 岁以下	65 岁至 75 岁	75 岁以上
研发支出	最大值	529.56	10642.69	10642.69	4473.78	3254.41
	最小值	0.003	0.02	0.05	0.03	0.02
	平均值	8.15	171.44	289.20	136.03	81.67
	标准差	25.32	651.63	1086.76	408.98	327.00
	小于 1 亿日元的企业占比	36.82	8.24	21.47	10.16	20.54
	1 亿~10 亿日元的企业占比	45.81	29.55	30.06	32.39	35.68
	10 亿~100 亿日元的企业占比	16.02	40.45	27.61	35.70	32.43
	100 亿日元以上的企业占比	1.35	21.76	20.86	21.75	11.35
研发强度	最大值	87.62	76.24	24.58	23.26	20.45
	最小值	0.01	0.01	0.01	0.01	0.01
	平均值	2.66	2.79	2.34	2.47	2.54
	标准差	5.73	4.46	3.88	3.32	3.49
	小于 1% 的企业占比	46.89	40.70	51.53	43.03	47.03
	1%~5% 的企业占比	41.58	44.81	36.81	45.39	38.38
	5% 以上的企业占比	11.52	14.48	11.66	11.58	14.59

注：高管年龄主要统计的是企业董事长年龄。

资料来源：根据 BvD-Osiris 全球上市公司数据库 2017 年统计数据计算而得。

技创新的影响。从整体来看，可以通过统计数据在一定程度上推断出其影响方向，但是单纯依靠数据无法直接判断两者的确切关系，而且一些分析基于企业整体、行业整体、产业整体的情况进行讨论，难以真实反映企业所受到的差异性影响，故而存在局限性，因此需要借助计量模型进行深入解析，鉴于企业是日本推进科技创新的主体，而且以往关于日本科技创新的研究缺乏基于企业微观数据的实证分析，因此下文基于企业层面数据进行实证模型构建。

一 实证模型设计

（一）样本数据与数据来源

考虑到本书对第四次产业革命的时间划分，鉴于数据可得性与完整性，选取2010～2017年日本上市企业作为研究样本，筛选条件如下：首先，由于金融保险类企业财务数据结构与其他类型企业存在明显差异，因此剔除金融保险类企业；其次，剔除非正常运营状态的企业以及资不抵债即资产负债率超过100%的企业；最后，剔除存在数据缺失的企业。本书获得1344家日本上市企业样本。为排除异常值的影响，对企业连续性变量在1%和99%分位数上进行winsorize处理。数据主要来源于BvD-Osiris数据库、BvD-Oriana数据库、日本统计局网站、Economic Policy Uncertainty Index网站。

（二）变量定义与具体说明

1. 被解释变量

被解释变量为科技创新，通常选取投入与产出两个维度的指标表示，上文已经阐述了对于企业层面的研究来说，专利发明申请或授权具有一定的时滞性，而研发支出更能代表企业关于科技创新的态度。因此，选取企业研发支出指标作为科技创新的替代变量，对于研发支出的衡量通常有绝对值以及相对值两种指标，这里分别选取研发支出绝对值即研发支出，以及相对值即研发支出强度（研发支出/营业收入）作为企业科技创新的替代变量。

2. 解释变量

这里的解释变量主要分为以下几个部分。

第一，政策制度环境。需要注意的是，上文已经说明科技创新是一个较为广泛的范畴，不仅受国家的科技政策的影响，也受其他经济政策的影响，其均以激励科技创新、促进经济发展为目标，但是受政策时滞、政策执行与政策传导的影响，预期效果具有不确定性，也就是说，对于微观个体企业来说，相对于研究个别种类政策的影响，研究经济政策不确定性的影响十分重要。鉴于研究时间范围有限与数据可得性，因此选取经济政策不确定性作为解释变量之一，用斯坦福大学与芝加哥大学联合发布的经济政策不确定性指数予以衡量，由于采用的其他数据均为年度数据，而该数据为月度数据，因此，选取一年内12个月月度数据的几何平均值作为年度变量，为保持数量级的一致性，将其数值除以100。另外，补充引入经济自由度指数（Index of Economic Freedom，IEF）表示日本的经济制度整体环境，经济自由度指数越大，说明经济制度环境越好，同样为保持数量级的一致性，也将其数值除以100。

第二，市场经济环境。上文主要从宏观经济增长、市场需求、市场竞争以及市场资源约束等层面进行分析，在宏观经济增长方面，由于直接引入GDP表示经济增长可能加深与其他宏观变量的多重共线性问题，另外上文阐述了随着经济增长率的不同，研发支出可能受到不同因素的影响，这实际体现了经济周期对科技创新的不同影响，因此着重考察经济周期的作用，考虑到GDP具有很强的时间趋势并受通货膨胀的影响较大，因此借鉴苏冬蔚等、陈冬等①的做法，以实际GDP的自然对数为因变量，将年度使用1~8序数替代并作为自变量进行OLS回归得到的残差即为剔除掉时间趋势的实际GDP，令回归残差小于样本中位数的取值为1（经济周期下行），否则为0（经济周期上行）；在市场需求方面，由于从生产者视角选取变量指标更现实，也可以更为细致地考察各个企业面临的不同市场需求情况，因此选取企业销售收入予以表示；在市场竞争方面，选取行业集中度进行表示，用赫芬达尔－赫希曼指数表示行业集中度，赫芬达尔－赫希曼指数计算公式为：$Hh_i = \sum_k \left(\frac{X_i}{\sum X_i} \right)^2$，即企业营业收入与行业总营业收入比值的平方和。根据GICS行业分类标准，计算各行业集中度及均值，将Hh_i低于中位数的行业划分为竞争程度激烈的行业，记为1；反之为竞争程度较弱的行业，记

① 苏东蔚、曾海舰：《宏观经济因素、企业家信心与公司融资选择》，《金融研究》2011年第4期。陈冬、孔墨奇、王红建：《投我以桃，报之以李：经济周期与国企业避税》，《管理世界》2016年第5期。

为0。在其他市场资源约束方面，由于资源能源约束的范畴过于宽泛，而且第四次产业革命背景下日本推动科技创新进程的重要原因便是面临劳动力短缺的严峻挑战，劳动力短缺最根本的原因是日本的人口少子老龄化程度加剧，因此考察人口少子老龄化程度对科技创新的影响更为重要，这里用老年抚养比作为人口少子老龄化的替代变量。

第三，企业属性、企业经营与企业治理。在企业属性方面，选取企业规模、企业年龄以及企业所属行业性质予以表示，企业规模采用企业总资产的自然对数表示，企业年龄计算即自企业成立开始，企业所属行业性质则参照经济合作与发展组织（OECD）定义，将其划分为高科技行业企业与非高科技行业企业，将属于高科技行业企业记作1，属于非高科技行业企业记为0。在企业经营方面，选取企业总资产收益率（企业总利润与企业总资产的比值）代表企业的盈利能力，用企业的资产负债率（企业总负债与总资产的比值）代表企业的资本结构，企业的资本密集度为人均固定资产的自然对数，用企业的主营业务收入的年增长率作为企业成长性的替代变量。在企业治理方面，选取企业独立性、管理层规模以及高管年龄作为企业治理的替代变量。根据BvD-Oriana数据库的划分，将上市企业划分为独立企业与非独立企业，分别记作1与0。管理层规模用管理层人数表示，由于BvD-Osiris数据库给出了董事、经理以及联系人的数量，可以将其作为管理层人数的替代变量，高管年龄用董事长的年龄表示。另外，本部分设定年度与行业虚拟变量以控制时间效应与行业效应。具体的数据说明以及来源见表4-6。

（三）回归模型设定

参考以往的研究文献，为表述更为清晰，分别从企业外部因素、内部因素对企业科技创新的影响两个维度进行实证分析，设定基准回归计量方程。

$$Rd_{i,t} = \delta_0 + \delta_1 EPU_{i,t-1} + \delta_2 IEF_{i,t-1} + \delta_3 ECO_{i,t-1} + \delta_4 HHI_{i,t} + \delta_5 DEM_{i,t-1} + \delta_6 OLD_{i,t-1} + \delta_7 \sum K + \delta_8 \sum YEAR + \delta_9 \sum IND + \varepsilon_{i,t} \tag{1}$$

公式（1）侧重于研究企业外部因素对企业科技创新的影响，其中，

表 4－6　实证模型所需变量说明与来源

变量			定义	数据来源与说明
被解释变量		*RD*	研发支出（*RDE*）/ 研发支出强度（*RDI*）	研发支出：企业研发支出自然对数，BvD-Osiris 数据库 研发支出强度：研发支出/营业收入，BvD-Osiris 数据库
解释变量	政策因素	*EPU*	经济政策不确定性	Economic Policy Uncertainty Index 网站
	制度因素	*IEF*	经济自由度指数	《华尔街日报》和美国传统基金会发布的年度报告
	宏观经济增长	*ECO*	经济周期	对实际 GDP 与年度序数进行 OLS 回归，若残差小于样本中位数，记为 1，否则记为 0。实际 GDP 数据来源于日本内阁府
	市场竞争	*HHI*	行业集中度	$Hh_i = \sum_k \left(\frac{X_i}{\sum X_i} \right)^2$，数据主要来源于 BvD-Osiris 数据库
	市场需求	*DEM*	企业销售收入	BvD-Osiris 数据库
	人口少子老龄化	*OLD*	老年抚养比	65 岁及以上老年人口数/15～65 岁人口数，日本厚生劳动省网站、日本统计局网站
	企业属性	*SIZE*	企业规模	总资产的自然对数，BvD-Osiris 数据库
		AGE	企业年龄	自企业成立之时算起，BvD-Osiris 数据库
		TECH	企业所属行业性质	根据 OECD 分类划分，属于高科技行业企业记作 1，属于非高科技行业企业记作 0，BvD-Osiris 数据库
	企业经营	*ROA*	企业总资产收益率	总利润/总资产，BvD-Osiris 数据库
		LEV	企业资产负债率	总负债/总资产，BvD-Osiris 数据库
		CAPI	企业资本密集度	人均固定资产的自然对数，BvD-Osiris 数据库
		GROW	企业成长性	主营业务收入的年增长率，BvD-Osiris 数据库
	企业治理	*INDP*	企业独立性	根据 BvD-Oriana 数据库的划分，独立企业记作 1，非独立企业记作 0
		ESC	管理层规模	董事、经理及联系人的数量，BvD-Osiris 数据库
		EAGE	高管年龄	董事长的年龄，BvD-Osiris 数据库

$Rd_{i,t}$为 i 企业第 t 期的研发支出，分别用研发支出与研发支出强度表示，K 为控制变量的集合，这里引入的控制变量为企业规模、企业年龄、企业所属行业性质、企业总资产收益率、企业资产负债率、企业资本密集度、企业成长性、企业独立性、管理层规模、高管年龄等。

$$Rd_{i,t} = \delta_0 + \delta_1 SIZE_{i,t} + \delta_2 AGE_{i,t} + \delta_3 TECH_{i,t} + \delta_4 ROA_{i,t-1} + \delta_5 LEV_{i,t-1} + \delta_6 CAPI_{i,t-1} + \delta_7 GROW_{i,t-1} + \delta_8 INDP_{i,t} + \delta_9 ESC_{i,t-1} + \delta_{10} EAGE_{i,t} + \delta_{11} \sum K + \delta_{12} \sum YEAR + \delta_{12} \sum IND + \varepsilon_{i,t} \quad (2)$$

公式（2）侧重于研究企业内部因素对企业科技创新的影响，此时控制变量为经济政策不确定性、经济自由度指数、经济周期、行业集中度与象征市场需求的企业销售收入等。

考虑到滞后效应与消除内生性产生的潜在偏误，除行业集中度、企业规模、企业年龄、企业所属行业性质、企业独立性及高管年龄之外，对其他解释变量均滞后一期。对实证模型进行多重共线性检验，方差膨胀因子 *VIF* 小于 10，认为不存在严重的多重共线性问题。另外，为提高回归模型系数估计可信度，借鉴陈胜蓝、刘晓玲①做法，在具体回归模型中，对所有回归系数的标准误都使用异方差调整和在企业层面上进行“聚类”（Cluster）处理，以控制潜在的异方差及序列相关性问题，并引入年度（*YEAR*）与行业（*IND*）虚拟变量以控制时间与行业效应。

二　实证检验与结果分析

（一）描述性分析

表 4 -7 为全样本下各变量的描述性统计结果，企业连续性财务数据均经过前后 1% 的缩尾处理。首先，从研发支出来看，研发支出（*RDE*）的标准差明显大于研发强度（*RDI*）的标准差，说明各企业研发支出之间的差距更为明显。其次，从政策制度环境来看，经济政策不确定性的最大值为

---

① 陈胜蓝、刘晓玲：《经济政策不确定性与公司商业信用供给》，《金融研究》2018 年第 5 期。

1.4494，最小值为0.9315，标准差为0.1975，说明考察年份存在经济政策的密集调整区间，但是经济自由度指数变动并不明显。再次，在市场经济环境方面，经济周期指数均值为0.6250，这说明在考察年份范围内，经济出现一些震荡，以下行趋势居多。但是，行业集中度均值较高，说明市场竞争活跃，这里行业集中度主要基于实证需要根据可得到的企业数据进行计算，因此与上文提到的日本官方统计数据存在差异。体现市场需求的企业销售收入的标准差较大，这说明样本企业面临的市场需求显著不同，具有分析价值。从企业属性、企业经营与企业治理的统计数据来看，基本上，标准差都相对较大，这说明样本企业在相关层面存在显著差异，合乎实证分析要求，具有考察价值。

表4-7　主要实证变量的描述性统计

变量	均值	标准差	最小值	最大值
RDE	9.0171	2.0822	4.2824	14.4441
RDI	0.0252	0.0309	0.0003	0.1748
EPU	1.1491	0.1975	0.9315	1.4494
IEF	0.7219	0.0113	0.6960	0.7330
ECO	0.6250	0.4841	0	1.0000
HHI	0.9208	0.2700	0	1.0000
DEM	18.0151	1.5892	14.7365	22.0296
OLD	0.2539	0.0183	0.2300	0.2770
SIZE	13.5192	1.5853	10.3982	17.6892
AGE	62.8182	25.5172	7.0000	130.0000
TECH	0.1683	0.3742	0	1.0000
ROA	0.0325	0.0358	-0.1169	0.1288
LEV	0.4637	0.1871	0.1028	0.8761
CAPI	5.0688	0.8039	3.0693	7.2913
GROW	0.0312	0.1528	-0.2978	0.5860
INDP	0.0742	0.2621	0	1.0000
ESC	23.3308	11.9942	8.0000	70.0000
EAGE	61.7964	8.5553	38.0000	83.0000

（二）实证结果分析

1. 外部环境对企业科技创新的影响

根据公式（1），在全样本及分行业样本下进行基准模型回归，被解释变量分别为研发支出以及研发支出强度，解释变量为政策制度环境、市场经济环境等相关变量，而其他则为控制变量，实证回归结果见表 4 - 8 与表 4 - 9。

（1）全样本下的实证结果

在全样本下的实证结果中，如表 4 - 8、表 4 - 9 所示，首先，对于企业研发支出来说，在政策制度环境方面，经济政策不确定性的系数为负，在 10% 水平下显著，即经济政策不确定性的增加对企业研发支出产生负面影响，另外经济自由度指数的系数为 - 9.3808，在 1% 的水平上显著，说明随着经济自由度的提升，企业的研发支出反而下降。其次，在市场经济环境方面，经济周期的系数未通过显著性检验，但是系数为负值在一定程度上说明经济周期上行有助于促进企业研发支出增加；行业集中度的系数为正值，并在 10% 水平上通过显著性检验，即市场竞争确实有助于促进企业研发支出增加；但是表示市场需求的企业销售收入的系数为负，即尽管市场对企业的需求增加，但是给企业研发支出带来负向影响，这与上文分析结果不同，这可能是由于企业样本选取的问题，或者可能反映出企业“创新惰性”的影响，即企业在市场中所占份额越大，越可能出现“创新惰性”，如在市场具有垄断地位的企业越可能通过“相互串谋”控制市场价格及原料来源等，进一步掌控市场份额，而忽视了科技创新活动；老年抚养比的系数并不显著，但是系数为正值同样在一定程度上说明，随着人口少子老龄化的加剧，应促进企业重视研发支出。对于研发支出强度来说，各主要因素对其的影响方向与系数的显著性大体相同。但是，需要注意的是，各主要因素替代变量的系数均相对较小，也就是说，政策制度环境、市场经济环境对研发支出的影响相对较大，而对研发支出强度的影响则相对较小。另外，老年抚养比的系数通过显著性检验，这说明近年来人口少子老龄化的加剧确实有效促进了企业研发支出强度的提升。

（2）分行业样本下的实证结果

尽管上文涉及对企业所属行业性质的简单分析，但只是单纯分为高科技产业企业与非高科技产业企业，下文进一步从分行业的视角下进行实证检验，全球行业分类标准（GICS，2016）将行业分为能源、原材料、工业、非日常生活消费品、日常消费品、医疗保健、金融、信息技术、电信、公共事业以及房地产等几个大类，因此针对选取的企业样本所属行业分别进行回归分析，实证结果见表4－8、表4－9①。

表4－8　外部因素对企业科技创新的影响

	全样本	分行业样本			
	被解释变量：*RDE*	工业	消费品	医疗保健、信息技术与电信	其他
L. EPU	－0.1297*** （－3.53）	－0.0276 （－0.38）	－0.1189* （－1.74）	－0.2684*** （－3.44）	0.1814* （1.82）
L. IEF	－9.3808*** （－3.86）	－11.9418*** （－3.42）	0.8229 （0.14）	－13.7615** （－2.58）	－12.4538** （－2.01）
L. ECO	－3.2786 （－1.42）	－0.0370 （－1.09）	－0.0536 （－0.88）	－0.0470 （－0.82）	0.0319 （0.53）
HHI	0.9453** （2.12）				
L. DEM	－0.4799*** （－4.75）	－0.5597*** （－2.97）	－0.2981 （－1.54）	－0.9356*** （－4.57）	－0.2515 （－1.01）
L. OLD	0.8977 （0.81）	2.4353 （1.13）	－1.0006 （－0.47）	6.3663** （2.49）	－2.6353 （－1.09）
其他变量	控制	控制	控制	控制	控制
常数项	0.4822 （0.24）	7.5530*** （2.76）	－3.9012 （－0.81）	8.4957** （2.00）	8.0204 （1.63）
时间效应	控制	控制	控制	控制	控制
行业效应	控制				
R^2	0.7428	0.7159	0.7757	0.7429	0.6868
样本量	8400	2632	2065	2128	1575
F 值	200.59	61.08	109.56	75.68	43.10

注：***、**、*分别表示在1%、5%、10%水平上统计显著，（）内为异方差调整及聚类稳健标准误下对应的 *t* 值。

① 在进行分行业回归时，去掉了行业集中度变量，但并不控制行业效应。

表 4－9　外部因素对企业科技创新的影响

	全样本	分行业样本			
	被解释变量：*RDI*	工业	消费品	医疗保健、信息技术与电信	其他
L. EPU	－0.0065*** （－7.39）	－0.0037*** （－3.71）	－0.0050*** （－3.90）	－0.0146*** （－5.72）	0.0006 （0.43）
L. IEF	－0.0416 （－0.66）	－0.1959*** （－4.68）	0.1040 （0.90）	－0.5303** （－2.58）	－0.2077*** （－2.68）
L. ECO	－0.0004 （－0.63）	－0.0013** （－2.40）	－0.0024** （－2.22）	－0.0031 （－1.45）	0.0009 （1.01）
HHI	0.0136* （1.96）				
L. DEM	－0.0172*** （－7.76）	－0.0144*** （－6.27）	－0.0107*** （－3.04）	－0.0385*** （－6.24）	－0.0104*** （－3.47）
L. OLD	0.0725*** （2.82）	0.1224*** （4.33）	0.0702* （1.87）	0.4332*** （4.63）	0.0568 （1.21）
其他变量	控制	控制	控制	控制	控制
常数项	0.1060** （2.03）	0.1959*** （5.57）	－0.0478 （－0.53）	0.4489*** （2.90）	0.2318*** （3.52）
时间效应	控制	控制	控制	控制	控制
行业效应	控制				
R^2	0.4155	0.2723	0.2481	0.3083	0.2461
样本量	8400	2632	2065	2128	1575
F 值	22.78	10.59	6.54	7.04	7.05

注：***、**、*分别表示在1%、5%、10%水平上统计显著，（）内为异方差调整及聚类稳健标准误下对应的 *t* 值。

对于企业研发支出来说，在政策制度环境方面，经济政策不确定性的提升对消费品行业以及医疗保健、信息技术与电信行业企业的研发支出具有显著的负面影响，但是对其他行业企业具有正向影响，对工业企业的影响则不显著；经济自由度的提升对工业企业，医疗保健、信息技术与电信以及其他行业企业的负面影响较显著，但是对消费品行业企业的影响不显著。在市场经济环境方面，对各行业企业来说，经济周期的系数均未通过显著性检验，即分行业视角下经济周期对企业研发支出的影响不显著；市场需求的增加对工业企业以及医疗保健、信息技术与电信行业企业的负面影响显著，但是对消费品行业、其他行业企业的影响不显著；老年抚养比的提高仅对医疗保健、信息技术与电信行业企业的正面作用显著，其他行业企业受其影响不显著。

对于企业研发支出强度来说，在政策制度环境方面，经济政策不确定性的提升对消费品行业以及医疗保健、信息技术与电信行业企业的研发支出强度均具有显著的负面影响；经济自由度的提升对工业企业，医疗保健、信息技术与电信以及其他行业企业的负面影响较显著，但是对消费品行业企业的影响不显著。在市场经济环境方面，对于工业企业、消费品行业企业来说，经济周期的系数为负值且显著，说明经济周期的上行促进了相关行业企业的研发支出强度提升，但是对其余行业企业的影响不显著；市场需求的增加对各行业企业的研发支出强度的负面影响均比较显著；老年抚养比的提高同样对工业企业、消费品行业企业以及医疗保健、信息技术与电信行业企业具有显著的正向作用。

2. 内部因素对企业科技创新的影响

根据公式（2），在全样本及分行业样本下进行基准模型回归，被解释变量分别为研发支出以及研发支出强度，解释变量则为企业内部因素，即企业属性、企业经营与企业治理等相关变量，而其他则为控制变量，实证回归结果见表 4－10 与表 4－11。

（1）全样本下的实证结果

在全样本下的实证结果中，如表 4－10、表 4－11 所示，对于企业研发支出来说，在企业属性、企业经营与企业治理方面，企业规模越大、成立年限越长以及属于高科技行业的企业，研发支出相对其他企业来说均更多；企业总资产收益率的系数也显著为正，说明企业盈利能力提高对企业研发支出具有正向促进作用，但是企业的资产负债率和资本密集度与企业研发支出具有显著负相关关系，企业的成长性与企业研发支出具有显著正相关关系；关于企业治理，企业独立性以及高管年龄与企业研发支出的关系未通过显著性检验，但是企业管理层规模越大，企业研发支出越多，这一点与上文的分析相吻合。

对于研发支出强度来说，各主要因素对其的影响方向与系数的显著性大体相同。但是，需要注意的是，各主要因素替代变量的系数均相对较小，也就是说，企业属性、企业经营以及企业治理对研发支出的影响相对较大，而对研发支出强度的影响则相对较小。另外，企业年龄、企业资本密集度以及企业成长性的系数未通过显著性检验，即说明企业年龄、企业资本密集度以及企业成长性对企业研发的影响更侧重于支出而非强度。

（2）分行业样本下的实证结果

在分行业样本下的实证结果中，如表4－10、表4－11所示，对于企业研发支出来说，在企业属性方面，企业规模越大，企业成立年限越长，各行业企业的研发支出均越多，其中，工业企业受企业年龄的影响，系数未通过显著性检验。在企业经营方面，企业盈利能力对各行业企业研发支出的影响系数均未通过显著性检验；工业以及其他行业企业的资产负债率越高，研发支出越少，成长性越强，研发支出越多，但是，各行业企业的资本密集度越大，研发支出通常越少。在企业治理方面，企业独立性、高管年龄、管理层规模对各行业企业的影响相对较小，系数较多未通过显著性检验。

表4－10　内部因素对企业科技创新的影响

	全样本	分行业样本			
	被解释变量：*RDE*	工业	消费品	医疗保健、信息技术与电信	其他
SIZE	1.5274*** (15.08)	1.2345*** (6.01)	1.3143*** (6.77)	1.5819*** (7.29)	0.7036** (2.45)
AGE	0.0041*** (3.23)	0.0033 (1.40)	0.0041* (1.69)	0.0138*** (4.31)	0.0074** (2.37)
TECH	1.1901*** (9.45)				
L. ROA	1.7365** (2.54)	－0.0621 (－0.05)	1.0643 (0.69)	－0.0683 (－0.08)	－0.2245 (－0.12)
L. LEV	－0.3075* (－1.72)	－1.1833*** (－2.83)	0.2597 (0.58)	－0.5559 (－1.55)	－1.8834*** (－3.13)
L. CAPI	－0.4071*** (－7.37)	－0.6578*** (－6.36)	－0.4314*** (－4.82)	－0.1814** (－1.99)	－0.6650*** (－4.55)

续表

	全样本	分行业样本			
	被解释变量：*RDE*	工业	消费品	医疗保健、信息技术与电信	其他
L. GROW	0.2120 ** (2.16)	0.3323 *** (2.87)	-0.2272 (-0.88)	0.1141 (0.54)	0.4264 * (1.73)
INDP	-0.1049 (-0.84)	0.0152 (0.07)	-0.4772 * (-1.91)	0.1862 (0.75)	0.0218 (0.10)
L. ESC	0.0121 *** (3.43)	0.0087 * (1.65)	0.0052 (0.86)	0.0032 (0.38)	0.0252 ** (2.59)
EAGE	-0.0022 (-0.60)	0.0018 (0.25)	-0.0080 (-1.26)	-0.0059 (-0.86)	-0.0089 (-0.98)
其他变量	控制	控制	控制	控制	控制
常数项	0.4822 (0.24)	7.5530 *** (2.76)	-3.9012 (-0.81)	8.4957 ** (2.00)	8.0204 (1.63)
时间效应	控制	控制	控制	控制	控制
行业效应	控制				
R^2	0.7428	0.7159	0.7757	0.7429	0.6868
样本量	8400	2632	2065	2128	1575
F 值	200.59	61.08	109.56	75.68	43.10

注：***、**、* 分别表示在1%、5%、10%水平下统计显著，（）内为异方差调整及聚类稳健标准误下对应的 *t* 值。

表 4-11 内部因素对企业科技创新的影响

	全样本	分行业样本			
	被解释变量：*RDI*	工业	消费品	医疗保健、信息技术与电信	其他
SIZE	0.0174 *** (7.64)	0.0109 *** (4.14)	0.0128 *** (3.32)	0.0235 *** (3.38)	-0.0025 (-0.64)
AGE	0.00001 (0.38)	0.00004 (1.46)	0.00002 (0.40)	0.0003 ** (1.99)	0.0001 (1.33)
TECH	0.0263 *** (6.54)				
L. ROA	-0.0039 (-0.21)	-0.0126 (-0.88)	-0.0133 (-0.57)	-0.0512 (-1.24)	-0.0127 (-0.35)

续表

	全样本	分行业样本			
	被解释变量：RDI	工业	消费品	医疗保健、信息技术与电信	其他
L. LEV	-0.0195*** (-5.05)	-0.0130*** (-2.69)	0.0033 (0.37)	-0.0335** (-2.47)	-0.0296*** (-2.81)
L. CAPI	-0.0010 (-0.88)	-0.0061*** (-5.49)	-0.0038** (-2.52)	0.0047 (1.43)	-0.0040* (-1.97)
L. GROW	0.0002 (0.09)	0.0038** (2.49)	-0.0067 (-1.43)	0.0029 (0.37)	0.0032 (0.96)
INDP	-0.0029 (-1.19)	-0.0025 (-1.01)	-0.0069** (-2.30)	0.0053 (0.68)	0.0008 (0.25)
L. ESC	0.0004*** (4.82)	0.00005 (0.72)	0.0002** (2.06)	0.0008** (2.31)	0.0007*** (3.98)
EAGE	0.00001 (0.16)	0.0001 (0.67)	-0.00004 (-0.37)	-0.0002 (-0.72)	-0.0002 (-1.07)
其他变量	控制	控制	控制	控制	控制
常数项	0.1060** (2.03)	0.1959*** (5.57)	-0.0478 (-0.53)	0.4489*** (2.90)	0.2318*** (3.52)
时间效应	控制	控制	控制	控制	控制
行业效应	控制				
R^2	0.4155	0.2723	0.2481	0.3083	0.2461
样本量	8400	2632	2065	2128	1575
F 值	22.78	10.59	6.54	7.04	7.05

注：***、**、*分别表示在1%、5%、10%水平下统计显著，( )内为异方差调整及聚类稳健标准误下对应的 *t* 值。

对于研发支出强度来说，在企业属性方面，除其他行业之外，企业规模越大，企业的研发支出强度越大；但是企业年龄增加对研发支出强度的促进作用仅在医疗保健、信息技术与电信行业企业中表现显著。在企业经营方面，企业盈利能力对各行业企业研发支出强度的影响系数均未通过显著性检验；工业企业，医疗保健、信息技术与电信以及其他行业企业的资产负债率越高，研发支出强度越小，工业企业的成长性越强，研发支出强度越大；工业、消费品以及其他行业企业的资本密集度越高，研发支出强度越小。在企业治理方面，企业高管年龄对各行业企业的影响系数未通过显著性检验，但是管理层规模对各行业企业的影响较为显著。另外，整体来看，工业企业以及医疗保健、信息技术与电信行业企业的研发支出强度受到政策制度、市场经济环境以及企业内部因素的影响更为显著，相对来说，消费品行业、其他行业企业受到的影响较小。

总的来看，可以得到以下几点结论：第一，日本经济政策不确定性、经济自由度、资产负债率的提升以及市场需求的增加对企业研发支出与强度均有负面影响；第二，日本市场竞争、企业规模、管理层规模的增加均正向影响企业研发支出与强度；第三，日本企业年龄、资本密集度以及企业成长性对企业研发支出的影响较显著，而对研发支出强度的影响不显著；第四，日本老年抚养比则更侧重于影响企业研发支出强度而非研发支出；第五，不同行业类别下，企业研发支出受外部因素、内部因素的影响程度不同，工业企业以及医疗保健、信息技术与电信行业企业的研发支出受到政策制度、市场经济环境以及企业内部因素的影响更为明显，相对来说，消费品行业、其他行业企业受到的影响较小。

（三）稳健性检验

首先，由于实证模型中涉及宏观经济变量与微观经济变量两个层面的数据，经济政策、制度以及经济周期等属于国家层面的宏观经济变量，企业个体微观行为很难影响宏观经济政策，因此其和企业层面的变量之间基本不存在反向因果关系。另外，在实证研究中，对解释变量及主要控制变量（除企业规模、企业年龄、企业独立性与企业高管年龄之外）均采取滞后一期做法，并通过引入虚拟变量控制了时间及行业效应，有效避免了内生性偏误问题。

其次，对被解释变量进行了两个层面的定义与衡量，用企业研发支出的自然对数，以及研发支出与营业收入的比值即研发支出强度作为企业科技创新的替代变量，从研发支出与强度两个维度进行分析，实证结果基本相似。

最后，在全样本以及分行业样本层面分别进行实证回归，在各个具体回归模型中，对所有回归系数的标准误都使用异方差调整和在企业层面进行

“聚类”处理，回归系数的可信度有所提升，因此，实证结果具有一定合理性。

三　主要结论与进一步分析

通过在全样本以及分行业日本上市企业样本下构建实证模型分析了第四次产业革命背景下日本企业的科技创新影响因素，得到的主要结论如下。

第一，在政策制度方面，日本经济政策不确定性、经济自由度的提升均对企业研发支出以及研发支出强度产生负面影响，这是因为，一方面，日本经济制度、市场竞争机制相对完善，随着时间的推移，经济环境质量进一步提升的速度减缓，革新成本增加，原有的高经济制度质量带来的收益呈现边际报酬递减的技术特征，对企业研发的激励作用也将趋弱；另一方面，自日本泡沫经济崩溃之后，日本发生了严重的经济长期衰退，经济的长期低迷使企业本身对经济发展前景的预期相对谨慎，尽管近年来日本经济有向好发展的倾向，日本政府也积极出台经济举措刺激市场活力，但是实际上，日本政府对企业经营的干预力度相对有限，企业研发投资受企业主体条件的影响更为明显，随着企业科技存量的不断增加，未来，日本企业科技创新的复杂性也将进一步提升，创新风险随之增加，日本政府频繁出台经济政策将带来一定的不确定性，这就有可能导致企业对复杂科技创新投入保持观望态度。

第二，在经济周期、市场需求、市场竞争与约束方面，尽管从整体来看，经济周期对企业研发支出与强度的影响并不显著，但是分行业来看，经济周期上行明显刺激了工业、消费品行业企业的研发支出强度。市场竞争显著提升企业的研发支出与强度，这符合上文的推断。但是，市场需求对其具有负向作用。这是因为市场需求对企业研发支出的影响相对复杂，既可能促进研发支出，也可能使企业产生“创新惰性”，从实证结果来看，作为市场需求表示的企业销售收入增加，反而对企业研发支出造成负向影响，这在一定程度上说明日本上市企业可能存在一定的“创新惰性”，企业销售收入增加可能带来企业产品市场份额的提升，这使企业满足于现状，或者采取其他非创新形式维持市场份额，毕竟科技创新投入较多，成果也具有较大的不确定性，因此，企业可能在保有一定市场份额的基础上忽视研发投入。在市场约束方面主要选取老年抚养比作为人口少子老龄化的替代变量，而人口少子老龄化将对人力资本存量产生明显的负面影响，进而造成市场人力资本约束。从这个层面进行分析，发现老年抚养比的提升对企业研发支出的影响未通过显著性检验，但是显著影响企业研发支出强度，特别是工业企业、消费品行业企业以及医疗保健、信息技术与电信行业企业的研发支出强度。这符合现实情况，这是因为在第四次产业革命背景下日本推进科技创新进程的主要动力之一就是挣脱劳动力数量下行的约束，提升劳动生产率，而劳动力数量的不断减少从根本上就是人口少子老龄化程度加剧的体现，因此这就倒逼日本加强研发投资，进而企业研发支出强度也相应提高。

第三，在企业属性、企业经营与企业治理方面，可以发现，企业规模越大、企业成立年限越长，企业的研发支出越多，这符合上文的分析，但是企业盈利能力似乎对企业研发支出的影响并不显著。这可能是由于日本上市企业相对已经比较成熟，而且内部留存的资金比较丰裕，其进行研发投资决策时在资金层面并不十分受限，因此与盈利能力的关系不大，同时根据经济学理论，企业盈利能力本身对企业的科技创新活动具有复杂影响。另外，企业资产负债率、资本密集度往往负向影响企业研发支出，这同样符合经济学理论与现实情况，资产负债率越高，企业承受科技创新风险的能力就相对越差，因此主动推动科技创新进程的动力相对较小，同时，资本密集度较高也体现了企业与技术水平提升相关的设备投资较高，在达到一定程度之后，可能带来负向影响。在企业治理方面，企业独立性与高管年龄对企业研发支出的影响其实相对不显著，但是企业管理层规模越大，企业研发支出相对越多，同样符合上文的分析结果。

第四，企业所属行业不同，企业研发支出与强度以及受到主要因素的影响存在明显差异。一方面，属于高科技产业的企业，研发支出与强度均较高，这体现了日本上市企业研发投入决策受“天然创新基因”的影响，相对于传统行业，高科技行业产品具有周期短、更新换代快以及科技含量高等特点，这就要求高科技行业企业必须紧跟科技创新前沿，积极进行创新尝试，不断升级生产技术，以保持市场的竞争力。另一方面，工业企业以及医疗保健、信息技术与电信行业企业的研发支出受到政策制度环境、市场经济环境、企业属性、企业经营与企业治理的影响相对较大，而消费品行业、其他行业企业受到的影响相对较小。这主要是因为以下几个方面。首先，相对于消费品行业、其他行业企业来说，工业企业以及医疗保健、信息技术与电信行业企业的研发活动更为活跃，对科技创新成果的追逐动力更强，因此更易受市场经济、政策、企业内部环境因素的影响。其次，在日本上市企业所属行业的结构中，工业企业以及医疗保健、信息技术与电信行业企业占比较大，同时，这些企业相对于消费品行业等企业的技术存量较大，科技创新进程更为复杂，而且在第四次产业革命背景下日本推进科技创新也主要基于这些产业领域制定了诸多激励举措，因此，科技创新活动受到外界的影响相对更明显。

第五章　第四次产业革命背景下日本科技创新的效果

本章主要阐述第四次产业革命背景下日本的科技创新成果以及效果，在现阶段日本科技创新的成果方面，主要从科技创新投入与产出两个视角进行分析，对科技创新投入的分析主要包括对研发支出与研究者情况的阐述，在研发支出方面，主要从日本研发费用总额、日本的科学技术预算总额等角度进行分析；在研究者情况方面，主要从研究者数量、科研素质等角度进行分析。对科技创新产出的分析主要包括对论文发表情况、专利发明情况、技术贸易与高技术产业贸易情况的阐述。在梳理现阶段日本科技创新的效果方面，由之前的章节可知，第四次产业革命背景下，日本推进科技创新的经济效果主要是提升经济发展质量，因此，基于日本都道府县的数据集，构建经济增长质量的测算体系，并以测算的数据为基础构建实证模型以分析日本科技创新发展对经济增长质量的影响。鉴于在上一章对日本科技创新的影响因素分析中，人口少子老龄化对科技创新的影响尚不完全确定，即其影响企业研发支出强度，但是不影响研发支出，因此，本章既针对不考虑人口少子老龄化与科技创新的交互作用，也针对考虑两者的交互作用，分别构建实证模型进行分析。但是，鉴于第四次产业革命背景下日本科技创新推进的重要目标之一就是消除人口少子老龄化给经济增长带来的不良影响，本章侧重于利用考虑人口少子老龄化与科技创新交互作用的实证结果对经济的意义进行阐述。

第一节 日本科技创新的成果

一 日本科技创新的投入

根据以往的研究经验，通常将研发支出、研究者数量等作为科技创新投入的替代变量。上文在讨论现阶段日本科技创新的特点时简单说明了日本研发费用总额、日本的科学技术预算总额以及研究者数量等具有下行趋势，这里将详细解析整体情况。

（一）研发支出

首先，从研发费用总额与日本的科学技术预算总额来看，2010 年，日本研发费用总额为 17.11 万亿日元，占 GDP 的比重为 3.43%，之后研发费用总额基本上趋于增加，2014 年达到阶段峰值，为 18.97 万亿日元，研发费用总额占 GDP 的比重为 3.66%，之后趋于减少。由表 5－1 可知，2011 年，日本的科学技术预算总额为 3.66 万亿日元，之后震荡减少，2015 年为 3.48 万亿日元，之后稳步增加，2020 年达到 4.38 万亿日元，但是考虑经济规模，即从科学技术预算总额占 GDP 的比重来看，自 2011 年之后，其呈现震荡下跌趋势，2011 年为 0.74%，但是 2016 年即下跌至 0.66%，2018 年有小幅增加，为 0.70%。

其次，从研发费用的负担者与使用者来看，如图 5－1 所示，以 2016 年为例，日本的研发费用绝大部分流向企业，当然企业也是研发支出的主要负担者，即基本上企业研发支出主要用于自身使用，有少量流向大学、公共机构与非营利团体。政府的研发费用大部分流向了大学，占比达到 54.5%，其次是公共机构，占比为 38.7%；流向企业的仅占 4%；流向非营利团体的更少，仅占 2.8%。表 5－1 展示了 2000～2020 年日本研发费用变动的具体值与流向值，整体来看，企业使用的研发费用占比趋于增加，2010 年，企业使用的研发费用为 12.01 万亿日元，占研发费用总额的 70.2%；2011 年为 12.27 万亿日元，占研发费用总额的 70.6%；之后，企业使用的研发费用稳步增加，2015 年达到 13. 69 万亿日元，占比为 72. 3% ，尽管 2016 年企业研发费用总额有所下降，但是占比依旧为 72. 3% 。除企业之外，大学也是研发费用流向的主要目的地，单纯看 2010 ~2016 年的研发费用发现，2010 ~2013 年大学使用的研发费用上行明显，但是 2014 年之后则趋于下降，2010 ~2016 年，大学使用的研发费用占研发费用总额的比重在 20% 左右。相对企业与大学，公共机构与非营利团体使用的研发费用较少，两者之和大约占研发费用总额的 10% 。

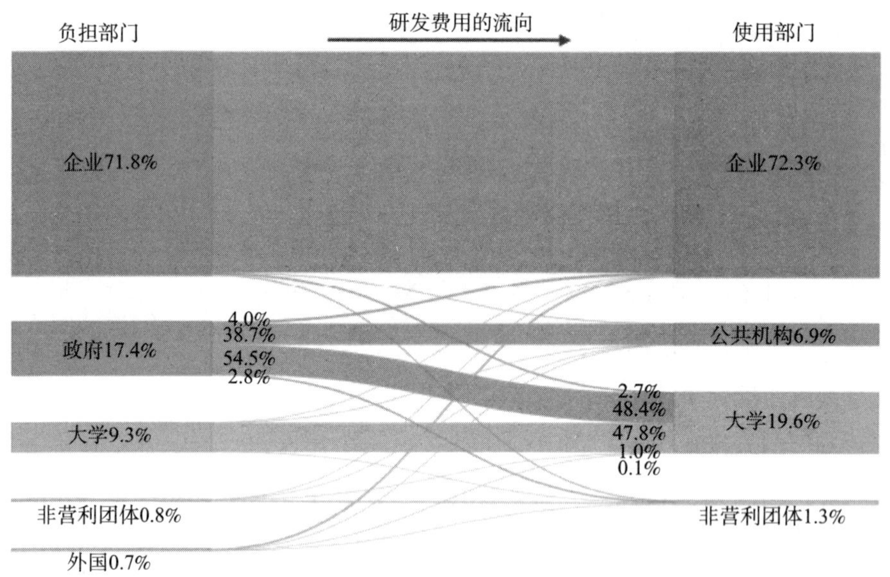

图 5 -1　2016 年日本研发费用的主要流向路径

资料来源：日本文部科学省科学技術・学術政策研究所「科学技術指標 2018」、http://data. nistep. go. jp/dspace/handle/11035/3208。

再次，从各研究领域的研发费用支出来看，在关于自然科学研发支出方面，用于基础研究与开发研究的经费支出相对增加，用于应用研究的经费支出相对减少。2010 年，日本的基础研究费用为 2. 31 万亿日元，应用研究费用为 3. 64 万亿日元，开发研究费用则为 9. 79 万亿日元。2010 年之后，基础研究费用与开发研究费用趋于增加，而应用研究费用则相对减少。2016 年，基础研究费用增至 2. 59 万亿日元，较 2010 年增长 12% 以上，年均增长率在

表 5-1　2000~2020 年日本研发费用总额与流向

单位：百万日元，%

年份	研发费用						科学技术预算	
	总额	研发费用总额/GDP	企业	大学	公共机构	非营利团体	总额	科学技术预算总额/GDP
2000	16289336	3. 08	10860215	3208418	1513633	707069	3285987	0. 62
2001	16527998	3. 18	11451011	3233392	1482024	361570	3468512	0. 67
2002	16675053	3. 24	11576840	3282338	1483211	332664	3544427	0. 69
2003	16804155	3. 24	11758939	3263109	1460139	321968	3597366	0. 69
2004	16937584	3. 25	11867276	3273966	1497546	298796	3608361	0. 69
2005	17845225	3. 39	12745840	3407410	1382200	309775	3577945	0. 68
2006	18463101	3. 49	13327391	3382392	1430440	322878	3574334	0. 68
2007	18943767	3. 57	13830433	3423678	1379374	310282	3511258	0. 66
2008	18800063	3. 69	13634478	3444992	1447364	273229	3570796	0. 70
2009	17246300	3. 50	11983844	3549780	1457538	255138	3563929	0. 72
2010	17109950	3. 43	12010033	3433979	1416519	249419	3589009	0. 72
2011	17379085	3. 52	12271778	3540506	1335473	231328	3664755	0. 74
2012	17324559	3. 50	12170475	3562409	1369191	222484	3692671	0. 75
2013	18133628	3. 57	12691955	3699668	1529297	212709	3609767	0. 71
2014	18971301	3. 66	13586360	3696157	1454760	234024	3651321	0. 70
2015	18939130	3. 55	13685745	3643887	1377232	232266	3477647	0. 65
2016	18432644	3. 42	13318291	3604203	1276596	233554	3566865	0. 66
2017	19050400	3. 48	13798898	13798898	13798898	13798898	3587997	0. 66
2018	19526007	3. 56	14231616	14231616	14231616	14231616	3840145	0. 70
2019							4237686	
2020							4378658	

资料来源：根据日本国家科技政策研究所的《科学技术指标》统计数据集整理而得。

1.9%以上；开发研究费用为10.91万亿日元，增幅为11%左右，年均增长率约为1.8%；应用研究费用则减少至3.53万亿日元，降幅为3%左右。2018年，基础研究费用约为2.75万亿日元，相对于2017年有所减少，占比为15.2%；应用研究费用增至3.77万亿日元，占比为20.8%；开发研究费用约为11.59万亿日元，占比在60%以上。整体来看，随着日本越来越重视原始创新与基础研究，与之相对应的经费支出确实趋于增加。另外，在2006年发布的第三期《科学技术基本计划》中，日本提出重点推进生命科学、通信、环境、纳米工程和材料等四个领域的研发，并重视能源、宇宙开发、海洋开发等领域的研发投资，自2010年上述重点领域的研发支出基本上呈现震荡上行趋势，但是通信、纳米工程和材料领域的研发支出则相对下降。2010年，通信领域的研发支出为2.42万亿日元，2015年为2.09万亿日元，2016年小幅增至2.17万亿日元，仍然不及2010年水平。而且，尽管纳米工程和材料领域的研发支出趋于增加，2010年为0.93万亿日元，2016年增至1.04万亿日元，但实际上主要是材料领域的研发支出在增加，纳米工程领域的研发支出则相对减少，2010年用于纳米技术研发的经费约为0.20万亿日元，2015年、2016年分别为0.149万亿日元、0.151万亿日元，甚至不及2010年的八成。①

最后，从各生产领域的研发支出情况来看，这里主要基于企业层面进行分析，如表5-2所示，自2010年起，企业用于研发支出的总额基本上逐年增加，其中，制造业领域的研发支出增加较稳定，2010年为10.466万亿日元，2015年为11.864万亿日元，年均增长率为2.54%；非制造业领域的整体研发支出震荡较大，2010年为1.227万亿日元，2011年即上涨至1.488万亿日元，2012年、2013年接连下滑，2013年为1.43万亿日元左右，2014年再次上涨至1.8万亿日元以上，2015年为1.822万亿日元，整体年均增长率约为8.23%。在制造业领域，相对于2010年，2018年，输送用机械领域的研发支出增幅最大；其次为医药品等、化学制品等以及其他制造业领域；而

① 主要根据日本总务省《平成29年 平成24年科学技术研究调查》中的统计数据计算而得。

表 5－2　2009～2018 年各产业领域企业研发支出情况

单位：百万日元

	2009 年	2010 年	2011 年	2012 年	2013 年	2014 年	2015 年	2016 年	2017 年	2018 年
全产业	11983844	12010033	12271778	12170475	12691955	13586360	13685745	13318291	13798898	14231616
制造业	10438610	10465745	10783343	10704098	11261485	11755102	11864097			
化学制品等	755210	743880	744132	746862	751940	753406	816578	849377	852492	836936
医药品等	1193657	1276007	1229935	1306134	1437056	1495336	1457724	1351568	1465298	1404663
电脑、电子、光学制品等	3156169	2932247	3142474	2960036	2912535	2887288	2884587	2627617	2669415	2769757
电子机器	342721	380699	346189	340725	351267	353295	353647	360656	374812	385949
输送用机械	2496273	2638333	2785104	2869386	3115850	3509369	3624965	3605871	3708617	3836521
其他制造业	2494580	2494579	2535509	2480955	2692837	2756408	2726596	2779696	2911145	3081314
非制造业	1545234	1226690	1488435	1466377	1430470	1831258	1821648			
情报通信业	531108	540139	562836	540253	464759	688409	645345	585642	606184	600951
金融保险业	2257	2542	3282	1834	2192	3278	3698	3027	4625	8875
专门科学技术服务业	725047	725092	676966	657106	690104	858167	882354	853184	881740	940528
其他服务业	88775	81221	74752	98555	107480	129878	128432	129624	135879	155383
其他非制造业	198047	195294	170599	168629	165935	151526	161819	172029	188691	210739

资料来源：日本国家科技政策研究所《科学技术指标 2020》，https://nistep.repo.nii.ac.jp/?action=pages_view_main&active_action=repository_view_main_item_detail&item_id=6700&item_no=1&page_id=13&block_id=21。

电脑、电子、光学制品等领域的研发支出自2011年以来逐年递减；尽管2011年以来电子机器领域的研发支出基本上逐年增加，但是2018年才略微超过2010年水平。在非制造业领域，相对于2010年，2018年的研发支出均明显增加。其中，2018年，研发支出最多的为专门科学技术服务业，企业研发支出总额为9405.28亿日元，相对于2010年增长了30%左右；其次为情报通信业，2018年，研发支出为6009.51亿日元，相对于2010年的增幅在11%以上。其他服务业在2018年的研发支出为1553.83亿日元，相对于2010年增长了90%以上，增幅最为明显。与此同时，金融保险业的研发支出也有明显的增加，但是其他制造业的研发支出则趋于减少。

（二）研究者情况

首先，在研究者数量方面，日本主要统计研究者的FTE（Full Time E-quivalents）总数以及HC（Head Count）总数，由于日本在2008年、2013年改变了用于FTE总数统计的系数，数据的连续可比较性下降，为更好地体现研究者相关数据的连续变动情况，本部分主要采取HC总数指标进行说明。如表5-3所示，一是从研究者总数来看，其在2002~2009年的增长趋势比较明显，基本表现为逐年递增，但是2010年之后则基本表现为震荡增加，增幅不明显，2017年相较于2016年有所增加，但是仍不及2015年总人数，2018年、2019年则明显增加，2019年达到93.56万人。但是，每万人口或者劳动人口中的研究者数量的增幅并不明显，尽管2010年之后整体是震荡增加的，但是其中也有人口总数、劳动人口总数减少的缘故，近几年来，日本研究者总数并不乐观，整体规模落后于美国、中国，排在世界第三位。二是分部门来看，企业的研究者数量占比最大，其次为高校，最后是公共机构与非营利团体。相较于2010年之前，2010年之后，非营利团体、公共机构的研究者数量均有所减少，但是企业、高校的研究者数量明显增加，企业的研究者数量震荡增加，高校的研究者数量则是自2002年以来逐年增加。三是从研究者学历来看，自2002年以来，拥有博士学历的研究者数量逐年增加，2010年为15.50万人，占研究者总数的17.9%；2012年为16.08万人，占研究者总数的18.0%以上，2019年增至17.97万人，

表 5－3　2002～2019 年日本研究者数量变动

单位：人，%

年份	研究者数量			研究者数量（按所属部门划分）				研究者数量（学历）	
	总数	每万人口中的研究者数量	每万劳动人口中的研究者数量	企业	高校	公共机构	非营利团体	博士学历拥有者数量	博士学历拥有者占比
2002	792699	62.2	118.5	461962	280710	35992	14035	121326	17.2
2003	791224	62.0	118.7	460053	281304	36052	13815	127131	18.1
2004	830545	65.0	125.0	497620	284330	36268	12327	130149	17.6
2005	830474	65.0	124.9	490551	291147	36725	12051	135597	18.4
2006	861901	67.4	129.3	519360	295476	36675	10390	139334	18.2
2007	874690	68.3	130.9	527100	301193	36268	10129	146376	18.8
2008	883386	69.0	132.4	535121	302492	35618	10155	147325	18.7
2009	890669	69.6	133.9	539591	305847	35084	10147	150493	19.0
2010	889341	69.4	134.1	534568	308987	35971	9815	154956	17.9
2011	894138	70.0	135.6	537293	312099	35693	9053	158057	19.9
2012	892684	70.0	136.0	534908	313912	35234	8630	160797	18.0
2013	887067	69.7	134.5	528300	315244	34829	8694	163785	20.8
2014	892406	70.2	135.0	531423	317658	34287	9038	166120	21.0
2015	926671	72.9	139.9	560466	321571	34067	10567	170816	20.7
2016	907455	71.5	136.0	540895	322100	34151	10309	173787	21.6
2017	917725	72.4	136.6	547344	326233	34235	9913	174906	21.5
2018	930720	73.6	136.3	557050	557050	557050	557050	177716	21.5
2019	935658			559983	559983	559983	559983	179671	19.2

注：这里研究者数量为 HC（Head Count）总数。

资料来源：日本国家科技政策研究所《科学技术指标 2020》，https://nistep.repo.nii.ac.jp/? action = pages_view_main&active_action = repository_view_main_item_detail&item_id = 6700&item_no = 1&page_id = 13&block_id = 21。

占研究者总数的19.2%，由此可见，日本的高学历研究者数量一直呈现稳步增加的趋势，整体研究队伍素质有所提升。

其次，从企业角度分产业领域比较研究者数量，如表5-4所示，2010年之后，制造业领域的研究者数量整体呈震荡式小幅增加趋势，尽管2014年相对于2013年有明显增加，但是2015年又下降为42.87万人，2016年增加为42.67万人，但是仍然不及2010年水平。与此相对应，非制造业领域的研究者数量则呈现震荡增加趋势，2010年为6.01万人，而2014年即达到6.31万人，2016年仍有6.21万人。在制造业领域下，输送用机械、其他制造业领域的研究者数量整体呈震荡增加态势，2010年，输送用机械制造业领域的研究者总计8.45万人，2016年增至9.42万人，增幅在11%以上；其他制造业领域的研究者数量增幅不足5%；除此之外，化学制品等、医药品等、电子机器制造业的研究者数量均有不同程度的减少，而且2016年水平甚至不及2010年。

最后，从大学角度比较研究者数量，由表5-5可知，无论是国立、公立还是私立大学，自2010年以来，研究者数量均有不同程度的增加，2011年，日本各大学研究人员总计28.40万人，2017年则增加至29.30万人，其中，国立大学研究人员增加3555人，公立大学的增加1280人，私立大学的增幅最大，增加了4163人。从全大学分研究领域的研究者数量来看，自然科学研究领域的研究者数量最多，其次是人文社会科学与其他研究领域。自2011年以来，人文社会科学研究领域的研究者数量趋于下滑，由2011年的6.61万人减少至2017年的6.27万人，减少幅度在5%以上，人文社会科学研究领域的研究者数量占全部大学的研究者数量的比重也趋于下降，2011年的占比为23.3%，2017年则降至21.4%。相对应地，自然科学领域的研究者数量则明显增加，由2011年的18.69万人增至2017年的19.60万人，所占比重也逐年增加，由2011年的65.8%增至2017年的66.9%。其他领域的研究者数量同样明显增加，2017年达到3.43万人，所占比重达到11.7%。

表 5－4　2008～2016 年各产业领域企业研究者数量情况

单位：人

	2008 年	2009 年	2010 年	2011 年	2012 年	2013 年	2014 年	2015 年	2016 年
全产业	492805	490494	490538	490920	481425	485318	506134	486198	488828
制造业	432289	429738	430458	437607	426670	426655	443075	428702	426744
化学制品等	34131	36096	35459	33876	34093	33879	33282	33663	33862
医药品等	21725	20606	21559	21336	22651	22649	23419	21723	21565
电脑、电子、光学制品等	165529	158554	152306	170853	160513	157439	148853	142039	136248
电子机器	20890	18835	20005	18240	18426	17848	18862	18266	19164
输送用机械	74742	80978	84462	79675	76836	76983	91669	92415	94154
其他制造业	115272	114669	116667	113627	114151	117857	126990	120596	121751
非制造业	60516	60756	60080	53313	54755	58663	63059	57496	62084
情报通信业	26226	26801	27195	23931	21818	25106	28815	24015	26397
金融保险业	184	166	170	215	166	183	243	234	212
专门科学技术服务业	22422	22299	21671	19283	22161	22800	23656	22172	22344
其他服务业	4164	4330	4028	3415	4132	4566	4560	4914	6362
其他非制造业	7520	7160	7016	6469	6478	6008	5785	6161	6769

资料来源：日本国家科技政策研究所《科学技术指标 2020》，https://nistep. repo. nii. ac. jp/? action = pages_ view_ main&active_ action = repository_ view_ main_ item_ detail&item_ id = 6700&item_ no = 1&page_ id = 13&block_ id = 21。

表 5－5　2005～2017 年日本的大学研究者数量变动

单位：人

年份	总计	大学			研究领域（全部大学）		
		国立	公立	私立	人文社会科学	自然科学	其他
2005	267688	127323	18890	121475	65878	172434	29376
2008	276829	129970	18910	127949	66670	179416	30743
2009	279766	130592	18868	130306	66972	182100	30694
2010	281740	131292	18843	131605	66801	183906	31033
2011	284025	132667	18868	132490	66059	186874	31092
2012	285800	133615	18869	133316	65833	188945	31022
2013	285986	133682	19244	133060	63910	189550	32526
2014	287349	134397	19461	133491	63584	190968	32797
2015	290620	135376	19952	135292	63183	194221	33216
2016	290040	135140	19972	134928	62776	193541	33723
2017	293023	136222	20148	136653	62728	196030	34265

资料来源：日本国家科技政策研究所《科学技术指标 2020》，https://nistep.repo.nii.ac.jp/?action=pages_view_main&active_action=repository_view_main_item_detail&item_id=6700&item_no=1&page_id=13&block_id=21。

整体来看，尽管随着第四次产业革命拉开序幕，日本对科学技术创新的重视力度较大，但是从科学技术创新投入指标研发费用总额、科学技术预算总额等数据来看，上行趋势并不十分明显，更多的是小幅震荡增加。近年来，企业与大学的研发支出震荡增加，公共机构、非营利团体则相对减少。另外，用于基础研究、开发研究的经费支出相对增加，应用研究费用则有所减少，制造业领域的研发支出基本上是稳步增加的，但是，非制造业领域的研发支出的增幅更为明显。从研究者数量来看，自 2011 年以来，研究者数量震荡增加，企业、大学研究者数量均有一定程度的增加，但是公共机构研究者数量趋于减少，非营利团体的变动相对较小，拥有博士学历的研究者数量、占比均呈上行趋势，在一定程度上说明研究者知识、技能素质相对提升。另外，尽管企业的研究者数量的增幅较小，但是大学研究者数量的增幅较明显，无论是国立、公立还是私立大学，自然科学研究领域的研究者数量占比均逐年提升，由此可知，日本科技创新的人才储备仍然较丰富，在深入推进产学官协同创新的基础上，科技创新潜力依旧较大。

二　日本科技创新的产出

科技创新的产出相对难以量化，日本文部科学省在每年发布的《科学技术指标》报告中通常用论文发表数量、专利发明数量以及技术贸易等作为科技产出的替代指标，以往研究也普遍用其衡量科技创新产出，因此，本部分沿用这一思路，主要从论文发表情况、专利发明情况、技术贸易与高技术产业贸易情况等视角阐述现阶段日本科技创新产出情况。

（一）论文发表情况

首先，从论文发表数量来看，如表 5－6 所示，论文发表数量采用整数法计算，自 2010 年以来，日本的论文发表数量整体有所增加，2011 年约为 7.64 万篇，2018 年增至 8.27 万篇，其中，国内论文发表数量震荡减少，而国际共著论文发表数量增加，被认为质量高的前 10% 的论文（Top10%）、前 1% 的论文（Top1%）的数量均有较明显增加，2010 年，Top10% 论文的数量共计约 0.60 万篇，2016 年约为 0.69 万篇，增幅为 15%，年均增长约 2.36%。2010 年，Top1% 论文的发表数量共计 593 篇，2016 年为 803 篇，增幅在 35.4% 以上，年均增长 5.18%，2017 年增至 833 篇，但是 2018 年减少至 765 篇。论文发表数量采用分数法计算，2005 年为 6.76 万篇，2010 年减少至 6.35 万篇，2011～2016 年，日本的论文发表数量更是整体趋于下滑，2016 年为 6.32 万篇，2016 年之后则有所增加，2018 年为 6.57 万篇。与此同时，Top10% 论文发表数量相对减少，尽管 2014 年以来 Top1% 论文发表数量逐年增加，但是 2018 年 Top10%、Top1% 论文发表数量仍然不及 2010 年的水平。由于整数法计算论文发表数量侧重于对论文参与、相关度的分析，而分数法计算侧重于对论文贡献度的分析，因此，整体来看，可以发现日本单独进行科研创新的发展有所减速，对世界论文发表的贡献度相对下降，但是国际共著论文的发表数量逐年增加，以及整数法计算的论文发表数量相对增加，说明日本与国际合作的创新成果相对增加，开放式创新的趋势进一步深化。

表 5－6　日本论文发表数量的变动

单位：篇

年份	整数法计算					分数法计算		
	总数	国内论文	国际共著	Top10%	Top1%	总数	Top10%	Top1%
2000	73544	59848	13696	5431	438	66363	4444	339
2005	76797	59528	17269	5856	517	67646	4580	352
2008	76202	57186	19016	6076	536	65961	4520	349
2009	75551	55902	19649	5996	555	64881	4394	354
2010	74432	54416	20016	5990	593	63468	4248	354
2011	76420	55272	21148	6232	627	64755	4340	351
2012	77126	54992	22134	6272	621	64745	4223	333
2013	78612	55710	22902	6479	701	65740	4320	344
2014	77211	54160	23051	6430	677	64152	4136	319
2015	76428	52528	23900	6313	748	62664	3934	337
2016	78380	52217	26163	6940	803	63173	4174	343
2017	81315	53660	27665	6718	833	65120	3818	298
2018	82727	53680	29047	6783	765	65695	3825	286

资料来源：日本国家科技政策研究所《科学技术指标 2020》，https://nistep.repo.nii.ac.jp/?action=pages_view_main&active_action=repository_view_main_item_detail&item_id=6700&item_no=1&page_id=13&block_id=21。

其次，从论文发表领域来看，由表 5－7 可知，日本的论文研究主要集中于基础生命科学、临床医学・精神医学/心理学、化学、物理学・宇宙科学等领域；其中，基础生命科学领域论文发表数量多年来占总数的 27% 以上，占比最大，但是近年来有所下滑，由 2010 年的 28.3% 降至 2018 年的 26.5%。其次为临床医学・精神医学/心理学，自 2010 年之后，该领域论文发表数量占总数的比重持续攀升，2011 年为 22.3%，2018 年增至 26.3%。化学、物理学・宇宙科学领域论文发表数量占比均高于 10%，但是近年来也出现一定程度的下滑。材料科学、工学领域论文发表数量所占比重基本上变动不大，在 6% 左右浮动。计算机科学・数学领域论文发表数量所占比重基本保持在 3.1% ~4%。相对来说，随着日本对环境、生态愈加重视，环境/生态学・地球科学领域的论文发表数量所占比重有所增加，2018 年达到

4.6%，与此同时，其他领域的论文发表数量所占比重也有所攀升，由2010年的0.6%升至2018年的0.8%。

表5－7　日本各领域论文发表数量所占比重的变动

单位：%

年份	全部领域	化学	材料科学	物理学·宇宙科学	计算机科学·数学	工学	环境/生态学·地球科学	临床医学·精神医学/心理学	基础生命科学	其他
2000	100.0	17.1	6.3	15.1	3.1	6.5	2.2	20.4	28.8	0.5
2005	100.0	16.0	6.9	15.3	3.9	6.8	3.3	19.5	27.4	1.0
2008	100.0	15.0	6.9	14.3	3.6	6.6	3.8	20.3	28.9	0.5
2009	100.0	15.5	6.6	13.5	3.8	6.8	3.9	21.2	28.1	0.5
2010	100.0	14.7	6.3	13.7	3.8	6.5	3.9	22.2	28.3	0.6
2011	100.0	14.9	6.0	13.6	3.7	6.9	3.8	22.3	28.2	0.6
2012	100.0	14.6	5.6	12.8	3.8	6.3	3.9	23.7	28.8	0.6
2013	100.0	14.8	5.7	12.6	3.7	6.5	4.0	23.5	28.5	0.7
2014	100.0	14.7	6.1	12.3	3.7	6.2	4.1	24.8	27.5	0.7
2015	100.0	14.8	5.9	11.6	3.8	6.4	4.1	25.2	27.6	0.7
2016	100.0	14.2	6.1	11.9	3.7	6.6	4.4	25.1	27.2	0.8
2017	100.0	14.5	6.3	11.0	3.9	6.6	4.4	25.7	26.8	0.8
2018	100.0	13.8	6.2	11.0	3.8	6.9	4.6	26.3	26.5	0.8

资料来源：日本国家科技政策研究所《科学技术指标2020》，https://nistep.repo.nii.ac.jp/?action=pages_view_main&active_action=repository_view_main_item_detail&item_id=6700&item_no=1&page_id=13&block_id=21。

（二）专利发明情况

首先，从专利发明的申请、授权数量来看，如表5－8所示，2010年之后，日本的专利发明申请数量整体趋于减少，2011年约为34.26万件，2017年减少至31.85万件，减少了2万多件。但是，专利发明授权数量先增加后减少，即2010～2013年，专利发明授权数量增幅明显，2013年达到27.71万件；但是之后则震荡减少，2015年降至18.94万件，2016年有所增加，达到20.31万件，2017年再次下滑为19.96万件。另外，专利族申请数量也出现下滑趋势，2008 年及之前，专利族申请数量在 30 万件以上，2009 年即跌至 27.12 万件，2010 年之后更是逐年递减，2013 年为 24.11 万件。但是，值得注意的是，在 PCT 国际专利申请数量方面，日本常年居世界第二位，仅次于美国，2017 年被中国反超，退居世界第三位，尽管排名下降，但是，日本的 PCT 国际专利申请数量呈现较明显的增长态势，自 2010 年以来（除 2014 年之外），PCT 国际专利申请数量基本上是逐年递增的，2017 年达到了 48205 件，约是 2010 年的 1.5 倍，约为 2005 年的 2 倍，是 2000 年的 5 倍以上。

表 5-8　日本专利发明和专利族的申请、授权数量及 PCT 国际专利申请数量变动

年份	专利发明		专利族				PCT 国际专利申请数量
	申请数量	授权数量	总计	单国申请	复数国申请（两国）	复数国申请（三国）	
2000	419543	125880	370395	325708	16699	27988	9569
2005	427078	122944	353950	291847	23422	38681	24870
2008	391002	176950	308104	249041	24689	34374	28763
2009	348596	193349	271196	214929	21272	34995	29810
2010	344598	222693	262320	200044	21220	41056	32216
2011	342610	238323	260410	195092	22163	43155	38864
2012	342796	274791	259436	194121	21778	43537	43523
2013	328436	277079	241141	178898	21134	41109	43772
2014	325989	227142	233277	171408	21876	39993	42381
2015	318721	189358	227460	166110	21186	40176	44053
2016	318381	203087					45209
2017	318479	199577					48205
2018	313567						

资料来源：世界知识产权组织数据库（WIPO Statistics Database）、日本国家科技政策研究所《科学技术指标 2020》统计集。

其次，从各技术领域看专利发明数量，世界知识产权组织（WIPO）将专利所属的技术领域划分为 35 类。2011 年，日本专利发明数量排名前十位的技术领域分别是电机、电气装置及电能，计算机技术，光学，音像技术，半导体，测量，运输，电信，家具、游戏，医学技术。2018 年，排名前十位的分别为电机、电气装置及电能，计算机技术，家具、游戏，运输，光学，医学技术，半导体，测量，音像技术以及发动机、泵、涡轮机。具体的专利发明数量变动如表 5 -9 所示，在日本主要的技术领域中，自 2010 年以来，电机、电气装置及电能领域始终是专利发明数量较多的技术领域，基本上呈震荡上行趋势；计算机技术领域的专利发明数量则先增加后减少，2012 年之后便倾向于减少，2018 年约为 1.17 万件，与 2010 年水平相当；家具、游戏领域的专利发明数量则明显增加，2010 年仅为 0.78 万件，2011 年增至 0.91 万件，之后震荡增加，2018 年为 1.14 万件，仅次于电机、电气装置及电能和计算机技术等领域；运输和测量领域的专利发明数量基本上变动不大；但是光学，半导体，音像技术，发动机、泵、涡轮机，电信以及纺织与造纸机械等领域的专利发明数量在 2014 年以后的减少趋势相对明显，特别是电信领域，2018 年，专利发明数量仅为 0.48 万件，相对于 2011 年的 0.93 万件，减少幅度约为 48%。相对来说，控制、土木工程、机械元件、数字通信等领域的专利发明数量基本上先增加后减少。但是由于人口老龄化问题加剧以及日本愈加重视医疗方面的研发，医学技术领域的专利发明数量呈震荡增加趋势，不过，与第四次产业革命日本重点布局领域密切相关的计算机技术、半导体领域的专利发明数量则均呈现先增加后减少趋势，近几年的表现并不突出。

最后，从各技术领域看，对于 PCT 国际专利申请公布数量，2011 年，日本 PCT 国际专利申请公布数量排名前十位的技术领域分别为电机、电气装置、电能，半导体，音像技术，光学，计算机技术，运输，测量，医学技术，数字通信技术以及发动机、泵、涡轮机领域；2019 年，排名前十位的分别是电机、电气装置、电能，计算机技术，运输，测量，医学技术，音像技术，半导体，光学，数字通信技术以及机械元件。具体的公布数量变动如表 5 -10 所示，在日本主要的技术领域，自 2010 年以来，随着 PCT 国际专利申请数量的增加，大多数技术领域的 PCT 国际专利申请公布数量基本上都在增加，但是，音像技术、半导体领域的 PCT 国际专利申请公布数量呈现先增加后减少的趋势，2011 ~2013 年的增长趋势较明显，但是 2013 年之后则有所减少，半导体领域 2019 年的水平甚至不及 2011 年水平；尽管计算机技术、

表 5－9　2000～2018 年日本主要技术领域专利发明数量的变动

	2000 年	2005 年	2008 年	2009 年	2010 年	2011 年	2012 年	2013 年	2014 年	2015 年	2016 年	2017 年	2018 年
电机、电气装置及电能	8557	8893	12426	13246	15607	18583	20911	24138	24154	16774	19487	19450	17555
计算机技术	6414	6460	9516	10844	12451	16063	17031	16774	16220	11676	13518	12478	11700
家具、游戏	2834	3558	5853	7004	7845	9072	10098	11656	12936	10839	13248	11933	11381
运输	4940	6179	9213	9621	9990	10949	11892	12740	12356	8703	11030	10609	9948
光学	7785	7310	10804	11313	13285	15775	16867	16598	15747	9790	11437	9976	9332
医学技术	2424	3330	5181	6175	7738	8573	9332	10470	11489	8495	10185	9830	9637
半导体	6360	5282	7749	8607	10315	12373	14534	15431	15227	9749	10268	9206	8303
测量	6711	6131	7675	7907	8981	11437	12585	12756	12195	8176	9545	8961	9261
音像技术	7828	7799	11604	13146	14094	15058	15129	13731	11845	7475	8545	7949	7577
发动机、泵、涡轮机	3709	3540	6520	6598	7147	7175	7480	7497	7449	5471	6954	6439	5879
控制	3607	4500	6364	7097	7163	7861	8426	8056	8423	5608	7041	6408	6120
土木工程	6051	6458	7642	6607	7512	8240	8062	8429	7981	5726	6426	6357	6499
机械元件	3660	4315	5987	6214	6478	7622	8133	7675	6697	5143	6048	5846	5435
数字通信	2054	2521	3482	4432	5608	7238	7788	8168	8272	5814	6246	5401	5802
其他专用机械	4516	4849	5522	5686	6102	6942	7538	7346	7223	5802	5933	5139	5019
电信	5088	4637	6631	6968	7929	9256	9092	8497	7943	5373	5598	4943	4845
纺织与造纸机械	4566	3818	5141	5892	6704	7030	7090	6584	6144	4851	5423	4825	4620

注：WIPO 将专利发明所属技术领域划分为 35 类，这里仅列举 2017 年日本专利发明申请量排名在前 50% 的 17 个主要技术领域。

资料来源：世界知识产权组织数据库（WIPO Statistics Database）。

表 5－10　2000～2019 年日本主要技术领域 PCT 国际专利申请公布数量的变动

	2000 年	2005 年	2008 年	2009 年	2010 年	2011 年	2012 年	2013 年	2014 年	2015 年	2016 年	2017 年	2018 年	2019 年
电机、电气装置、电能	540	1815	2421	2645	2697	3786	4973	5475	5504	5150	4744	4923	5196	5582
医学技术	156	772	992	1011	1173	1369	1706	1954	2233	1968	2488	2616	2525	2633
运输	144	609	1056	1070	1099	1416	2029	2393	2520	2465	2218	2411	2714	2820
计算机技术	373	1248	1665	1663	1758	1935	2451	2643	2720	2527	2569	2380	2586	2848
光学	379	1291	1797	1828	1790	2072	2420	2504	2313	2092	2287	2353	2563	2457
测量	260	964	1269	1275	1270	1382	1625	1820	1986	1893	2082	2296	2439	2805
音像技术	638	1771	2048	2073	2118	2367	2677	2855	2394	2026	2150	2145	2355	2469
半导体	338	1146	1721	2018	2137	2737	2731	2879	2643	2308	2276	2130	2240	2395
数字通信技术	166	650	944	911	1243	1337	1323	1551	1858	1833	1726	1765	1916	1955
机械元件	133	531	787	789	745	955	1094	1260	1328	1449	1487	1521	1510	1456
发动机、泵、涡轮机	127	510	849	865	793	1099	1320	1437	1387	1412	1500	1474	1466	1350
高分子化学/聚合物	322	763	875	868	784	967	1064	1110	1152	1200	1224	1333	1426	1471
材料/冶金	228	600	767	788	844	1025	1162	1306	1306	1240	1322	1290	1362	1357
其他专用机械	210	578	670	725	668	787	951	1073	1058	1116	1212	1289	1276	1383
表面加工技术/涂层	226	579	727	740	749	923	999	1143	1224	1202	1283	1275	1332	1403
基础材料化学	293	623	801	816	785	867	1056	1060	1137	1157	1166	1142	1197	1239
控制	132	445	532	547	518	591	646	731	717	829	933	1105	1288	1305

注：WIPO 将专利发明所属技术领域划分为 35 类，这里仅列举 2017 年日本 PCT 专利申请公布量排名在前 50% 的 17 个主要技术领域。

资料来源：世界知识产权组织数据库（WIPO statistics database）。

数字通信技术领域的公布数量也呈现先增后减的特征，但是整体上仍然处于上行趋势；其他主要技术领域基本上呈现稳步增加的趋势，其中，医学技术、运输、测量、机械元件以及控制等技术领域的增幅相对明显。由此可见，在与第四次产业革命相关的主要技术领域中，除半导体领域外，日本的PCT国际专利申请公布数量基本上在不断增加，可见尽管专利发明数量总体有所下降，但是PCT国际专利申请公布数量持续增加，在一定程度上表明日本的海外专利布局能力、知识产权整体实力持续增强，知识产权的含金量不断提升，进而日本的专利申请由数量型向质量型过渡。

（三）技术贸易与高技术产业贸易情况

技术贸易、高技术产业贸易不仅体现一国的科技存量与国际竞争力，而且体现科技成果转化获取经济利益的能力，因此在一定程度上表示科技创新的产出能力。

首先，在技术贸易方面，2002年，日本的技术贸易收支比超过美国，之后始终稳居世界第一。2010年以来，技术贸易输出额整体上继续增加，输入额则先增加后减少，2015年达到6.55，远超同期美国的1.47、德国的1.34、英国的1.93等，2016年再创新高，增至7.89，在一定程度上表明日本的技术存量十分丰富。但是，进一步分析可知，日本的关联企业（母公司、子公司）之间的技术贸易收支比较大，2016年高达21.8，也就是说，日本的技术输出主要集中于有从属关系的日本母公司与子公司之间，即主要流向本国企业在其他国家设立的分支机构，但是技术输入主要来源于其他非从属关系的企业。与此同时，自2010年以来，日本的其他非关联企业间的技术贸易收支比也整体趋于增加，2010年仅为1.7，2016年即增至2.6，由此在一定程度上说明日本的科技竞争力在持续强化。分产业领域来看，日本的技术输出主要集中于制造业领域，以输送用机械器具制造业、其他制造业、医药品制造业以及情报通信机械器具制造业为主，非制造业领域的技术贸易输出相对较少，仅为制造业领域的1/4左右；技术输入同样集中于制造业领域，以情报通信机械器具制造业、医药品制造业以及其他制造业为主，非制造业领域的技术输入通常不足制造业领域的1/5。2010年以来，制造业以及非制造业领域的技术输出均呈现震荡增加的趋势，相对而言，非制造业领域的增幅更加明显，但是制造业领域的技术输入整体呈减少趋势，非制造业领域则整体呈增加趋势。[①]

其次，在产业贸易方面，尽管产业贸易无法如专利发明、论文一般直接体现科技创新能力，也不像技术贸易一般直接反映技术竞争力，但是可以间接体现科技创新成果转化为经济效益的能力，通过不同技术水平的产业贸易额占比可以看出一国整体的技术实力。结合 OECD 的定义，日本根据研发强度将产业划分为五类，即高技术产业、中高技术产业、中等技术产业、中低技术产业以及其他技术产业，高技术产业主要有医药品、电子机器、航空·宇宙三个产业，中高技术产业主要包括化学及化学制品、电气机械、机械器具、汽车以及其他输送机械等产业，中等技术产业主要包括橡胶·塑料制品、金属、船舶制造等产业，中低技术产业主要包括纤维、食品·饮料·烟草、金属加工制品（机械器具除外）等产业，除此之外的产业被划分在其他技术产业中。实际上，2011～2015 年，日本的各技术水平的产业贸易出口额均出现不同程度的减少，2016 年则有所回升。以高技术产业贸易为例，2011 年，日本高技术产业贸易出口额为 1301.8 亿美元，2015 年减少至 992.7 亿美元，2016 年有所增加，为 1007.7 亿美元；2011 年，日本高技术产业贸易进口额为 1328.8 亿美元，2012 年增至 1446.8 亿美元，之后趋于减少，2015 年为 1323.7 亿美元，2016 年增至 1343.3 亿美元。其中，2012 年之后，医药品产业出口额震荡增加，但是 2016 年不及 2011 年水平。2010 年之后，电子机器产业出口额与进口额均处于下滑轨道，特别是出口额降幅明显，但是航空·宇宙产业进出口额均明显增加，2010 年，航空·宇宙产业出口额仅为 42.3 亿美元，2016 年即增至 81.8 亿美元，年均增长率在 11.62% 以上，2010 年进口总额为 72.4 亿美元，2016 年增至 118.3 亿美元[②]，增幅高达 63.4%。进一步分析，对于世界主要发达国家美国、日本、德国、英国以及法国来说，中高技术产业贸易出口额占产业贸易出口总额的比重均较大，相较

① 数据主要来源于日本国家科学技术政策研究所《科学技术指标 2018》，第 231～235 页。

② 数据来源于日本国家科学技术政策研究所《科学技术指标 2018》，第 240、244 页。

于其他国家，日本中高技术产业贸易出口额所占比重最大，2016 年为 56.8%；其次为德国，2016 年中高技术产业贸易出口额约占 50.0%；美国、英国及法国中高技术产业贸易出口额均占 30% ~40%。另外，2016 年，日本的高技术产业贸易出口额占比为 15.6%，中等技术产业贸易出口额占比为 14.4%，中低技术产业贸易出口额占比仅为 5.7%，2016 年，日本的中高及高技术产业出口额所占比重之和高达 72.4%，明显超过美国的 62%、德国的 68.3%、英国的 59.5% 以及法国的 61.8%①，由此可见，日本产业贸易出口主要靠中高及以上技术产业拉动，贸易出口的技术含金量较高，技术实力也不容小觑。

整体来看，从科技创新产出指标论文发表情况、专利发明情况、技术贸易与高技术产业贸易情况来看，自 2010 年以来，日本的科技创新产出数量确实出现一定的下滑，但是进一步分析可以发现，日本的科技创新实力依然雄厚，这主要体现在以下几个方面。第一，从论文发表情况来看，日本对世界的论文发表贡献度降低，这在一定程度上可能是一种必然趋势，这是因为日本的资源相对贫乏，而且深受诸多经济社会问题的困扰，进而影响创新能力，如人口老龄化问题加剧可能负向影响社会的知识创新。但是，随着全球化的深入，世界范围内知识体系的共享、交流已经成为国家创新的重要驱动力，日本从很早之前便认识到要积极融入国际创新体系，加强国际创新合作，近年来，日本的国际共著论文发表数量趋于增加，整数法计算的论文发表数量呈现上行趋势，在论文的相关度、参与程度方面，日本是在不断进步的。第二，从专利发明情况来看，尽管专利发明总数有所减少，但是高质量的 PCT 国际专利申请数量持续增加，与第四次产业革命相关的主要技术领域（除半导体领域之外）的日本的 PCT 国际专利申请公布数量基本上均在持续增加，这在一定程度上说明日本的知识产权整体实力与含金量均在持续提高，专利发明由数量型增长向质量型增长转变。第三，从技术贸易以及高技术产业贸易情况来看，2002 年之后，日本的技术贸易收支比始终稳居世界第

① 根据日本国家科学技术政策研究所《科学技术指标 2018》（第 174 ~ 176 页）中的相关数据计算而得。

一位，技术输出远大于技术输入，近年来，日本非关联企业间的技术贸易收支比逐渐增加，从产业贸易出口结构来看，2016 年，日本的中高及以上技术产业贸易出口额占产业贸易总额的比重在 70% 以上，超过同期的美、德、英、法等国，这些均间接说明日本的科学技术创新水平依旧较高。

（四）其他

前文主要是从宏观视角看日本的科技创新情况，当然，除了科技创新指标外，其他如各领域科技成果应用动态、诺贝尔奖获得情况等也是表示科技创新实力的重要指标。前文已经阐述了日本在第四次产业革命中的重点布局领域即人工智能、机器人、物联网、前沿科技与纳米材料等，在分析日本现阶段科技创新的主要成果时，应补充阐述重点领域的技术动态与应用实例。这里以人工智能领域成果的应用动态为例进行简要说明。

日本积极推进人工智能在数据分析、图像识别、机器翻译、无人机、自动驾驶、智能服务、医疗服务等方面的应用研发，产生了一系列世界前沿技术成果。在数据分析、图像识别以及机器翻译领域，如日本总务省下的数据驱动智能系统研究中心开发了免费公开的可解析海量数据并提供相关咨询建议的信息分析系统（WINSDOM X）以及针对灾害的 SNS 信息分析系统（DISAANA）；日本电气公司（NEC）开发了“NEC Advanced Anlytics-RAPID 机器学习”深度学习技术软件；村田制作开发了新型人工智能系统“NAO-NO”，其以传感器与通信相关电子零组件为基础，引入人工智能技术，通过人类间交流来读取音量大小、语调高低和长短等信号，并加以数据化，实现场所聚集程度、热烈程度以及亲密度的可视化。在无人机、自动驾驶、智能服务等领域，如为应对农业人口减少以及人口老龄化加剧，日本农机企业积极研发推出可自动驾驶的无人农机，2017 年 5 月，久保田公司率先推出无人驾驶耕作农机“SL60A”，其带有全球卫星定位系统、自动操作系统、传感器与相机等多种装置，以保障自动驾驶的安全性①；2019 年初，日本首次使

① 《日企推出无人农机应对农业人口老龄化》，中国科技网，http://www.stdaily.com/guoji/zhengce/2018－06/06/content_678415.shtml。

用5G移动通信技术在公共道路上远程控制无人驾驶汽车，这在一定程度上表示了日本无人驾驶汽车商业化进一步加快；富士通利用大量数字技术（如3D、DMU）实现了零部件分析、协同设计、制造性检验、生产线仿真、虚拟仿真等目标，推进智能制造进程；发那科作为日本产业机器人巨头、世界上最大的专业生产数控装置厂商，积极研发可自我学习并可与人协调工作的最尖端机器人，取得了令人关注的技术成果。在医疗、护理、服务等方面，如日本理化学研究所与国家癌症中心合作研究通过人工智能实现高准确地识别早期胃癌，这一技术突破对诊断胃癌、延长患者寿命具有重要价值；同时，日本在利用人工智能判断药物致癌性、优化疾病诊断系统、建立疾病预防体系等方面实现重要的技术突破；除此之外，在其他有关领域，如在医疗金融方面，日本积极探索融合人工智能技术，如日本寿险巨头富国相互生命保险公司通过引入人工智能处理医疗保险理赔评估业务，借助人工智能可以阅读医生撰写的医疗诊断书来收集整理用户的病情及手术情况，从而为客户提供更为优质快捷的服务，在一定程度上降低运营成本。

另外，需要关注的是，以诺贝尔奖获得者成就为例，21世纪以来，截至2021年，日本与以色列几乎囊括了亚洲所有的诺贝尔奖得主，日本更是在21年内获得了20个诺贝尔奖，这一数据仅次于美国，距离日本在2001年提出的“50年拿30个诺贝尔奖”的目标已经完成大半。而且，日本所获得的诺贝尔奖集中于诺贝尔化学奖、物理学奖、生理学或医学奖，这在一定程度上说明日本拥有强大的科技存量与科技人才。当然，追溯日本这些诺贝尔奖获得者的研究时间发现，有的是在20世纪六七十年代，如2015年诺贝尔生理学或医学获奖者大智村发现关于蛔虫寄生虫新疗法的研究最早是在20世纪70年代初期。①这更多反映的是当时日本相关科研的领先性，但是科研本身具有持续性，往往厚积而薄发，在第四次产业革命背景下，在具有深厚科研基础、完善科研体制以及重视科技创新的社会，日本在高科技领域的竞争力不容忽视。

① 秦皖梅：《21世纪初日本诺贝尔奖的井喷现象考察》，《安徽大学学报》（哲学社会科学版）2016年第4期。

第二节　日本科技创新的效果的实证分析

在之前章节已经提到，现阶段，日本推进科技创新进程的主要目标是期待借助第四次产业革命带来的机遇窗口期，由产业革命进展到社会革命，构建“社会5.0”，从经济效果来看，期望实现经济增长由数量型向质量型全面过渡，实现经济的结构、有效性、持续性与可分享性全面提升。因此，在讨论现阶段日本科技创新的效果时，首先需要分析现阶段日本经济增长质量，如果仅仅测算国家层面的经济增长质量，那么在实证阶段比较难满足数据量的需求，而且无法反映日本各地区的经济增长情况，因此，基于日本都道府县层面的数据进行分析比较合适，为体现经济增长质量的变动情况，结合数据完整性与可得性，选取2002～2014年日本各都道府县数据测算经济增长质量，进而借助实证分析探究科技创新对经济增长质量的影响。当然，由于客观的数据更新问题，本章中的数据最晚为2014年的数据，这也造成本章实证研究的一点不足，今后将继续加强对日本科技创新效果的跟踪研究。

一　日本经济增长质量指标测算与分析

以往研究文献在论述科技创新对经济增长作用方面，通常选取GDP或者人均GDP作为经济增长的替代变量，由于选取的指标相对单一，解释力度相对薄弱，而且GDP、人均GDP更倾向于解释经济增长的数量，因此，首先需要构建经济增长质量的综合评价指标体系。这将面临两个问题：一是目前已有研究文献从宏观视角测算出日本的经济增长质量，由于宏观数据相对容易得到，且由于指标只有十余年的数据，无法满足构建实证模型的数据量需求，而且可用数据较少，实证结果缺乏一定的可信度；二是除了从一国宏观角度进行经济增长质量的测算外，还可以从日本都道府县、市町村等层面进行测算，这样可以获取相对较多、较细致的指标数据，但是由于从都道府县、市町村层面测算可能面临部分数据不全或者缺失严重的问题，这就需要删减样本或者剔除指标，因此测算经济增长质量的基础指标相对较少。为了保障尽可能构建合适的指标体系，得到可信度较高的定性、定量分析结果，本部分从日本都道府县层面测算地区经济增长质量指标，进行地区科技创新与经济增长质量关系的实证分析，并补充阐述以往代表性研究文献的宏观经济增长质量结果。

根据以往研究文献的基础，将经济增长质量定义为与经济增长密切相关的经济内容，确定各基础指数在相关方面指数中的权重进而合成相关方面指数用于表示经济增长质量，鉴于日本都道府县层面的数据可得性以及数据相对完整性，最后选取 11 个相关指标测算经济增长质量，它们基本覆盖了经济增长的结构、有效性、持续性及可分享性的表现。借鉴钞小静、任保平①的测算方法，运用主成分分析方法对相关指标进行降维，相较于层次分析法、相对指数法、熵值法，主成分分析法不仅可以避免基础指标之间的高度相关性，而且克服了指标赋权的主观性。另外，由于一般主成分分析法是一种截面数据分析方法，但本书运用的是时序立体数据，因此将采用时间轴上的全局主成分分析（GPCA）进行分析，此举可以更好地反映分析对象的动态特性。

基础指标描述见表 5－11。由于个别指标如产业结构合理化、全要素生产率增长率等计算方法较为复杂，因此，本书进行简要说明。关于产业结构合理化的测算，参照刘涛②的做法，将产业结构合理化定义为：

$$IR = \sqrt{\sum_{j=1}^{3}(g_j - g)^2 \times \frac{I_{ij}}{g}} \tag{1}$$

式（1）中，g_j 表示 i 地区 j 产业的年均增长速度；g 为 i 地区经济增长速度；I_{ij}表示 i 地区 j 产业在地区经济中所占比重。根据式（1）可知，当 j 产业的年均增长速度 g_j 等于地区经济增长速度 g 时，$IR=0$，即 IR 数值越

① 钞小静、任保平：《中国经济增长质量的时序变化与地区差异分析》，《经济研究》2011 年第 4 期。

② 刘涛：《经济增长与产业结构变动的关系及其效应研究》，科学出版社，2013，第 144 页。

小，各产业的发展越均衡，产业结构越合理。关于全要素生产率增长率的测算，运用 DEAP 2.1 软件，以 GDP 数据为产出变量，以全社会就业人数、固定资本存量为投入变量，采用以数据包络分析为基础的 Malmquist 指数法进行估算，测算公式表示为：

$$M_i(x^{t+1},y^{t+1},x^t,y^t) = \sqrt{\frac{D^t(x^{t+1},y^{t+1})}{D_i^t(x^t,y^t)} \times \frac{D^{t+1}(x^{t+1},y^{t+1})}{D_i^{t+1}(x^t,y^t)}} \tag{2}$$

其中，(x^{t+1}, y^{t+1}) 与 (x^t, y^t) 分别表示第 $t+1$ 期与第 t 期的投入与产出向量，$M_i(x^{t+1}, y^{t+1}, x^t, y^t)$ 为第 t 期至第 $t+1$ 期的全要素生产率变动率，D^t 和 D^{t+1} 分别表示以第 t 期与第 $t+1$ 期技术为参照物的第 t 期、第 $t+1$ 期的技术效率水平。

表 5-11　日本经济增长质量测算指标

	评价维度	基础指标（属性）	计算方法（数据来源）
经济增长质量	结构	产业结构高级化　（↑）	第三产业产值/GDP（日本内阁府）
		产业结构合理化　（↓）	计算公式：$IR = \sqrt{\sum_{i=1}^{3}(g_i - g)^2 \times \frac{I_{pi}}{g}}$（日本内阁府）
	有效性	劳动生产率　（↑）	GDP/全社会就业人数（日本内阁府）
		资本生产率　（↑）	GDP/固定资本存量（日本统计局）
		全要素生产率增长率　（↑）	DEA-Malmquist 指数法测算（日本内阁府）
		GDP　（↑）	（日本内阁府）
	持续性	单位产出能耗　（↓）	能源总消费量/GDP（日本经济产业省资源能源厅）
		单位产出固体废弃物排放量　（↓）	固体废弃物排放总量/GDP（日本环境省）
	可分享性	人均劳动报酬　（↑）	（日本统计局）
		人口死亡率　（↓）	（日本统计局）
		人均居住面积　（↑）	（日本统计局）

注：↑表示正向指标，↓表示负向指标。

在对经济增长质量测算之前，需要对表 5-11 中的各基础指标进行以下处理：首先，由于经济增长质量测度中基础指标属性不一致，需要对负向指标进行倒数处理，以保证各指标对经济增长质量的作用同向；其次，由于各指标量纲量级不一致，因此进行无量纲化处理，鉴于均值化处理不仅可以反映原始指标的变异程度及相互影响程度的差异，而且可以反映指标的动态变动情况，因此采用均值化方法对基础指标进行无量纲化处理。之后进行主成分分析，由于计算过程较复杂，限于篇幅原因，本部分进行简单说明。

第一，对选择的数据及指标能否进行主成分分析进行检验，采用 KMO（Kaiser-Meyer-Olkin）取样适当性度量与 Bartlett 球形检验，在经济增长质量测度模型中，KMO 检验值为 0.769，检验值大于 0.7，Bartlett 球形检验显著性为 0.000，表明所选择指标及数据合理，可以进行主成分分析。

第二，结合特征值及特征值累计贡献率，提取两个主成分进行分析，累计贡献率为 89.049%，大于 85%，表明两个主成分即可代表各基础指标来分析经济增长质量，根据主成分分析结果计算各基础指标权重，进而综合得到经济增长质量指数值，具体做法参见钞小静、任保平的文献[①]。这里为了比较经济增长质量与科技创新水平的关系，同样列出科技创新（专利发明）水平数值（见表 5－12），需要注意的是，上一章基于企业层面研究科技创新的影响因素构建实证模型时，选取研发支出作为科技创新的替代变量，这里主要是基于日本都道府县层面研究日本科技创新对经济增长质量的影响，选取产出指标作为科技创新的替代变量更为合适。因此，可以用日本各都道府县的专利发明存量的对数值表示各地区的科技创新进程。

由测度结果可知，在第四次产业革命拉开序幕之后，日本的科技创新存量不断增加，经济增长质量有所提升。以 2014 年的情况为例，除京都府及广岛县之外，2014 年，科技创新水平排名前十的地区的经济增长质量同样排名前十，分别是东京都、大阪府、爱知县、神奈川县、埼玉县、兵库县、福冈县及静冈县。这可能是因为：一方面，这些地区科技创新水平较高驱动了

① 钞小静、任保平：《中国经济增长质量的时序变化与地区差异分析》，《经济研究》2011 年第 4 期。

表 5－12　都道府县层面经济增长质量与科技创新水平的变动趋势

	经济增长质量					科技创新水平					
都道府县	2005 年	2008 年	2010 年	2012 年	2014 年	都道府县	2005 年	2008 年	2010 年	2012 年	2014 年
东京	4.67	4.65	4.43	4.44	4.29	东京	12.65	12.85	13.01	13.17	13.26
大阪	2.17	2.19	2.09	2.18	2.04	大阪	11.58	11.72	11.82	11.94	11.96
爱知	1.90	1.85	1.76	2.00	1.90	爱知	10.59	10.90	11.15	11.38	11.52
神奈川	1.72	1.77	1.73	1.73	1.82	神奈川	10.65	10.79	10.89	11.09	11.20
埼玉	1.36	1.36	1.32	1.42	1.33	京都	9.75	9.91	10.05	10.23	10.29
千叶	1.17	1.19	1.18	1.22	1.25	兵库	9.65	9.68	9.90	10.03	10.13
兵库	1.20	1.20	1.21	1.19	1.25	静冈	9.44	9.61	9.67	9.75	9.75
北海道	1.19	1.14	1.11	1.13	1.22	埼玉	8.98	9.32	9.46	9.60	9.61
福冈	1.19	1.17	1.18	1.20	1.19	广岛	8.64	8.78	8.98	9.23	9.33
静冈	1.22	1.18	1.13	1.14	1.14	福冈	8.40	8.61	8.77	8.88	8.96
福井	0.65	0.69	0.72	0.69	0.69	熊本	6.27	6.43	6.47	6.57	6.59
奈良	0.94	0.87	0.89	1.00	0.68	佐贺	5.53	5.91	6.12	6.43	6.49
爱媛	0.59	0.61	0.63	0.64	0.67	长崎	5.33	5.59	5.99	6.29	6.43
宫崎	0.54	0.55	0.57	0.56	0.64	高知	5.43	5.79	6.01	6.27	6.29
岛根	0.58	0.61	0.84	0.62	0.64	鹿儿岛	5.51	5.75	5.84	6.18	6.26
冲绳	0.63	0.64	0.67	0.67	0.64	大分	5.71	5.76	5.94	6.07	6.19
高知	0.63	0.64	0.70	0.71	0.63	秋田	5.22	5.52	5.71	5.95	6.00
佐贺	0.58	0.63	0.61	0.57	0.62	冲绳	5.30	5.62	5.85	5.96	5.96
鸟取	0.60	0.61	0.64	0.61	0.62	青森	5.22	5.56	5.68	5.84	5.92

续表

	经济增长质量					科技创新水平					
都道府县	2005 年	2008 年	2010 年	2012 年	2014 年	都道府县	2005 年	2008 年	2010 年	2012 年	2014 年
大分	0.60	0.62	0.64	0.68	0.61	鸟取	4.80	5.24	5.42	5.72	5.85
—		2002 年	2004 年	2006 年	2008 年	2009 年	2010 年	2011 年	2012 年	2013 年	2014 年
全国经济增长质量（平均值）		0.94	0.97	0.97	0.96	0.94	0.96	0.98	0.98	1.00	0.99
全国科技创新水平（平均值）		7.26	7.41	7.53	7.69	7.76	7.84	7.92	8.01	8.07	8.08

注：日本共有 47 个都道府县，表中只列举按照 2014 年经济增长质量排名前 10 位及后 10 位的地区；其中，技术创新指数值为专利发明存量值（取对数）。其余数值备索，为更好地体现各都道府县经济增长质量的变动，表中同样列出了 2002 年、2005 年、2008 年的经济增长质量指标以及科技创新水平指标。

经济的集约化增长；另一方面，由于这些地区经济增长质量较高有助于科技创新投资、创新环境优化，科技创新能力也就相应提高，形成经济发展的良性循环。同样地，科技创新水平排名后十的大部分地区的经济增长质量的排名靠后，如高知县、佐贺县、冲绳县、鸟取县、大分县等地区。从各地区指数值波动来看，对于经济增长质量排名前十的地区，经济增长质量及科技创新水平提升速度减缓。尽管东京在这两个方面的表现明显领先于其他地区，但是增速明显放缓，经济增长质量也步入下行轨道。另外，大阪府、埼玉县、福冈县及静冈县的经济增长质量也有所下降。除东京外，各地区经济增长质量及科技创新水平差距并不十分大。在经济增长质量排名后十的地区，除福井县、爱媛县及宫崎县经济增长质量有明显的提升之外，其余地区的经济增长质量或下行或停滞，特别是奈良县、冲绳县自 2002 年之后经济增长质量下行明显。但是这些地区科技创新水平提升速度相对较快，地区经济发展的内在驱动力正在增强。从全国平均指数值波动来看，日本经济增长质量具有震荡上行的趋势，经济实力不容小觑，但是科技创新存量的增速明显变缓，可见科技创新驱动力开始减弱。由全国的经济增长质量指数可知，受 2008 年全球金融危机影响，2009 年，日本经济增长质量指数与 2002 年持平，但是之后很快回升，实际上，在这次全球经济危机中，日本经济确实在发达国家中第一个“触底”。[①] 尽管祸不单行，2011 年 3 月，日本遭遇东日本大地震、海啸及福岛核泄漏事故，工业生产指数下跌 15% 以上，第一季度，GDP 下跌了 6%，但是日本产业链条恢复迅速，经济增长质量指数未出现明显的波动，反而之后小幅增加。由科技创新水平可知，2002 ~ 2010 年，科技创新存量迅速增加，但是 2010 年之后增速明显放缓，2014 年与 2013 年的指数值相差无几。

整体来看，通过对日本全国以及都道府县经济增长质量与科技创新存量的简单分析可以发现，第四次产业革命拉开序幕以来，日本的科技创新存量增速有所放缓，但是日本在接连遭受全球金融危机、东日本大地震、海啸及

① 张季风：《重新审视日本“失去的二十年”》，《日本学刊》2013 年第 6 期。

福岛核泄漏事故的负面冲击之后，经济增长质量仍有小幅提升，可见日本经济基础不容小觑，经济实力雄厚，抗击负向冲击的能力较强。下面通过构建实证模型进一步分析两者的关系。

二　日本科技创新对经济增长质量影响的实证分析

由理论基础以及上文测度结果可知，对于日本来说，科技创新水平较高的地区的经济增长质量较高，也就是说，经济增长质量与科技创新水平存在一定的关联。本书进一步基于日本 47 个都道府县面板数据构建实证模型探究科技创新对日本经济增长质量的影响程度。这里基于日本的都道府县层面进行面板模型构建，为满足数据量需求，将研究的时间范畴扩大至 2002 ~ 2014 年，另外，这一时间段不仅涵盖了第四次产业革命时期，也涵盖了全球金融危机时期，因此，在下文对基准模型进行分析时，应把研究时间范畴进一步细化为：2002 ~ 2009 年以及 2010 ~ 2014 年（第四次产业革命时期）。另外，需要注意的是，在之前章节中提到少子老龄化对科技创新的影响，以企业研发支出为科技创新的替代变量进行实证模型分析发现，老年抚养比对企业研发支出的影响并不显著，但是显著影响研发支出强度。这就说明少子老龄化对科技创新的影响实际上具有较大的不确定性。因此下文从两个维度进行实证分析：一是不考虑少子老龄化与科技创新交互作用的基础实证模型分析；二是考虑少子老龄化与科技创新交互作用的实证模型分析。

（一）不考虑少子老龄化与科技创新交互作用

1. 实证模型设计

本章主要研究科技创新对日本经济增长质量的影响，因此，被解释变量为经济增长质量，采用上文测度的指数值表示。解释变量为科技创新水平，选取专利发明作为科技创新的替代变量。通常认为，存量指标更能表示科技创新水平，因此运用永续盘存法计算专利发明的存量数值，即：

$$Cinv_{it} = (1 - \delta_i) Cinv_{it-1} + I_{it} \tag{3}$$

其中，$Cinv_{it}$为地区 i 第 t 年的专利发明存量，I_{it}为地区 i 第 t 年的实际专利发明件数，δ_{it}为折旧率①，基期（1980年）专利发明存量则根据 Hall 等②的方法计算而得，即：

$$Cinvf_{io} = \frac{I_{i1}}{g_i + \delta_i} \quad (4)$$

其中，g_i 为专利发明的年平均增长率；δ_i 为专利发明的年平均增长率。

由于经济增长质量或科技创新水平受诸多因素影响，为了减小遗漏变量偏误，需要加入一些控制变量。首先，少子老龄化程度。少子老龄化是日本经济发展中非常突出的问题，少子老龄化的深化不仅可能拉低日本的潜在经济增长率，而且可能影响科技创新。其次，政府行为。张季风认为，日本长期奉行凯恩斯式扩张性财政政策，在过去20多年中为刺激经济景气投入了大量公共资金，造成财政困局并可能使日本经济陷入结构性矛盾之中。③ 再次，人力资本。人力资本通过影响生产以及生产效率进而影响经济增长质量。最后，消费与投资。民间消费与企业设备投资始终是日本经济的重要推动力量，物资设备条件也是企业进行技术创新的基础。因此，选取老年抚养比、财政支出与GDP比值、企业设备投资以及民间消费支出作为控制变量。为防止异方差问题，除经济增长质量指数外，对其他变量进行对数处理。动态面板数据模型设定如下：

$$Qual_{it} = \alpha + \beta_1 Qual_{it-1} + \beta_2 X_{it} + \beta_3 M_{it} + \mu_i + \varepsilon_{it} \quad (5)$$

式（5）中，i 表示地区；t 表示观测年份；$Qual$ 为经济增长质量，用上文测度的经济增长质量指数代替；X_{it}为核心解释变量，在本书中为科技创新水平，用专利发明存量的自然对数代替；M_{it} 表示一系列控制变量；μ_i 表示地区异质性；ε_{it}为随机误差项。

参考以往文献，为了处理内生性问题，选用广义矩估计（GMM）方法

---

① 为了方便计算，这里沿用以往文献中的做法，即认为折旧率为15%，年平均增长率为5%。

② Bronwyn H. Hall, Jacques Mairesse, Pierre Mohnen, "Measuring the Returns to R&D," UNU-MERIT Working Papers, ISSN 1871－9872：1－46.

③ 张季风：《日本财政困境解析》，《日本学刊》2016年第2期。

对式（5）进行估计，然而差分 GMM 在做差分时面临较多问题，如当 T 较大时，工具变量较多或者被解释变量序列具有较强持续性，一阶自回归系数接近于 1，则容易产生弱变量工具问题，产生估计偏差。为克服差分 GMM 缺陷，Blundell 与 Bond 将差分 GMM 与水平 GMM 结合在一起，联立差分方程与水平方程作为一个方程系统进行 GMM 估计，即系统 GMM（SYS-GMM），这有助于提高估计效率。系统 GMM 分为一步法（ONE-STEP）与两步法（TWO-STEP），两步法 GMM 利用一步法 GMM 估计得到的残差构建一个一致的方差—协方差矩阵，重新进行估计，可以有效避免变量之间以及变量和残差之间的内生性问题。虽然 Arellano 和 Bond 建议不要采用两步法（非稳健）GMM 估计法，在小样本中，一步法 GMM 估计更有效率，因为两步法 GMM 估计的权重矩阵依赖于估计参数且标准差存在向下偏倚，但是 Windmeijer 通过模拟分析表明，采用纠偏后的稳健性 VCE，可以较好地进行统计推断。[①] 此外，按照标准文献做法，对 GMM 估计结果进行两项检验：一是检验残差是否存在二阶或高阶序列相关，采用 AR 检验；二是检验工具变量设定的有效性，通常采用 Sargan 检验或者 Hansen 检验，Sargan 检验是非稳健型检验，只对一步法 GMM、非稳健估计有效，并在随机扰动项存在异方差或者自相关时失效，对于二步法 GMM 估计或者稳健型估计来说，Hansen 检验更有效，由于本书主要采用稳健型估计，因此利用 Hansen 检验判定工具变量设定是否合理。另外，鉴于 Hansen 检验在工具变量个数较多时检验力度趋弱，Roodman 认为工具变量个数不应超过截面个数[②]，因此参考傅元海等[③]的做法运用 collapse 减少矩条件控制工具变量个数即不超过截面数 47。为了比较估计结果的合理性，本书同时汇报静态面板数据模型与动

① Windmeijer, Frank, "A Finite Sample Correction for the Variance of Linear Efficient Two-step GMM Estimators," *Journal of Econometrics*, 126 (2005): 25 - 51.

② Roodman, David Malin, "How to Do Xtabond2: An Introduction to 'Difference' and 'System' GMM in Stata," *The Stata Journal*, 9 (2009): 86 - 136.

③ 傅元海、叶祥松、王展祥：《制造业结构优化的技术进步路径选择——基于动态面板的经验分析》，《中国工业经济》2014 年第 9 期。

态面板数据模型的估计结果，但是鉴于系统 GMM 模型估计更有效率，因此在解释经济意义时还是依据系统 GMM 估计结果进行分析，由于本章主要基于小样本进行分析，因此选用系统 GMM 一步法估计结果进行讨论。变量描述性统计见表 5－13。

为更好地保障模型的稳健性以及在一定程度上解决内生性问题，无论是在不考虑少子老龄化与科技创新交互作用的实证模型中，还是在考虑两者交互作用的实证模型中，均首先运用多种回归估计方法，并分别采用普通标准误及稳健型标准误进行估计，发现关键变量系数及显著性无较大差别；其次，尽管加入了静态面板模型估计结果进行比较，但需要注意的是在存在内生性问题的情况下混合 OLS 模型与固定效应模型的估计系数实际上是有偏的，因此仅仅作为比较，并不依赖其解释经济意义；再次，在系统 GMM 估计时分别采用普通标准误及稳健型标准，以稳健型标准误得出的结果解释经济意义，提升模型结果可信度；最后，将全样本进一步按照时间范畴进行分组估计，即分为 2002～2009 年以及 2010～2014 年两组重新进行实证估计，其中，核心解释变量与显著性整体无明显变化，经过以上讨论，本书认为基本上解决了模型的内生性问题，实证结果具有稳健性。

表 5－13 变量描述性统计

变量	定义与数据来源	观测值	均值	标准差	最小值	最大值
Qual	经济增长质量（上文测度结果）	611	0.9664	0.6235	0.5303	4.7450
ln*CINV*	科技创新水平：专利发明存量数（根据永续盘存法计算）	611	7.6920	1.7194	4.4998	13.2613
ln*AGE*	人口少子老龄化程度：老年抚养比（65 岁及以上老年人口数/15～64 岁人口数）	611	0.3786	0.0713	0.1993	0.5775
ln*MC*	消费：民间消费总支出（取对数）	611	15.2939	0.8106	14.0065	17.6008
ln*I*	投资：企业设备投资总额（取对数）	611	13.6887	0.8223	12.1730	16.1354
ln*GOV*	政府行为：政府财政支出与 GDP 比值（取对数）	611	2.4754	0.3452	1.6915	3.5757

续表

变量	定义与数据来源	观测值	均值	标准差	最小值	最大值
ln*HC*	人力资本流量：大学毕业生人数（取对数）	611	8.6276	1.0801	7.1253	11.9333

2. 实证结果分析

由表5－14、表5－15可知，在不考虑少子老龄化与科技创新交互作用的前提下，无论是静态面板模型还是动态面板模型，科技创新水平对经济增长质量均有显著的正向影响，这说明科技创新是驱动日本经济增长质量提升的有效手段。下面主要根据动态面板数据系统GMM一步法的实证结果分析经济意义。

表5－14　未考虑交互作用的全样本的实证回归结果

解释变量	静态面板			动态面板	
				SYS-GMM	
	OLS	FE	RE	ONE-STEP	TWO-STEP
L. Qual				0.0883 (0.3497)	－0.0801 (0.2976)
ln*CINV*	0.1754*** (0.0200)	0.0123* (0.0089)	0.0343** (0.0161)	0.1488*** (0.0393)	0.1130*** (0.0399)
ln*AGE*	－0.4942** (0.2007)	0.2543 (0.1599)	0.0176 (0.0932)	－0.3091 (0.3740)	－0.1963 (0.1993)
ln*MC*	－0.1863** (0.0859)	0.0155 (0.0876)	0.1329** (0.0557)	－0.1455 (0.1983)	－0.0947 (0.1919)
ln*I*	0.4085*** (0.0856)	0.1202*** (0.0303)	0.1390*** (0.0240)	0.3218** (0.1639)	0.2740** (0.1203)
ln*GOV*	0.6705*** (0.1319)	－0.0178 (0.0247)	－0.0130 (0.0205)	0.4692** (0.2346)	0.1746 (0.1362)
ln*HC*	0.2140*** (0.0473)	0.0037 (0.0400)	0.0780** (0.0355)	0.1981* (0.1123)	0.1816 (0.1449)
Cons	－6.4445*** (0.7991)	－1.0949 (1.3809)	－3.8653*** (0.7406)	－5.1971** (2.0298)	－4.0889** (1.6078)
AR（1）				－1.63 (0.103)	－1.11 (0.265)

续表

解释变量	静态面板			动态面板	
				SYS-GMM	
	OLS	FE	RE	ONE-STEP	TWO-STEP
AR（2）				-1.06 (0.288)	-1.34 (0.179)
Hansen 统计量				15.88 (0.197)	15.88 (0.197)
观察值	611	611	611	564	564
样本量	47	47	47	47	47

注：①***、**、*分别表示1%、5%、10%的显著性水平，（）内为稳健型标准误，即为增强模型可信度，均使用稳健型标准误进行估计；②AR（1）、AR（2）及Hansen检验中（）内为P值。

表5-15　不考虑交互作用的分时间段的实证回归结果

	2002~2009年		2010~2014年	
	SYS-GMM (ONE-STEP)	SYS-GMM (TWO-STEP)	SYS-GMM (ONE-STEP)	SYS-GMM (TWO-STEP)
L. Qual	0.0165 (0.2245)	-0.0832 (0.2827)	0.1988 (0.3446)	-0.0904 (0.1166)
ln*CINV*	0.1734*** (0.0528)	0.1281** (0.0527)	0.1452*** (0.0501)	0.1614*** (0.0433)
ln*AGE*	-0.5973 (0.5831)	-0.3899 (0.2952)	-0.2191 (0.4185)	-0.2318 (0.2278)
ln*MC*	-0.1872 (0.2497)	-0.1293 (0.2642)	-0.0679 (0.1626)	0.0256 (0.1312)
ln*I*	0.4628* (0.2538)	0.3022 (0.2254)	0.1945 (0.1253)	0.1561 (0.1164)
ln*GOV*	0.8252** (0.4125)	0.3242 (0.2774)	0.3101* (0.1722)	0.2961 (0.1867)
ln*HC*	0.2141 (0.1366)	0.1859 (0.1619)	0.1446 (0.1171)	0.1419 (0.1095)
Cons	-7.5112 (2.4345)	-4.4027** (2.0607)	-3.9211*** (1.4296)	-4.6359*** (1.1637)
AR（1）	-2.28 (0.023)	-1.15 (0.251)	-0.74 (0.458)	-0.31 (0.756)

续表

	2002～2009 年		2010～2014 年	
	SYS-GMM (ONE-STEP)	SYS-GMM (TWO-STEP)	SYS-GMM (ONE-STEP)	SYS-GMM (TWO-STEP)
AR (2)	-1.83 (0.167)	-0.92 (0.360)	-0.15 (0.878)	-0.75 (0.456)
Hansen 统计量	12.22 (0.093)	12.22 (0.93)	0.77 (0.942)	0.77 (0.942)
Obs	329	329	188	188
Groups	47	47	47	47

注：①***、**、*分别表示1%、5%、10%的显著性水平，( ) 内为稳健型标准误，即为增强模型可信度，均使用稳健型标准误进行估计；②AR (1)、AR (2) 及 Hansen 检验中 ( ) 内为 *P* 值。

从全样本系统 GMM 一步法估计结果来看，科技创新水平每增加 1 个单位，在其他因素不变的情况下，经济增长质量将提升 14.88%，并在 1%的水平下显著。但是，尽管经济增长质量滞后一期变量系数为正值，但是未通过显著性检验，因此，经济增长质量的过去期可能对当期结果的影响并不显著。另外，老年抚养比以及民间消费总支出的系数均为负值，但是未通过显著性检验。在5%的显著性水平下，企业设备投资总额、政府行为的系数均为正值，即说明企业设备投资总额与政府行为对地区经济增长质量具有正向作用。在10%水平下通过显著性检验，人力资本流量的系数为正值，同样说明其对经济增长质量具有正向影响，这些均符合经济学理论。

从分样本系统 GMM 一步法估计结果来看，由于本书重点考察第四次产业革命下日本科技创新对经济增长质量的影响，只是为了满足实证所需数据样本以及更好地体现科技创新对经济增长质量的作用的变化，将实证的时间范畴拓宽到2002～2014 年。下面将其分为两个时间段进行进一步分析，从2002～2009 年日本科技创新对经济增长质量影响的实证模型结果来看，科技创新水平每增加 1 个单位，在其他因素不变的情况下，经济增长质量提升17.34%，但是在 2010～2014 年的实证模型结果中，科技创新水平每增加 1 个单位，在其他因素不变的情况下，经济增长质量提升 14.52%，由此可见，在第四次产业革命拉开序幕之后，日本的科技创新对经济增长质量的驱动作用在一定程度上减弱了，这可能是由以下两个方面的原因造成的：首先，在上文中已经分析得出，在第四次产业革命阶段，日本的科技创新整体指标趋于下行，增速放缓，进而导致科技创新对经济增长的促进作用随之减弱；其次，在分析现阶段日本科技创新特征时发现，日本的科技创新进程已经不限于数量的增长，而是侧重质量的提升，因此，在此转化过程中，科技创新对经济增长驱动的边际效应有可能出现阶段性减弱的情况。而且，现阶段，尽管日本在人工智能、物联网等领域大量投入人力、物力、财力，但是在短期内其创新活动无法完全转化为促进经济质量提升，这需要一定的时间。另外，受客观数据限制，实证研究覆盖 2010 ~ 2014 年的情况，存在一定的不足。

（二）考虑少子老龄化与科技创新的交互作用

1. 实证模型设计

考虑少子老龄化与科技创新的交互作用对经济增长质量的影响，即在动态面板数据模型中，引入少子老龄化替代变量与科技创新替代变量的相乘项，因此，此时动态面板模型设定如下：

$$Qual_{it} = \alpha + \beta_1 Qual_{it-1} + \beta_2 CINV_{it} + \beta_3 AGE_{it} + \beta_4 CINV \cdot AGE_{it} + \beta_5 M_{it} + \mu_i + \varepsilon_{it} \tag{6}$$

式（6）中，此时 $CINV$、$CINV \cdot AGE$ 为核心解释变量。鉴于对处理内生性问题以及估计效率，同样采用系统 GMM 模型进行实证估计。另外，为了保障模型稳健性与在一定程度上解决内生性问题，与上面不考虑少子老龄化与科技创新交互作用的实证模型构建相同，均采用多种回归方法，同时汇报静态面板数据模型与动态面板数据模型的估计结果，并且以稳健型标准误下的系统 GMM 一步法估计结果为依据讨论经济意义，最后对全样本根据时间段进行分组考察。

2. 实证结果分析

引入少子老龄化与科技创新相乘项后，实证模型回归结果见表 5 - 16、表 5 - 17。相对于不考虑交互作用的实证模型回归结果来说，在考虑交互作用的实证分析中，静态面板模型与动态面板模型的实证结果有更多的相同之处。但是，就主要研究变量来看，无论是否考虑少子老龄化与科技创新的交互作用，科技创新系数均为正值，而且通过显著性检验，即科技创新对经济增长质量均具有正向影响。本章同样主要根据系统 GMM 一步法的估计结果进行分析。

由全样本的实证结果可知（见表 5－16），科技创新的系数为正值，企业设备投资总额的系数为正值，与上文不考虑交互作用下的结果相似。但是，不同的是，此时，经济增长质量的滞后一期系数为正值，且通过显著性检验，即过去的经济增长质量对当期仍有一定正面影响。而且，在考虑少子老龄化与科技创新交互作用下，老年抚养比的系数为正值，而且通过显著性检验，这在一定程度上说明少子老龄化的加剧确实倒逼经济增长质量的提升。老年抚养比与科技创新的相乘项为负值，这在一定程度上说明，老年抚养比的提升实际上削弱了科技创新对经济增长质量提升的驱动作用，而且也削弱了人口少子老龄化对经济增长质量的倒逼作用。

由分时间段的实证结果可知（见表 5－17），无论是 2002～2009 年，还是 2010 年之后，科技创新的推动均有助于经济增长质量提升，而且少子老龄化程度的加深同样倒逼经济增长质量提升。但是，由于引入了少子老龄化与科技创新的交互项，老年抚养比与科技创新相乘项的系数实际上缺少经济学含义，要进行分时间段的对比，首先应计算各时间段的科技创新对经济增长质量的总边际效应，即科技创新对经济增长质量的总边际效应＝科技创新估计系数＋少子老龄化与科技创新的相乘项估计系数×少子老龄化的均值，即 2002～2009 年、2010～2014 年的实证模型中，科技创新对经济增长质量的总边际效应分别为 0.0017 以及 0.0385，即在考虑少子老龄化与科技创新交互作用的视角下，近年来，科技创新对经济增长质量的总边际效应反而提高了，虽然看起来似乎与上文的实证结果有较大差异，但这是基于两个不同视角的分析。下文将进一步进行深入的分析。

表 5-16　考虑交互作用的全样本的实证回归结果

解释变量	静态面板			动态面板	
				SYS-GMM	
	OLS	FE	RE	ONE-STEP	TWO-STEP
L. Qual				0.7293*** (0.1603)	0.7384*** (0.1667)
ln*CINV*	0.7141*** (0.0824)	0.0280* (0.0148)	0.0593** (0.0253)	0.0574*** (0.0187)	0.0558** (0.0226)
ln*AGE*	10.6376*** (1.4756)	1.2030* (0.6390)	0.0943* (0.0572)	0.7590* (0.4575)	0.6813 (0.4995)
ln*CINV*·ln*AGE*	-1.4899*** (0.1985)	-0.1073* (0.0620)	-0.1064 (0.0673)	-0.1139** (0.0523)	-0.1053* (0.0573)
ln*MC*	-0.1663** (0.0769)	0.0564 (0.0595)	0.1789*** (0.0462)	-0.0416 (0.0545)	-0.0346 (0.0621)
ln*I*	0.3107*** (0.0718)	0.1245*** (0.0301)	0.1479*** (0.0362)	0.1195** (0.0488)	0.1092** (0.0523)
ln*GOV*	0.5218*** (0.1063)	-0.0114 (0.0214)	-0.0049 (0.0213)	0.1022 (0.0626)	0.0913 (0.0690)
ln*HC*	0.1787*** (0.0401)	0.0031 (0.0415)	0.0943* (0.0572)	0.0648* (0.0332)	0.0573 (0.0400)
Cons	-8.8234*** (0.8434)	-1.9613* (1.0110)	-5.0861*** (1.4240)	-1.9491*** (0.7404)	-1.8162** (0.8545)
AR（1）				-3.11 (0.002)	-2.73 (0.006)
AR（2）				0.85 (0.394)	0.82 (0.415)
Hansen 统计量				43.93 (0.640)	43.93 (0.640)
Obs	611	611	611	564	564
Groups	47	47	47	47	47

注：①***、**、*分别表示1%、5%、10%的显著性水平，（）内为稳健型标准误，即为增强模型可信度，均使用稳健型标准误进行估计；②AR（1）、AR（2）及 Hansen 检验中（）内为 *P* 值。

表 5-17　考虑交互作用的分时间段的实证回归结果

	2002~2009 年		2010~2014 年	
	SYS-GMM (ONE-STEP)	SYS-GMM (TWO-STEP)	SYS-GMM (ONE-STEP)	SYS-GMM (TWO-STEP)
L. Qual	0.8169*** (0.0879)	0.8241*** (0.0969)	0.8075*** (0.0556)	0.8555*** (0.0813)
ln*CINV*	0.1672*** (0.0448)	0.1720*** (0.0452)	0.2139** (0.032)	0.0801 (0.0900)
ln*AGE*	3.0219*** (0.9174)	3.1239*** (0.8933)	3.2944** (1.5423)	1.2680 (1.4073)
ln*CINV*·ln*AGE*	-0.4360*** (0.1206)	-0.4510*** (0.1189)	-0.4625** (0.2075)	-0.1781 (0.1832)
ln*MC*	-0.0679 (0.0483)	-0.0497 (0.0490)	-0.0201 (0.0466)	0.0164 (0.0448)
ln*I*	0.0923** (0.0471)	0.0710 (0.0526)	0.0642* (0.0369)	0.0373 (0.0307)
ln*GOV*	0.0756 (0.0602)	0.0636 (0.0658)	0.0352 (0.0345)	0.0028 (0.0333)
ln*HC*	0.0405 (0.0253)	0.0349 (0.0273)	0.0039 (0.0200)	-0.0091 (0.0238)
Cons	-1.7788*** (0.6434)	-1.7241** (0.6898)	-2.0557*** (0.7435)	-1.1288 (0.7172)
AR (1)	-2.58 (0.010)	-2.35 (0.019)	-3.40 (0.001)	-3.15 (0.002)
AR (2)	1.85 (0.065)	1.74 (0.081)	0.46 (0.645)	0.83 (0.408)
Hansen 统计量	36.44 (0.132)	36.44 (0.132)	3.85 (0.278)	3.85 (0.278)
Obs	329	329	188	188
Groups	47	47	47	47

注：①***、**、*分别表示1%、5%、10%的显著性水平，( )内为稳健型标准误，即为增强模型可信度，均使用稳健型标准误进行估计；②AR (1)、AR (2) 及 Hansen 检验中 ( ) 内为 *P* 值。

(三)主要结论与进一步分析

上文分别在不考虑少子老龄化与科技创新的交互作用，以及考虑两者交互作用的情况下，构建实证模型分析了科技创先对日本经济增长质量的影响。得到的主要结论如下。

首先，科技创新确实是提升日本经济增长质量的有效驱动力。无论是否考虑少子老龄化与科技创新的交互作用，无论是基于2002～2014年、2002～2009年还是2010～2014年的面板数据进行的分析，科技创新的系数均为正值，而且通过显著性检验。这符合经济学理论与定性分析。可以说，当前日本的经济发展也是诸多发达国家的一个写照，即经济发展到一定程度，传统的生产要素边际产出相对减少，需要不断通过科技创新激发经济增长的新动能。

其次，通过划分时间段，对2002～2009年以及2010～2014年的面板数据进行实证分析比较发现，在不考虑少子老龄化与科技创新交互作用的前提下，2010年之后，日本的科技创新对经济增长质量提升的绝对驱动力确实下降了。这一方面是由于近年来日本科技创新整体有所减速；另一方面，可能是因为日本的科技创新在由数量型向质量型全面转变的过程中产生的客观影响。但是，如果考虑少子老龄化与科技创新的交互作用，将少子老龄化当作影响科技创新的重要因素进而作用于科技创新对经济增长质量的影响，那么，2010年之后，科技创新对经济增长质量的总边际效应实际是提高了，此时，人口老龄化也在倒逼经济增长质量提升。

最后，鉴于考虑少子老龄化与科技创新的交互作用具有现实及理论意义，因此，应认为引入两者相乘项的实证模型回归结果更符合现实情况，即科技创新驱动日本经济增长质量的提升，特别是2010年之后其边际效应有所提升，而少子老龄化程度加剧倒逼经济增长质量提升。进一步分析，科技创新对经济增长边际效应的提升即意味着现阶段科技创新活动对日本经济发展的影响逐渐深化，这似乎也符合边际生产率递减规律。近年来，尽管日本的科技创新有所减速，但是科技创新对经济增长质量的边际效应在提升。这也说明不能单纯以科技创新速度评析一国科技创新进程，而要全面衡量它的深层影响。

结　语

本书通过研究发现，日本在前三次产业革命中取得了较为显著的科技创新成效；在第四次产业革命背景下，日本愈加重视科技创新对经济、社会发展的驱动作用，不断加大政策力度，意欲抢占新一轮科技制高点。日本的科技创新为中国提供了相应的经验与教训。近年来，中国科技领域取得了巨大进步，但是在科技存量与发展质量方面仍与美国、日本等存在一定的差距。当前，科技竞争的加剧要求我们戒骄戒躁，积极吸取他国的经验与教训，重视科技发展由数量型模式向质量型模式转变，由浅及深，由全到精。

本书在介绍研究背景、意义、内容、方法及国内外相关研究基础的前提下，基于马克思主义及西方经济学关于科技创新及经济增长的相关理论，回顾了前三次产业革命背景下日本的科技创新进程，聚焦第四次产业革命背景下日本科技创新的新情况、影响因素及效果，结合中国的实际情况，提出促进中国科技创新的政策建议。

本书研究发现，在第一次、第二次产业革命背景下，日本通过引进先进的技术具备了一定的科技水平；在第三次产业革命背景下，通过模仿创新、消化吸收再创新以及自主创新，日本的科技水平快速提高，经济发展迅速，日本成为仅次于美国的世界第二大经济体，只是在第三次产业革命后期，日本的科技发展有所滞缓，经济较为低迷。在第四次产业革命背景下，整体来看，日本的科技创新增速减缓，不过，日本的科技创新质量有所提升，其呈现由数量型发展向质量型发展的趋势。日本的科技创新实力不容小觑，科技创新是日本经济发展质量提升的有效驱动力。

本书重点对第四次产业革命背景下日本的科技创新进程进行分析。首先，从第四次产业革命背景下日本科技创新的基本情况来看，日本在国家创新能力的国际比较中占据优势，但是，在科技创新产出、科技研发竞争力的国际比较中，日本的优势并不明显。在科技创新相关机制变迁与政策内容方面，日本的科技政策与体制趋于完善，产学官协同创新的内容愈加丰富、目标愈加明确、程度愈加深化，科技政策的导向性相对较强。在科技创新战略布局方面，日本重点采取“先分后合，由点及面”的战略举措，即在大的总体战略框架下，重点聚集科研实力竞逐分领域下的高科技成果，进而统合力量抢滩第四次产业革命的科技制高地，其中，日本主要的科技创新战略布局领域包括物联网、人工智能、前沿科技与纳米材料等。在科技创新主要目标、特点与模式方面，第一，日本不再将科技创新的主要目标限于实现某个产业领域的更新换代，而是构建“社会5.0”，打造“超智能社会”，全面提升经济发展质量。第二，日本科技创新的特点体现在：科技创新的速度相对减缓，处于由数量型发展向质量型发展转变的过程中，其中，2010～2012年，政权更迭导致科技政策、科技制度改革缺乏连续性；人口少子老龄化持续加剧导致科研后继力量断层；经济制度环境相对完善，但革新成本与困难增加，这导致对科技创新的刺激作用减弱；年轻科研人员所处的环境形势严峻，如长期雇佣岗位减少、与科技相关的经费的增长停滞等。第三，日本科技创新模式以自主创新为主，日本建立了健全的、新型的产学官协同创新机制，重视进行国际科技研发合作，不断推动开放式创新进程。

其次，从第四次产业革命背景下日本科技创新的影响因素来看，本书从内外部环境视角出发，利用定性分析与定量分析相结合的方法探讨了日本企业进行科技创新的主要影响因素，外部因素包括社会经济环境因素、市场环境因素、政府层面的因素，内部因素包括企业属性、企业经营与企业治理等。本书研究发现，在社会经济环境方面，日本经济政策的不确定性、经济自由度的增加对企业科技创新产生了一定的负面影响；在市场环境方面，经济周期对企业的科技创新的影响并不显著，但是，市场竞争会明显提升企业进行科技创新的积极性，市场需求对企业的科技创新具有复杂的影响；在企业属性、企业经营与企业治理方面，企业规模、成立年限、管理层人数增加对企业科技创新具有正向影响，但是，企业的盈利能力对科技创新的影响较为复杂，企业的资产负债率、资本密集度往往对企业的科技创新具有负向影响，企业独立性与高管年龄对企业的科技创新的影响不明显。除此之外，由于企业所属行业不同，影响企业的科技创新活动的主要因素存在明显的差异。

最后，本书通过梳理科技创新产出情况，以及运用实证方法探究日本科技创新对经济增长质量的影响，分析了日本科技创新的效果。本书研究发现，日本科技创新产出增速放缓，但是，科研人员素质、专利申请质量有所提升，国际合作研发成果增加，技术贸易收支比稳居世界第一位，中高级及以上技术产业贸易出口额占产业贸易总额的比重较高，日本的科技实力依然较强。另外，本书运用实证方法验证了日本科技创新确实是提升经济增长质量的有效驱动力，特别是考虑到人口少子老龄化与科技创新的交互作用，2010 年之后，日本科技创新对经济增长质量提升的驱动作用有所强化。

不同于日本，在第四次产业革命背景下，中国科技飞速发展，取得了令世界瞩目的巨大成就，不过也存在一定的问题。本书在简单地梳理中国科技创新存在的主要问题的基础上，结合日本在科技创新发展过程中的经验与教训，提出促进中国科技创新的一些建议。

现阶段，中国科技创新发展存在的问题与不足主要有以下几个方面。

第一，科研投入增加但是存在不合理性。一是科技创新经费支出结构存在进一步优化的空间。目前，中国对于基础研究的科研投入占科技创新经费支出的比重较低。根据国家统计局发布的数据，2005 年，全国研究与试验发展（R&D）经费支出为 2367 亿元，其中，用于基础研究的经费支出为 135 亿元，仅占全国研究与试验发展经费支出的 5.7%；2010 年，用于基础研究的经费支出为 369 亿元，占全国研究与试验发展经费支出的比重减少至 4.6%；2019 年，用于基础研究的经费支出增至 1209 亿元，尽管约为 2005 年的 9 倍，但是占全国研究与试验发展经费支出的比重仅为 5.6%，甚至不及 2005 年的水平。也就是说，虽然中国用于基础研究的经费的绝对总额逐年增加，但是其占全国研究与试验发展经费支出的比重并不高，甚至一度出现了震荡减少的趋势。二是区域研发经费支出差异十分明显。分地区来看，江苏、北京、广东、山东、浙江以及上海6个省市的研发经费支出较多，占全国总额的一半以上，但是，其他地区特别是研发经费支出最少的西藏自治区，与江苏等省区市的差距十分明显。区域研发经费支出差异显著的深层次原因是各地区经济发展水平的差距较大，科技创新投入直接影响科技创新实力，科技创新投入差距拉大使地区间的经济发展动力差距进一步拉大，进而出现螺旋形恶性循环，这不利于增强国家科技创新实力及实现经济增长质量提升。

第二，科技创新水平显著提升但增速放缓。从科技创新投入与产出方面来看，中国的科技创新指标绝对值基本上呈现上行趋势；从科技创新的增长率来看，诸多科技创新指标的增长率虽然为正值，但是有所下降，特别是2010年以来。这在一定程度上说明尽管中国科技创新投入与产出在绝对值上增长明显，但是增速有所放缓。根据国家统计局发布的数据，从PCT专利申请数量来看，尽管PCT专利申请数量逐年增加，但是增长率呈现震荡下降的趋势，2008～2011年的增长率逼近100%，2008年前的增长率大多不到20%，2011年后的增长率在45%以上（除了2016年）。这可能主要是因为，国家层面科技战略与政策的出台极大地激发了民间进行科技创新的活力，增强了企业、高校与研究机构等进行科研活动的信心，刺激了科技创新成果的产生，由于中国基础研究相对薄弱、科技发展体制机制仍有需要改善的空间，在政策效应减弱时，科技创新速度可能出现减缓倾向，但是，不容否认的是，中国科技发展前景广阔，发展动力强劲，随着科技产业发展活力全面释放及科技体制改革进一步深化，中国科技创新将迎来新的高峰。

第三，高层次科研人力资源面临一定挑战。驱动科技创新的根本在人，保障科技发展质量的根基在人，实现经济高质量发展的基础也在人。科研人力资源不仅关系到中国科技事业持续发展的情况，还关系到创新驱动发展战略的根本落实情况，也关系到经济社会高质量发展长远目标的实现情况。实际上，现阶段，中国科研人力资源面临一些挑战，这主要是因为，一是人口老龄化问题开始凸显，同时，新生人口增长率并不乐观，这可能对未来的科研人员的绝对数量产生一定的负面影响。国家统计局相关数据显示，中国人口出生率正在震荡下降，2017 年，人口自然增长率仅为 5.32‰，不及 2005 年的 5.89‰。对于日本来说，人口老龄化与少子化程度的不断加深导致科研人力资源趋于减少。二是当前中国的科研人员数量超过美国，位居世界第一，科研人员的素质在稳步提升，但是，科研人员的水平参差不齐，从整体情况来看，中国科研人员的素质仍有较大的提升空间。按照进行科研活动的人员的类别来看，中国进行研发活动的工程师和科学家的数量占研发总人数的比重仅为日本的 8%、韩国的 15%。另外，在教育层次方面，发达国家在高等教育阶段倾向于采取分层开展的方式，针对不同社会需求采取与之相匹配的教育培养方式，以更好地培养出满足不同需求的专业人才。就大学教育来说，中国对专科教育及本科教育的倾向性不够明确，对本科教育的支持力度较大，对专科人才的培养相对欠缺，这导致学生更多地掌握了理论知识而缺乏专业技能。

第四，中高端技术自主研发能力需继续提升。相较于美国、日本等，中国的科技基础较薄弱，在中高端技术领域，相关产品仍然依赖进口，中高端技术的自主研发能力需进一步提升。例如，在第四次产业革命背景下，在机器人领域，中国与日本存在非常大的差距，尽管中国已经连续多年成为世界第一大机器人应用市场，但是高端机器人仍然依赖进口，而这也体现在中国与先进国家在核心算法领域的差距上。以工业机器人为例，作为工业产品，衡量其优劣的两个主要标准是稳定性与精确性，由于核心算法的差距，中国生产的工业机器人的“大脑”——核心控制器并不“聪明”，对于稳定性、故障率、易用性等关键指标，中国相关企业远不如工业机器人的“四大家族”（工业机器人的“四大家族”包括日本的发那科、日本的安川电机、瑞士的 ABB 以及德国的库卡），工业机器人的“四大家族”掌握了工业机器人领域的前沿科技，基本垄断了工业机器人领域，特别是日本的发那科，持续保持技术水平领先、销售规模领先与利润领先。整体而言，中国在应用技术方面已经较为成熟，但是在中高端技术研发环节存在巨大的缺陷。

鉴于现阶段中国科技创新存在的问题与不足，结合日本在产业革命背景下推进科技创新的经验与教训，本书提出以下促进中国科技创新的政策建议。

第一，重视加强基础研究。现阶段，中国倾向于进行应用型研发活动，对基础研究工作的重视力度不足。从日本科技发展的经验来看，基础研究对科技进步具有重要作用，中国应强化基础研究工作。首先，基础研究关系到后进国家的技术引进、消化、吸收能力，进而对一国的科技创新产生重要影响。可以说，日本在第一次产业革命、第二次产业革命、第三次产业革命前期的科技创新基本上都是建立在技术引进之后的消化、吸收再创新基础之上的，当时，日本逐渐重视基础研究，这是因为技术引进成效的发挥在较大程度上取决于本国对技术的吸收能力，基础研究能够通过提高一国的知识积累水平与人力资本质量增强技术吸收能力，进而提升技术引进的有效性，推动技术进步。其次，基础研究影响国家科技创新前景。基础研究直接展现一国的科技创新实力，可能对未来的产业发展产生深远的影响。虽然基础研究投入不一定带来相应的成果，而且过多的基础研究投入可能造成研发资源错配，进而影响整体的技术进步效率，但是这并不能否认基础研究对国家科技创新前景的影响，以及对一国科技创新实力的决定作用，这是因为，基础研究是实现科技突破的关键。尽管基础研究自身缺乏对技术创新的反馈回路，需要借助应用研发工作实现科技成果转化，但是基础研究是科技创新的主要支撑，产生基础知识，发现新的前沿生产技术，优化生产流程，进而提高技术生产效率。如果对基础研究的投入不足，那么之后的应用研发工作可能失去根本性支撑，其所需要的知识积累、人才储备及技术设备的供给就将断层。从日本在第三次产业革命后期落后于美国的深层次原因来看，当时，日本的基础研究底子薄弱，自主创新能力落后于美国，其无法在计算机、信息领域实现重大突破（美国在这些领域取得了一定的成就）。之后，日本强调推进基础研究工作，取得了较好的成果。从研发投入结构来看，中国对基础研究的重视程度与日本有较大的差距，建议中国吸取相关经验，重视加强基础研究。

第二，理性看待科技现状并重视第四次产业革命带来的机遇。一是理性看待科技发展现状。在对科技创新充满信心的同时，应客观地看待中国与其他国家在一些技术领域存在较大差距的情况，避免“自负情绪”蔓延，继续加强与先进国家的技术交流与合作，积极吸取他国的经验与教训。二是重视科技发展的增速及科技创新质量的提升。由日本的相关经验可知，科技发展在经历飞速性、跨越性变化之后，难免有所减速，日本科技发展经历了由数量型发展向质量型发展的过渡。对于中国来说，在保持一定的科技发展速度的同时，应切实提升科技创新质量。三是深刻认识到第四次产业革命在带来科技创新、经济增长新机遇的同时，也引领新一轮大国竞争与博弈。尽管近年来日本科技创新发展出现减速的趋势，但是其仍然是重要的科技大国，就目前情况来看，日本对华科技竞争水平逐渐提升，建议双方加强科技合作，化解在相关技术标准等方面的分歧。四是重视把握第四次产业革命的机遇窗口。日本作为后进型资本主义国家，之所以可以迅速成长为经济强国，根本原因在于科技进步。从产业革命视角来看，日本经济发展最快的阶段是第三次产业革命前期，这是日本引领产业变革的一个时期，日本有效把握住了第三次产业革命前期带来的机遇，迅速成长为科技强国、经济强国。第四次产业革命涉及的技术领域均是高科技领域，势必带来一系列新兴产业萌生，它们将成为新的经济增长引擎，甚至可以改变现有的经济社会面貌。在第四次产业革命背景下，日本已然进行了整体与分领域的战略安排，制定了具体的路线图与阶段性目标，中国也应重视进行宏观层面的指导，把握第四次产业革命的机遇窗口，在进行整体布局后，加快人工智能、物联网、纳米材料等前沿领域的研发工作。

第三，强化科技人才培养并建立有效的产学官合作方式。首先，日本的科技创新的每个阶段均重视对科技人才的培养，特别是在第四次产业革命背景下，为减轻少子老龄化问题对科研人员数量与质量的负面影响，日本积极鼓励女性就业，强化科研人才培养，实际上，科研人员数量与质量已呈现增加、提升趋势。中国的高层次科研人力资源也面临挑战，这就要求，必须重视加强科技人才培养，既要加强对具有高科技知识水平的人才的培养，也要加强对具有跨部门交流与合作能力的人才的培养。参考日本的相关做法，一方面，中国可鼓励雇用其他国家的技术人才，加强与先进国家的技术交流与合作；另一方面，中国应重视为高科技人才打造自由、和谐、积极的工作环境，营造人才至上、为科技创新服务的社会氛围。其次，在第四次产业革命背景下，日本不断推进体制机制改革，完善科技创新政策，对科技创新加强管理，打造独具特色的产学官合作机制，促进政府、企业、高校以及科研机构有效合作。当然，日本也曾由于过度追求一时的科技进步与经济增长，忽视了对科技创新体系的研究与基础性科学发展机制的建设，导致发展基础不稳定，这直接影响了之后的科技发展进程。有鉴于此，中国应吸取日本的经验与教训，从深入开展科技体制改革入手，最大限度地激发科技研发活力，建立有效的产学官合作方式。中国应重视实现产业化建设与科技体制建设有机融合，有效利用科技资源，平衡分配科技力量，重视在制度层面引导形成满足市场经济发展需求与符合科技发展规律的创新方向，强化企业科技创新的主体地位，坚持政府对科技创新全局的宏观把握，提升高校、科研机构的研发活力，进而在全社会范围内有效推进产学官协同创新。

第四，提升科技创新的开放性与包容性。这有助于向先进国家吸取有关促进科技发展的经验，在一定程度上提升中国的科技发展水平。在第四次产业革命背景下，日本科技创新的开放性与包容性的特点更为明显，如日本积极推动进行国际科技交流，展开“技术外交”。日本是典型的善于向其他国家学习的国家，在推动科技创新进程的重要政策文件中，日本基本上都会强调加强国际科研交流，既鼓励本国科研人员“走出去”，也鼓励将外国科研人员“引进来”。相对于日本，中国科技创新的起步时间较晚，与他国进行研发合作的经验不足，科技创新的开放性与包容性有很大的提升空间，如科研人员出国进行交流的机会相对有限，对于学生来说，很多机会集中于“等级较高”的高校以及研究机构，普通高校的学生进行国际交流的机会很少。从中国的科技创新成果来看，与日本积极参与国际专利研发合作项目、实现论文国际共著的比例较高不同，无论是在科技论文的发表方面还是专利发明的申请中，中国的国际合作型创新成果所占比重均较小，这在一定程度上说明，中国科技创新的开放性需要进一步提升。

第五，稳定并强化中日科技创新合作以系牢利益纽带。本书研究发现，在第四次产业革命背景下，日本的科技创新能力不容小觑。加强国际科技合作始终是促进中国科技发展的重要一环，中日科技交往密切、合作前景广阔、合作基础雄厚，因此，稳定并强化中日科技创新合作在一定程度上对提升中国的科技水平、促进中国经济发展具有重要的作用。首先，强化政府间交流，以民间科技合作为着力点，把中日科技创新合作打造成中日关系提质增效的重要引擎，推动把中日科技创新合作的着力点放在民间，特别是在双方企业进行合作时，应在“双循环”发展格局下逐渐采用“中国市场/经营＋日本技术”“中国资本＋日本中小企业”的合作模式。其次，围绕双方的利益需求，立足合作现状，全方位强化中日科技创新合作的支撑链条，努力化解分歧与冲突。一是进一步完善中日既有国际合作平台运行机制，加强对合作成果市场化过程中知识产权保护、归属与管理及数据安全等方面的研究，建立一套符合双方共同利益需求的平台成果保障机制。二是加大对中日科技创新合作的支持力度，探索建立有关实现日本专家、技术人员来华交流签证手续便捷化的机制。三是继续推进中日技术人才交流体系建设，丰富中日青少年科技人文交流内容，厚培区域内年轻一代进行科技交流与合作的土壤，探索构建涉及前沿技术、广泛性培训与教育的经验（涵盖中小学阶段）的相关机制。最后，深化两国在全球性问题上的国际合作，在传统及新兴战略领域继续打造具有国际影响力的旗舰项目，实现互利共赢。一是围绕中日共同利益诉求，加强政府间有关创新战略的交流，加强在全球科技创新治理、前沿科技领域的对话与沟通，凝聚共识，夯实互信基础。二是巩固和加强中日在环境、新能源、智能制造等既有领域的合作，优化项目合作机制，提升科技成果的本土转化能力。三是重视在 RCEP 框架下进行中日创新网络建设，促进科技相关领域的资本、技术、劳动力等要素自由流动，探讨实现科技领域贸易与投资便捷化的措施。

参考文献

中文文献

[1] 白俊红、李婧:《政府R&D资助与企业技术创新——基于效率视角的实证分析》,《金融研究》2011年第6期。

[2] 钞小静、任保平:《中国经济增长质量的时序变化与地区差异分析》,《经济研究》2011年第4期。

[3] 陈爱贞、刘志彪:《进口促进战略有助于中国产业技术进步吗?》,《经济学动态》2015年第9期。

[4] 陈冬、孔墨奇、王红建:《投我以桃,报之以李:经济周期与国企避税》,《管理世界》2016年第5期。

[5] 陈海华、谢富纪:《日本技术创新模式的演进及其发展战略》,《科技进步与对策》2008年第1期。

[6] 陈欢、王燕:《国际贸易与中国技术进步方向——基于制造业行业的经验研究》,《经济评论》2015年第3期。

[7] 陈胜蓝、刘晓玲:《经济政策不确定性与公司商业信用供给》,《金融研究》2018年第5期。

[8] 陈英:《技术创新与经济增长》,《南开经济研究》2004年第5期。

[9] 陈玉罡、蔡海彬、刘子健、程瑜:《外资并购促进了科技创新吗?》,《会计研究》2015年第9期。

[10] 陈昭、胡晓丹:《内生创新努力、贸易开放与高技术产业技术进步——基于中国三大区域面板分布滞后模型的实证》,《财经理论研究》2016

年第 5 期。

[11] 程永明：《日本科技中介机构的运行机制及其启示——以 JST 为例》，《日本问题研究》2007 年第 1 期。

[12] 刁秀华、李姣姣、李宇：《高技术产业的企业规模质量、技术创新效率及区域差异的门槛效应》，《中国软科学》2018 年第 11 期。

[13] 丁曼：《“社会 5.0”：日本超智慧社会的实现路径》，《现代日本经济》2018 年第 3 期。

[14] 董景荣、刘冬冬、王亚飞：《装备制造业技术进步路径选择：理论分析与实证研究》，《科技进步与对策》2015 年第 23 期。

[15] 董世龙：《马克思科学技术思想研究》，华中师范大学博士学位论文，2015。

[16] 董直庆、焦翠红、王林辉：《技术进步偏向性跨国传递效应：模型演绎与经验证据》，《中国工业经济》2016 年第 10 期。

[17] 豆建春、冯涛、杨建飞：《技术创新、人口增长和中国历史上的经济增长》，《世界经济》2015 年第 7 期。

[18] 樊增强：《日本、欧盟中小企业技术创新支持政策的比较分析及其对我国的启示与借鉴》，《现代日本经济》2005 年第 1 期。

[19] 冯鹏志：《技术创新社会行动系统论》，中国言实出版社，2000。

[20] 冯宗宪、王青、侯晓辉：《政府投入、市场化程度与中国工业企业的技术创新效率》，《数量经济技术经济研究》2011 年第 4 期。

[21] 傅家骥主编《技术创新学》，清华大学出版社，1998。

[22] 郭晨、张卫东、朱世卡：《科技创新对收入不平等的影响——基于企业发展与政府干预视角》，《北京工商大学学报》（社会科学版）2019 年第 2 期。

[23] 郭飞、黄雅金：《全球价值链视角下 OFDI 逆向技术溢出效应的传导机制研究——以华为技术有限公司为例》，《管理学刊》2012 年第 3 期。

[24] 郭新茹、顾江：《科技创新与文化产业生产效率的协整分析——基于我国 31 个省市面板数据的实证研究》，《南京社会科学》2014 年第 5 期。

[25] 何霞、苏晓华:《高管团队背景特征、高管激励与企业 R&D 投入——来自 A 股上市高新技术企业的数据分析》,《科技管理研究》2012 年第 6 期。

[26] 金仁淑:《后危机时代日本产业政策再思考——基于日本“新增长战略”》,《现代日本经济》2011 年第 1 期。

[27]〔英〕坎南编《亚当·斯密关于法律、警察、岁入及军备的演讲》,陈福生、陈振骅译,商务印书馆,1962。

[28] 李博:《日本公司治理与技术创新模式的关系》,《日本学刊》2012 年第 2 期。

[29] 李俊江、彭越:《日本中小企业技术创新模式的演变分析》,《现代日本经济》2015 年第 1 期。

[30] 李邃、江可申:《高技术产业科技能力与产业结构优化升级》,《科研管理》2011 年第 2 期。

[31] 李涛、陈晴:《异质机构投资者、企业性质与科技创新》,《工业技术经济》2020 年第 3 期。

[32] 李翔、邓峰:《科技创新、产业结构升级与经济增长》,《科研管理》2019 年第 3 期。

[33] 李毅:《制造业在日本经济复苏中的角色探讨》,《日本学刊》2015 年第 3 期。

[34] 梁军、赵青:《全要素生产率变动与日本经济长期萧条》,《日本问题研究》2016 年第 2 期。

[35] 刘海波:《知识产权保护是创新发展的基本保障》,《紫光阁》2018 年第 5 期。

[36] 刘军红:《东亚地区合作机制的力学关系》,《外交评论》2009 年第 2 期。

[37] 刘瑞:《基础设施出口战略博弈下的中日竞争与合作》,《东北亚学刊》2016 年第 4 期。

[38] 刘涛:《经济增长与产业结构变动的关系及其效应研究》,科学出版

社，2013。
[39] 刘志恒、王林辉：《相对增进型技术进步和我国要素收入分配——来自产业层面的证据》，《财经研究》2015年第2期。
[40] 柳卸林：《技术创新经济学》，中国经济出版社，1993。
[41] 鲁桐、党印：《公司治理与技术创新：分行业比较》，《经济研究》2014年第6期。
[42] 罗明新、马钦海、胡彦斌：《政治关联与企业技术创新绩效——研发投资的中介作用研究》，《科学学研究》2013年第6期。
[43] 罗明星、罗永峰：《科学技术创新的分类》，《科学学研究》2006年第S1期。
[44]《马克思恩格斯全集》（第三卷），人民出版社，2012。
[45] 马轶群：《技术进步、政府干预与制造业产能过剩》，《中国科技论坛》2017年第1期。
[46] 梅其君、陆劲松：《从自主的技术到自由的伦理——埃吕尔的技术伦理思想初探》，《科学技术与辩证法》2008年第1期。
[47] 平力群：《创新激励、创新效率与经济绩效——对弗里曼的日本国家创新系统的分析补充》，《现代日本经济》2016年第1期。
[48] 秦皖梅：《21世纪初日本诺贝尔奖的井喷现象考察》，《安徽大学学报》（哲学社会科学版）2016年第4期。
[49] 宋则行、樊亢主编《世界经济史（上卷）》，经济科学出版社，1998。
[50] 苏冬蔚、曾海舰：《宏观经济因素、企业家信心与公司融资选择》，《金融研究》2011年第4期。
[51] 苏治、徐淑丹：《中国技术进步与经济增长收敛性测度——基于创新与效率的视角》，《中国社会科学》2015年第7期。
[52]〔日〕苔莎·莫里斯－铃木：《日本的技术变革——从十七世纪到二十一世纪》，马春文等译，中国经济出版社，2002。
[53] 唐未兵、傅元海、王展祥：《技术创新、技术引进与经济增长方式转变》，《经济研究》2014年第7期。

[54] 王弟海、崔小勇、龚六堂：《健康在经济增长和经济发展中的作用——基于文献研究的视角》，《经济学动态》2015 年第 8 期。

[55] 王定祥、李伶俐、吴代红：《金融资本深化、技术进步与产业结构升级》，《西南大学学报》（社会科学版）2017 年第 1 期。

[56] 王华、赖明勇、柒江艺：《国际技术转移、异质性与中国企业技术创新研究》，《管理世界》2010 年第 12 期。

[57] 王学栋：《中小企业与技术创新：日本政府的成功经验及其借鉴》，《现代日本经济》2001 年第 2 期。

[58] 王珍义、苏丽、陈璐：《中小高新技术企业政治关联与技术创新：以外部融资为中介效应》，《科学学与科学技术管理》2011 年第 5 期。

[59] 王振山、宋书彬、战宇：《成长期与成熟期科技创新企业分红与研发——地域、公司治理、股权结构的影响》，《山西财经大学学报》2010 年第 10 期。

[60] 魏守华、周斌：《中国高技术产业国际竞争力研究——基于技术进步与规模经济融合的视角》，《南京大学学报》（哲学·人文科学·社会科学）2015 年第 5 期。

[61] 吴延兵：《不同所有制企业技术创新能力考察》，《产业经济研究》2014 年第 2 期。

[62] 吴芸：《政府科技投入对科技创新的影响研究——基于 40 个国家 1982—2010 年面板数据的实证检验》，《科学学与科学技术管理》2014 年第 1 期。

[63] 肖文、林高榜：《政府支持、研发管理与技术创新效率——基于中国工业行业的实证分析》，《管理世界》2014 年第 4 期。

[64] 〔美〕熊彼特：《资本主义、社会主义和民主主义》，绛枫译，商务印书馆，1979。

[65] 徐梅：《从“一带一路”看中日第三方市场合作的机遇与前景》，《东北亚论坛》2019 年第 3 期。

[66] 徐迎、张薇：《技术创新理论的演化研究》，《图书情报工作》2014 年

第 7 期。

[67] 薛春志：《日本产业技术创新联盟的运行特点及效果分析》，《现代日本经济》2010 年第 4 期。

[68]〔英〕亚当·斯密：《国民财富的性质和原因的研究》，郭大力、王亚南译，商务印书馆，1974。

[69] 杨栋梁：《日本近代产业革命的特点》，《南开学报》（哲学社会科学版）2008 年第 1 期。

[70] 杨名、姜照华：《日本式经济增长轨迹成因分析与展望》，《经济与管理研究》2006 年第 3 期。

[71] 杨勇华、马键：《演化经济学视角下美国与日本技术创新不同倾向》，《现代经济探讨》2013 年第 10 期。

[72] 杨振兵：《中国制造业创新技术进步要素偏向及其影响因素研究》，《统计研究》2016 年第 1 期。

[73] 叶祥松、刘敬：《政府支持、技术市场发展与科技创新效率》，《经济学动态》2018 年第 7 期。

[74] 袁建国、后青松、程晨：《企业政治资源的诅咒效应——基于政治关联与企业技术创新的考察》，《管理世界》2015 年第 1 期。

[75]〔英〕约翰·伊特韦尔等编《新帕尔格雷夫经济学大辞典（第 2 卷）》，陈岱孙等译，经济科学出版社，1996。

[76]〔美〕约瑟夫·熊彼特：《经济发展理论——对于利润、资本、信贷、利息和经济周期的考察》，何畏等译，商务印书馆，1990。

[77] 张华胜、薛澜：《技术创新管理新范式：集成创新》，《中国软科学》2002 年第 12 期。

[78] 张华新：《日本多重治理结构下的区域创新政策研究》，《日本学刊》2018 年第 2 期。

[79] 张季风、邓美薇：《人口老龄化、技术创新对经济增长质量的影响——基于中日两国的比较分析》，《日本问题研究》2019 年第 1 期。

[80] 张季风：《重新审视日本“失去的二十年”》，《日本学刊》2013 年第

6 期。

[81] 张来武：《科技创新驱动经济发展方式转变》，《中国软科学》2011 年第 12 期。

[82] 张丽：《日本中小企业自主技术创新研究》，《佳木斯教育学院学报》2013 年第 5 期。

[83] 张肃、黄蕊：《技术创新视角下日本经济的赶超与停滞》，《现代日本经济》2016 年第 5 期。

[84] 赵传松、任建兰、陈延斌、刘凯：《中国科技创新与可持续发展耦合协调及时空分异研究》，《地理科学》2018 年第 2 期。

[85] 赵丽娟、张玉喜、潘方卉：《政府 R&D 投入、环境规制与农业科技创新效率》，《科研管理》2019 年第 2 期。

[86] 郑德渊、李湛：《R&D 的溢出效应研究》，《中国软科学》2002 年第 9 期。

[87] 智瑞芝、袁瑞娟、肖秀丽：《日本技术创新的发展动态及政策分析》，《现代日本经济》2016 年第 5 期。

[88] 钟道军、李子美、张爱儒：《外商直接投资对技术进步影响的实证研究》，《统计与决策》2016 年第 17 期。

[89] 周海涛、林映华：《政府支持企业科技创新市场主导型政策构建研究——基于“市场需求—能力供给—环境制度”结构框架》，《科学学与科学技术管理》2016 年第 5 期。

[90] 周煊、程立茹、王皓：《技术创新水平越高企业财务绩效越好吗？——基于 16 年中国制药上市公司专利申请数据的实证研究》，《金融研究》2012 年第 8 期。

[91]《资本论》（第一卷），人民出版社，2004。

[92] 邹国平、刘洪德、王广益：《我国国有企业规模与研发强度相关性研究》，《管理评论》2015 年第 12 期。

外文文献

[1] Aboal D., Garda P., *Technological and Nontechnological Innovation and Productivity in Services vis a vis Manufacturing in Uruguay* (Idb Publications, 2012).

[2] Abramovitz M., "Catching up, Forging ahead, and Falling behind," *Journal of Economic History*, 46 (1986).

[3] Aghion P., Howitt P., "A Model of Growth through Creative Sestruction," *Econometrica*, 60 (1992).

[4] Ahuja G., "Moving beyond Schumpeter: Management Research on the Determinants of Technological Innovation," *Academy of Management Annals*, 2 (2008).

[5] Archibugi D., "Patenting as an Indicator of Technological Innovation: A Review," *Science & Public Policy*, 19 (1992).

[6] Arrow K., *Economic Welfare and the Allocation of Resources for Innovations* (Princeton: Princeton University Press, 1962).

[7] Barney J., "Firm Resources and Sustained Competitive Advantage," *Journal of Management*, 17 (1991).

[8] Bartoloni E., Baussola M., "Does Technological Innovation Undertaken Alone Have a Real Pivotal Role? Product and Marketing Innovation in Manufacturing Firms," *Economics of Innovation & New Technology*, 25 (2016).

[9] Bleda M., Río P. D., "The Market Failure and the Systemic Failure Rationales in Technological Innovation Systems," *Research Policy*, 42 (2012).

[10] Bronwyn H. Hall, Jacques Mairesse, Pierre Mohnen, "Measuring the Returns to R&D," UNU-MERIT Working Papers, ISSN 1871-9872.

[11] Cassiman B., Veugelers R., "In Search of Complementarity in Innovation Strategy: Internal R&D and External Knowledge Acquisition," *Management Science*, 52 (2006).

[12] Charles Baden-Fuller, Stefan Haefliger, "Business Models and Technological Innovation," *Long Range Planning*, 46 (2013).

[13] Choi S. B., Park B. I., Hong P., "Does Ownership Structure Matter for Firm Technological Innovation Performance? The Case of Korean Firms," *Corporate Governance An International Review*, 50 (2010).

[14] Dasgupta P., Stiglitz J., "Industrial Structure and the Nature of Innovative Activity," *Economic Journal*, 90 (1980).

[15] Davinder Singh, Jaimal Singh Khamba, Tarun Nanda, "Role of Technological Innovation in Improving Manufacturing Performance: A Review," *International Scholarly and Scientific Research & Innovation*, 9 (2015).

[16] Davis L., North D. C., Smorodin C., *Institutional Change and American Economic Growth* (London: Cambridge University Press, 1971).

[17] Francis J., Smith A., "Agency Costs and Innovation Some Empirical Evidence," *Journal of Accounting & Economics*, 19 (1995).

[18] Freeman C., "The 'National System of Innovation' in Historical Perspective," *Cambridge Journal of Economics*, 19 (1995).

[19] Gai L. R., Pissarides C. A., "Structural Change in a Multisector Model of Growth," *American Economic Review*, 97 (2007).

[20] Gayle P. G., "Market Concentration and Innovation: New Empirical Evidence on the Schumpeterian Hypothesis," Kansas State University, Department of Economics, Working Paper, 2003.

[21] Greenan N., Guellec D., "Technological Innovation and Employment Reallocation," *Labour*, 14 (2010).

[22] Haresh Sapra, Ajay Subramanian, Subramanian K. V., "Corporate Governance and Innovation: Theory and Evidence," *Journal of Financial & Quantitative Analysis*, 49 (2015).

[23] Hasenclever L., Lopes R., Paranhos J., "Strategic Management of Technological Innovation," *Journal of Product Innovation Management*, 23 (2008).

[24] Hewitt Dundas N. , Roper S. , "Output Additionality of Public Support for Innovation: Evidence for Irish Manufacturing Plants, " *European Planning Studies*, 50 (2009).

[25] Hicks J. , *The Theory of Wages* (London: Macmillan, 1963).

[26] Hicks N. L. , "Growth vs Basic Needs: Is There a Trade-off?" *World Development*, 7 (2006).

[27] Holmstrom B. , "Agency Costs and Innovation," *Journal of Economic Behavior & Organization*, 12 (1989).

[28] Hoskisson R. E. , Hitt M. A. , Johnson R. A. et al. , "Conflicting Voices: The Effects of Institutional Ownership Heterogeneity and Internal Governance on Corporate Innovation Strategies, " *Academy of Management Journal*, 45 (2002).

[29] Hwang W. S. , Choi H. , Shin J. , "A Mediating Role of Innovation Capability between Entrepreneurial Competencies and Competitive Advantage," *Technology Analysis & Strategic Management*, 32 (2020).

[30] Ibrahim A. , Elias E. M. , Ramayah T. , "Determining Technological Innovation and Competitiveness: A Cross Organizational Analysis of the Malaysian Manufacturing Industry," *Asian Journal of Technology Management*, 1 (2014).

[31] Koen Frenken, "Technological Innovation and Complexity Theory," *Economics of Innovation & New Technology*, 15 (2006).

[32] Lee R. , "An Analysis of Structural Relationship between Technological Innovation Capability, Collaboration and New Product Development Performance in Small & Mid-sized Venture Companies," *Asia-Pacific Journal of Business Venturing and Entrepreneurship*, 15 (2020).

[33] Lendel V. , Varmus M. , "Creation and Implementation of the Innovation Strategy in the Enterprise," *Economics and Management*, 16 (2011).

[34] Lerner J. , Wulf J. , "Innovation and Incentives: Evidence from Corporate

R&D," *Review of Economics & Statistics*, 87 (2007).

[35] Lin C., Lin P., Song F. M. et al., "Managerial Incentives, CEO Characteristics and Corporate Innovation in China's Private Sector," *Journal of Comparative Economics*, 39 (2011).

[36] Mansfield E., "Academic Research Underlying Industrial Innovations: Sources, Characteristics, and Financing," *Review of Economics & Statistics*, 77 (1995).

[37] Mansfield E., Rapoport J., Romeo A. et al., "Social and Private Rates of Return from Industrial Innovations," *Quarterly Journal of Economics*, 91 (1977).

[38] Mark Freel, "Patterns of Technological Innovation in Knowledge—Intensive Business Services," *Industry & Innovation*, 13 (2006).

[39] Metcalfe J. S., Ramlogan R., "Competition and the Regulation of Economic Development," *Quarterly Review of Economics & Finance*, 45 (2005).

[40] Miller D. J., Fern M. J., Cardinal L. B., "The Use of Knowledge for Technological Innovation within Diversified Firms," *Academy of Management Journal*, 50 (2007).

[41] Montobbio F., "An Evolutionary Model of Industrial Growth and Structural Change," *Structural Change & Economic Dynamics*, 13 (2002).

[42] Munisamy S., Fon C. Z., Wong E. S. et al., "Innovation and Technical Efficiency...Innovation and Technical Efficiency in Malaysian Family Manufacturing Industries," *Journal of Economic & Financial Studies*, 3 (2015).

[43] Necadova M., Scholleova H., "Motives and Barriers of Innovation Behavior of Companies," *Economics and Management*, 16 (2011).

[44] Patel P., Pavitt K., "National Innovation Systems: Why They Are Important, and How They Might Be Measured and Compared," *Economics of Innovation and New Technology*, 3 (1994).

[45] Puspita L. E., Christiananta B., Ellitan L., "The Effect of Strategic Orien-

tation, Supply Chain Capability, Innovation Capability, on Competitive Advantage and Performance of Furniture Retails," *International Journal of Scientific & Technology Research*, 9 (2020).

[46] Raymond L., St-Pierre J., "R&D as a Determinant of Innovation in Manufacturing SMEs: An Attempt at Empirical Clarification," *Technovation*, 30 (2010).

[47] Roodman, David Malin, "How to Do Xtabond2: An Introduction to 'Difference' and 'System' GMM in Stata," *The Stata Journal*, 9 (2009).

[48] Sagar A. D., Zwaan B. V. D., "Technological Innovation in the Energy Sector: R&D, Deployment, and Learning-by-doing," *Energy Policy*, 34 (2006).

[49] Schmookler J., *Invention and Economic Growth* (Cambridge: Harvard University Press, 1966).

[50] Solow R. M., "Technical Progress and the Aggregate Production Function," *Review of Economics & Statistics*, 39 (1957).

[51] Stock G. N., Greis N. P., Fischer W. A., "Firm Size and Dynamic Technological Innovation," *Technovation*, 22 (2002).

[52] Terziovski M., "Innovation Practice and Its Performance Implications in Small and Medium Enterprises (SMEs) in the Manufacturing Sector: A Resource-based View," *Strategic Management Journal*, 31 (2010).

[53] Windmeijer, Frank, "A Finite Sample Correction for the Variance of Linear Efficient Two-step GMM Estimators," *Journal of Econometrics*, 126 (2005).

[54] Zastempowski M., Glabiszewski W., Krukowski K. et al., "Technological Innovation Capabilities of Small and Medium-sized Enterprises," *European Research Studies*, 23 (2020).

[55] 奥山利幸「競争市場 vs. 独占的競争：非競合的技術進歩のマクロ的効果」、『経済志林』第3号、2013年。

［56］「産学官連携の概要と具体的な研究事例」、THE 世界大学ランキング、https://japanuniversityrankings.jp/topics/00089/。

［57］池野那沖、片谷教孝「国別エネルギー消費量と産業構造の関連の分析（(4) 国際エネルギー需給）Session 9 エネルギー評価・経済」、『一般社団法人日本エネルギー学会』、2013 年。

［58］川本卓司「日本経済の技術進歩率計測の試み：『修正ソロー残差』は失われた10 年について何を語るか?」、『金融研究』第 23 巻、2004 年。

［59］川原淳次「経済・産業・実務シリーズ 2016 年機関投資家運用の課題と新潮流」、『証券アナリストジャーナル』第 54 巻、2016 年。

［60］春山鉄源「経済成長と異質企業によるR&D」、『国民経済雑誌』第 5 号、2014 年。

［61］D. クルツハ「古典派経済学と産業連関分析：価値と分配、および技術変化」、『産業連関』第 18 巻、2015 年。

［62］東良彰、アズマ、ヨシアキ、Azuma Y.「技術革新と経済成長に関する一考察：企業者行動の果たす役割を中心に」、『經濟學論叢』第 62 巻、2011 年。

［63］渡辺千仭『技術革新の計量分析—研究開発の生産性・収益性の分析と評価—』、日科技連出版社、2001 年。

［64］幡谷則子「コロンビア：技術革新戦略として期待される太平洋同盟（特集 開かれた経済関係の構築：太平洋同盟諸国の展望）」、『ラテンアメリカレポート』第 31 巻、2014 年。

［65］岡本信司「第 4 期科学技術基本計画に向けた地域科学技術政策の課題と展望—地域科学技術政策の変遷を踏まえた分析—」、『研究技術計画』第 2 号、2009 年。

［66］岡本信司「政権交代による地域科学技術イノベーション政策の変遷における課題と展望」、『2013 - 11 - 02 年次学術大会講演要旨集』、2013 年。

[67] 宮川幸三、王在喆「日中貿易の拡大が日本経済の生産・雇用・労働生産性に及ぼした影響」、『経済学季報』第63巻、2013年。

[68] 宮澤和敏「技術革新と構造変化」、『廣島大學經濟論叢』第38巻、2014年。

[69] 和田聡子「我が国ビール業界の企業間競争」、『大阪学院大学経済論集』第27巻、2013年。

[70] 荒憲治郎「技術進歩の中立性」、『一橋論叢』第1号、1966年。

[71] 加藤綾子「2コンテンツ産業の進化理論に関する検討：レコード産業の進化モデルの第四段階仮説（I-5企業・産業・経済1　セッションI　自由報告）」、『一般社団法人社会情報学会』、2012年。

[72] 菅英辉『美苏冷战与美国的亚洲政策』、京都：ミネルヴァ书房、1997年。

[73] 角田晋也「人口飽和世界における持続可能な経済成長：技術革新により生じた外部不経済を内部化する技術革新サイクル」、『Macro Review』第23巻、2011年。

[74] 栃本道夫「経済再生産構造と技術進歩—資本としての人材の役割—」、『立教経済学研究』第5号、2016年。

[75] 木村壽男「企業の技術戦略策定に向けた技術の棚卸しと評価の1アプローチ—未来志向と特許分析を通じた定量性を重視して」、『研究技術計画』第26巻、2011年。

[76] 南亮進「経済成長と技術進歩の型」、『一橋論叢』第5号、1962年。

[77] 青木達彦「技術変化と評価問題」、『一橋論叢』第3号、1973年。

[78] 日本国立研究開発法人新エネルギー・産業技術総合開発機構（NEDO）「人工知能技術戦略（人工知能技術戦略会議とりまとめ）」、http://www.nedo.go.jp/content/100862413.pdf。

[79] 「日本の科学研究の実力が急速に低下している」、『東洋経済』、https://toyokeizai.net/articles/-/176110?page=5。

[80] 日本内阁府『IoT総合戦略ロードマップ（案）』、http://www.soumu.

go. jp/main_ content/000460042. pdf。

[81] 日本内阁府『統合型材料開発システムによるマテリアル革命』、https://www8. cao. go. jp/cstp/gaiyo/sip/press2/material. pdf。

[82] 日本首相官邸『「日本再興戦略」改訂 2014 —未来への挑戦—』、https://www. kantei. go. jp/jp/singi/keizaisaisei/pdf/honbunJP. pdf。

[83] 日本文部科学省『「AIPプロジェクト(人工知能/ビッグデータ/IoT/サイバーセキュリティ統合プロジェクト)」に係る平成 28 年度戦略目標の決定について』、http://www. mext. go. jp/b _ menu/houdou/28/05/1371147. htm。

[84] 渋澤博幸、菅原喬史、山口誠等「技術革新を伴う次世代型自動車出現の経済波及効果」、『雲雀野』第 33 巻、2011 年。

[85] 山本康裕「長期性資金と技術進歩の関係: 財務データによるパネル分析」、『人文社会論叢. 社会科学篇』第 23 巻、2010 年。

[86] 深尾京司、権赫旭、フカオキョウジ「日本の生産性と経済成長: 産業レベル・企業レベルデータによる実証分析」、『Rieti Dp』第 4 号、2004 年。

[87] 石谷久「革新的技術開発による温暖化防止(特集 産業界による実効ある地球温暖化対策——ポスト京都議定書を見据えて)」、『経済trend』第 5 号、2009 年。

[88] 石井寛治『日本経済史(第 2 版)』、東京大学出版会、1991 年。

[89] 矢吹恒夫「技術革新への適応意欲とその形成要因についての研究(Ⅲ -7 部会 産業と教育(2))」、『The Japan Society of Educational Sociology』、1989 年。

[90] 四谷晃一「内生的技術進歩下での段階的教育選択と経済成長」、『經濟學論叢』第 61 巻、2010 年。

[91] 桐田清秀「戦後日本教育政策の変遷—教育課程審議会答申とその背景—」、『花園大学社会福祉学部研究紀要』第 18 号、2010 年。

[92] 小谷浩之「戦後日本における軍民転換: 民需化促進のための経済・

産業政策と技術革新」、『龍谷大学経済学論集』第37巻、1997年。

[93] 小畑二郎「ケインズからヒックスへの資本理論の発展（今泉文子教授・元木靖教授定年退任記念号）」、『経済学季報』第63巻、2014年。

[94] 新井信裕「産業構造革新に対応する新経営診断技術に関する一つの提言：経営システム包括コンセプトとしてのサービスサイエンス」、『日本経営診断学会論集』第8巻、2008年。

[95] 塩田誠「日本再興戦略の中小企業の革新を担う（独）中小企業基盤整備機構（独）中小企業基盤整備機構副理事長 塩田誠氏に聞く（新春特集号）」、『経済産業公報』、2015年。

[96] 櫻澤仁「新興成長産業とニッチ市場戦略：東京NBCのフィールドリサーチ（日本の新しい成長産業とマネジメント革新）」、『経営教育研究』第18巻、2015年。

[97] 齋藤久光「発展途上国における産業集積と技術革新」、『地域経済経営ネットワーク研究センター年報』第4巻、2015年。

[98] 中村純一、福田慎一「問題企業の復活：『失われた20年』の再検証」、『General Information』、2013年。

[99] 中村岳穂「技術進歩と労働賃金」、『金城学院大学论集（社会科学编）』第1号、2016年。

[100] 中島巖「技術革新の進化過程と波列解」、『専修経済学論集』第47巻、2013年。

[101] 佐藤幸夫「技術進歩の問題について」、『一橋論叢』第6号、1972年。

[102] 佐藤幸夫「賃金上昇と技術進歩についての一論」、『一橋論叢』第1号、1971年。

后　记

本书是在我的博士学位论文基础上修改而成的。光阴荏苒，如白驹过隙，转眼间，从我博士毕业后工作至今已有两年时间。回首学习与工作经历，我的心中充满感激之情，我感到特别幸运，非常满足。选择科技创新作为研究对象主要基于我的爱好，我着重关注日本第四次产业革命背景下的科技创新。本书的研究仍存在许多不足，请读者批评指正。

成书之际，衷心感谢领导、老师、同事、家人、朋友的帮助。首先，感谢中国社会科学院日本研究所领导对本书写作、出版的鼓励与支持。其次，感谢我的博士研究生导师张季风研究员长期以来对我的悉心指导与帮助。在求学过程中，张老师严谨的治学态度、认真负责的学术精神鞭策、鼓舞了我。从博士学位论文选题到之后的撰写，从学术方面的探讨到生活方面的交流，张老师都给予我帮助与支持，使我受益匪浅。张老师，感谢您对我的悉心培养，我必将用心做好学问。再次，感谢刘海波老师、徐梅老师、刘瑞老师、刘军红老师、孙承老师、金仁淑老师、程永明老师、平力群老师对我的指导，感谢日本研究系秘书林肖老师对我在攻读博士学位期间生活、学习上的关心与帮助。最后，非常感谢同事、亲朋好友，你们的陪伴与鼓励让我克服了在本书撰写过程中遇到的困难，还要特别感谢我的父母，他们在背后一直默默支持我、鼓励我。

高山仰止，景行行止，虽不能至，但心向往之，我将在今后的工作中，时刻严格要求自己，保持初心。

邓美薇

2021 年春于北京

图书在版编目（CIP）数据

日本科技创新：第四次产业革命中的进展 / 邓美薇著. -- 北京：社会科学文献出版社，2022.9
ISBN 978 - 7 - 5228 - 0269 - 5

Ⅰ.①日… Ⅱ.①邓… Ⅲ.①技术革新 - 研究 - 日本 Ⅳ.①F131.343

中国版本图书馆 CIP 数据核字（2022）第 103879 号

日本科技创新：第四次产业革命中的进展

著　　者 / 邓美薇

出 版 人 / 王利民
责任编辑 / 王晓卿
责任印制 / 王京美

出　　版 / 社会科学文献出版社 · 当代世界出版分社（010）59367004
地址：北京市北三环中路甲 29 号院华龙大厦　邮编：100029
网址：www.ssap.com.cn
发　　行 / 社会科学文献出版社（010）59367028
印　　装 / 三河市东方印刷有限公司

规　　格 / 开 本：787mm × 1092mm　1/16
印 张：16.5　字 数：251 千字
版　　次 / 2022 年 9 月第 1 版　2022 年 9 月第 1 次印刷
书　　号 / ISBN 978 - 7 - 5228 - 0269 - 5
定　　价 / 89.00 元

读者服务电话：4008918866